谨以此书致敬深耕金融沃土的奋斗者！

数字经济时代银行网点数字化转型的“时”与“势”

Timing and Momentum: Digital Transformation of Bank Branches in the Digital Economy Era

李成林 ◎ 著

东北财经大学出版社
Dongbei University of Finance & Economics Press
大连

图书在版编目（CIP）数据

数字经济时代银行网点数字化转型的“时”与“势” / 李成林著. —大连：东北财经大学出版社，2025.5.　ISBN 978-7-5654-5661-9

Ⅰ. F830.33-39

中国国家版本馆CIP数据核字第2025T92A35号

数字经济时代银行网点数字化转型的“时”与“势”

SHUZI JINGJI SHIDAI YINHANG WANGDIAN SHUZIHUA ZHUANXING DE “SHI” YU “SHI”

东北财经大学出版社出版发行

大连市黑石礁尖山街217号　邮政编码　116025

网　　址：http://www.dufep.cn

读者信箱：dufep@dufe.edu.cn

大连图腾彩色印刷有限公司印刷

幅面尺寸：185mm×260mm　字数：278千字　印张：19.75　插页：2

2025年5月第1版　　2025年5月第1次印刷

责任编辑：时　博　赵　楠　　责任校对：贺　力

封面设计：原　皓　　版式设计：原　皓

书号：ISBN 978-7-5654-5661-9　　定价：98.00元

教学支持　售后服务　　联系电话：（0411）84710309

　　举报电话：（0411）84710523

如有印装质量问题，请联系营销部：（0411）84710711

序一

数字经济推动银行网点转型：从宏观趋势到微观实践

——为李成林博士

《数字经济时代银行网点数字化转型的“时”与“势”》

在数字技术深度重塑金融生态的当下，商业银行网点正经历从物理服务终端向数字化价值枢纽的系统性变革。《数字经济时代银行网点数字化转型的“时”与“势”》一书聚焦“银行网点数字化转型”这一命题，尝试探索传统银行网点在数字经济时代的转型升级路径，是对商业银行高质量发展实践的积极探索，为理解数字经济与银行业变革的互动关系提供了有参考价值的分析框架。

一、理论框架——多维度的转型动因解析

（一）环境驱动的理论解构

分析银行转型的外部动因，可以从政治、经济、社会、技术、环境等多个维度展开。技术层面，大数据与人工智能推动银行业离柜交易率达 96.99%，倒逼网点从标准化交易处理转向高价值服务供给；政策层面，普惠金融战略与数字化转型政策引导服务资源向长尾客群下沉；社会需求层面，客户对个性化服务的需求升级，推动网点从“同质化服务窗口”向“客群精准运营平台”转型。多维度的分析框架，有助于建立“环境—功能—价值”的动态关联分析路径，避免线性思维。

（二）理论整合与模型创新

1. 理论整合

在具体的分析框架构建上，“客户中心—价值共创—生态协同”的三维分析框架也是值得努力探索的研究方向之一。首先，这种分析可以深化应用客户细分理论。通过 RFM 模型与动态标签体系（整合工商信息、交易行为、纳税数据等维度），将客户划分为“价值深耕型”“潜力培育型”等细分群体，为差异化服务提供量化依据。例如，针对中底部对公客群，通过注册资本、纳税增长率等指标建立雷达图评估模型，实现从“大众化营销”到“精准客群运营”的跨越。其次，尝试服务主导逻辑的范式创新。打破“产品中心”思维，强调网点作为“价值共创界面”的功能定位。“两轴四翼”服务触达模型以“物理空间+数字空间”为双轴，通过智能设备布局、场景生态建设等四大支柱，构建全渠道服务网络，与服务主导逻辑中“操作性资源与对象性资源协同”的理论内核形成呼应。最后，强化资源整合理论的实践拓展。将网点视为整合内外部资源的节点，通过“线上线下渠道融合”“公私业务联动”等策略，实现金融服务与政务、产业场景的嵌入。例如，某银行通过与社区合作设立金融服务站，将社保、税务等政务服务与金融服务融合，印证了资源整合理论的应用价值。

2. 模型创新

作为实践创新的核心载体，该书尝试提出“两轴四翼”服务触达模型，探索将理论构想转化为可操作的实施路径。

“物理空间+数字空间”的双轴驱动模式，是银行网点数字化转型的核心特征之一。这一模式打破了传统网点物理空间的限制，将服务触角延伸至更广阔的领域。物理空间聚焦高价值交互场景，通过智能设备布局优化厅堂服务效率。这种转变，不仅提高了物理网点的服务效能，更增强了客户与银行之间的互动与黏性。数字空间则依托线上平台拓展服务触达半径，实现“阵地服务+非阵地服务”的无缝衔接。这种无缝衔接的服务模式，不仅提升了客户的便利性，更扩大了银行的服务覆盖面。

在双轴驱动的基础上，银行网点通过智能设备布局、场景生态建设、数据驱动决策、人机协同服务四大支柱，构建起全渠道服务网络。这一网络的形成，标志着银行服务从单一渠道向多元化、全渠道的转变。智能设备布局方面，AI 数字员工的引入承担了大量标准化审核工作，释放了人力资源，使得员工能够更专注于为客户提供高质量的服务。这种转变不仅提高了业务处理效率，更提升了客户体验。场景生态建设方面，银行将金融服务嵌入政务、消费等外部场景，形成“金融+生活”的生态圈。这种嵌入式的服务模式，使得客户在享受生活服务的同时，也能够便捷地获得金融服务。这种无缝对接的服务体验，不仅增强了客户的满意度，更提升了银行的市场竞争力。数据驱动决策方面，银行依托动态标签体系，深入分析客户数据，精准推送符合客户需求的产品与服务。这种基于数据的决策模式，不仅提高了营销的精准度，更提升了客户的转化率与忠诚度。人机协同服务方面，银行通过“AI预审核+人工复核”模式，将贷款审批等业务流程的时间大幅缩短。这种协同服务模式，不仅提高了业务处理效率，更确保了审批的准确性与合规性。

二、宏观趋势——数字化转型的结构性演进

银行网点，作为银行业服务实体经济的前沿阵地，其数字化转型的三大结构性演进尤为引人注目，不仅重塑了网点的功能定位，更拓展了其服务边界，引领了一场效率革命。

（一）功能重构：从“交易执行”到“价值交互”的跃迁

随着标准化业务向电子渠道的迁移，银行网点的核心功能正悄然发生转变，从单纯的交易执行场所，蜕变为复杂业务处理与情感化服务的重要载体。这一转变，不仅是技术进步的必然结果，更是银行业顺应客户需求升级、提升服务品质的选择。

“厅堂制胜”策略，正是这一转变的生动体现。通过智能设备与人工服务的深度协同，网点被赋予了新的使命——成为“金融服务体验实验室”。在这里，AI数字员工以其高效、精准的特性，承担起标准化审核的重任，而人工服务则专注于提供复杂咨询与情感化交流，两者相辅相成，共同构建起一个充满温度与智慧的金融服务空间。这种功能的重构，不仅提升了网点的服务效率，更增强了客户与银行之间的互动与黏性，将网点从传统的“成本中心”转化为“价值创造中心”，为银行带来了更为丰厚的客户生命周期价值。

（二）边界拓展：从“金融孤岛”到“生态嵌入”的全面延伸

在数字经济时代，银行网点的竞争力已不再局限于其金融服务本身，而更多地取决于其嵌入外部场景、构建生态圈的能力。这一趋势的兴起，标志着银行业正从封闭的“金融孤岛”走向开放的“生态嵌入”。

书中深入剖析的“非阵地服务优化路径”，为银行网点边界的拓展提供了清晰的指引。通过 API 接口、开放银行平台等先进技术手段，银行得以将金融服务深度融入政务、消费、教育等各个领域，构建起一个“金融+生活”的生态圈。在这个生态圈中，银行不仅能够提供更为便捷、全面的金融服务，更能够通过场景交互积累客户行为数据，反哺产品设计与风险评估，形成“服务—数据—服务”的良性循环。这种边界的拓展，不仅提升了银行网点的服务广度与深度，更增强了其市场竞争力与客户黏性，为银行业的可持续发展奠定了坚实基础。

（三）效率革命：从“人力驱动”到“数据赋能”的转型

技术对银行网点运营的重构，已深入到其底层逻辑之中。在这场效率革命中，数据要素成为重构风险定价、客户服务与运营管理的核心驱动力。智能风控、RPA 流程自动化等先进技术的应用，不仅大幅提升了银行网点的运营效率，更降低了运营成本与风险。

比如，通过“纳税增长指数”预授信模型、企业融资需求预测模型等创新实践，银行得以更加精准地把握客户需求、评估风险状况，从而提供更为个性化、更高效的金融服务。这种从“人力驱动”到“数据赋能”的转型，不仅体现了银行业对技术进步的敏锐洞察与积极拥抱，更彰显了其以客户为中心、追求卓越服务品质的经营理念。

三、未来展望

站在数字经济的历史节点回望，银行网点转型已从技术升级演变为金融生态的系统性重构。该书尝试探索一些新的分析框架逻辑，以务实的案例分析提供实施参考，为金融从业者与研究者提供了理解行业变革的多维视角。值得关注的是，书中对“技术效率与人文温度平衡”的探讨，如银发客群适老化服务设计，为数字金融的伦理建设提供了思考方向。期待该书的出版能为中国银行业数字化转型提供理论参考，也期待后续研究进一步聚焦 AI、Web3.0 等新技术对网点形态的深远影响，为金融高质量发展持续贡献专业力量。

是为序。

巴曙松　教授
北京大学汇丰商学院金融学特聘教授
香港大学经管学院金融学教授
《北大金融评论》总编辑
2025 年 5 月

序二

数字经济时代，银行网点亟须进行数字化转型

受李成林博士邀请为《数字经济时代银行网点数字化转型的“时”与“势”》撰写推荐序，受宠若惊，备感荣幸。成林从银行员工到专业学者的成功转型，为很多仍在网点拼搏的银行人带来了莫大的精神激励。之所以邀请我作序可能缘于当年他还是网点负责人时我的一次授课，授课后他带着问题与我对银行网点现状及未来发展进行了深度探讨，短暂的交流，他的学识、思考、格局与行动力在我脑海中定格。还可能因为虽只有短暂的交流且未再见面，但彼此关注体现了一致的价值观，曾在同一商业银行基层网点工作过，深刻体验过银行网点面临的困境、挑战与变化，满怀对银行网点在数字化转型后更能充分发挥服务实体经济与广大客户价值的真诚期待。我读完成林的电子书稿后，内心充满感慨，写银行网点的书本就不多，如此全面精准地看到银行网点当下存在的问题，通过多个理论结合进行科学分析，进而提出银行网点进行数字化转型的路径，既有理论高度，又有实践深度，同时提供了大量国内外银行网点转型的相关案例，对银行网点的数字化转型提供了非常实用的参考价值。

近年来，关于“数字化转型”的讨论与实践不绝于耳，凡谈到转型必然绕不开数字化，但很多人对于数字化如何具象化仍然停留在比较模糊的概念。对于银行网点而言，为什么需要进行数字化转型？哪些方面需要进行数字化转型？如何进行数字化转型？根据近 30 年银行实践经验与授课思考，我结合本书内容尝试浅谈这三个问题，作为对成林如此信任邀请作序的感谢。

一、银行网点为什么需要进行数字化转型？

从外部环境来看，数字经济已经成为世界的主要经济形态，也是推动我国经济社会发展的核心动力。金融“五篇大文章”的提出与实践为商业银行网点深入推进金融高质量发展主题，更好地服务实体经济指明了方向。

从内部环境来看，随着社会经济的快速数字化转型，客户的金融消费习惯发生了重大变化，从传统到店排队办理业务转变为更倾向于使用网上银行和手机银行进行线上办理，银行网点从业务处理中心向客户体验中心、信息交互中心转变；客户到店大幅减少导致银行网点获客成本提高，多数银行采取的“外拓营销”受限于客户信任度缺失问题，外拓效果不佳且很大程度上影响了员工的营销积极性；“上面千根线，下面一根针”，银行网点承担了大量的营销指标与日常事务性工作，人、财、物的支配权很小，同时面临服务考核、业绩评价、内控管理等，网点员工的积极性不高成为很多银行上榜率最高的管理难题。因此，推动网点数字化转型，切实为基层员工减负赋能，让员工有更多时间和精力来推动岗位协同、促进业务发展，是关爱员工、成就员工的现实选择。

二、银行网点哪些方面需要进行数字化转型？

一是营销服务方面，服务触点管理分为阵地触点管理与非阵地触点管理。阵地触点是客户与网点互动的基础，比如网点厅堂的布局、展示柜的设计、体验区的陈列方式等，直接影响客户的业务办理体验与购买决策等。员工触点是金融消费者与网点员工的互动接触点，包括到店接待与营销、风险测评、后续维护等环节，也包括电话邀约、上门服务等金融服务环节。员工与客户的互动是直接和个性化的，直接影响客户体验。目前，银行网点阵地的硬件数字化程度越来越高，特别是大型商业银行，但随着到店客户的大幅减少，特别是城区行网点，阵地触点发挥的作用逐渐降低，银行网点的营销模式不得不从“客户走进来”变成“员工走出去”，走出去的效果大打折扣。

非阵地触点包括数字化触点和外呼触点。数字化触点主要是指线上触点，包括网上银行、手机银行、自营公众号类的自媒体、银企互联结算类的线上化金融服务等。到店客户减少不是客户真的少了，而是客户与网点的交互方式发生了变化，由过去的线下转变为线上，由于涉及风险可控性问题，特别是舆情风险，各商业银行对于自媒体宣传与服务方面持比较谨慎的态度。

如何有效利用网点阵地的硬件数字化，提高员工与客户交互的数字化专业能力，并与非阵地服务的数字化进行有效结合，成为值得思考的重要问题。

二是风险管理方面。随着数字化进程的推进，银行网点的信用评估方式发生了巨大变化。大数据、人工智能等技术为信用风险把控提供了更多维度的数据支持，但数据来源的广泛性和复杂性使得数据质量不高，特别是线上信贷业务的风险把控难度很大。银行网点数字化转型面临着信用、舆情、操作、技术及其他多种风险。特别是普惠金融贷款业务下沉网点，习惯于长期从事零售业务的网点员工对于小微企业风险的识别与前置干预能力薄弱，造成不良贷款率的上升。而员工风险识别与控制能力需要长时间业务实践的经验积累，培养周期长难度大，培养速度远远跟不上普惠金融贷款下沉网点的速度，因此银行网点的风险管控亟须通过数字化转型进行有效精准防控。

三是评价体系方面。银行网点承担着大量的营销指标与业务处理工作，从任务分解到结果评价的考核周期，各银行采取的方式大同小异。任务分解的逻辑依据是什么？网点员工如何能够有效完成任务？结果评价是对员工的简单业绩评价还是真正能够促进其能力提高？评价指标的设计是否能够兼顾网点员工岗位性质的公平性与结果评价的透明性？这些都是需要思考的问题。仅仅依靠人的因素很难解决这些问题，如何开发一套行之有效的数字化评价体系对各银行提出新的挑战。

三、银行网点如何进行数字化转型？

一是服务触点方面，书中提出构建银行网点“两轴四翼”模式。以网点阵地服务和非阵地服务为“两轴”，系统优化不同细分场景下金融服务触达的痛点和难点；构建便捷性强、精准性高和体验性佳的服务触达模式。网点阵地服务将“厅堂制胜”和“标准化事项替代”作为“两翼”找准着力点，“厅堂制胜”要求银行网点员工能够以更专业的态度与能力服务到店客户，服务能力主要呈现为客户需求的洞察、客户现状的分析、综合金融服务方案的个性化制定、方案执行的动态调整与评估等客户专业服务的闭环行为，不仅需要在员工服务能力的软实力上强化培训提升，更需要开发一整套数字化服务模型为之赋能，方能解决员工能力参差不齐、培养难度大以及到店客户少等问题。非阵地服务将强化“零售重点客群”和“对公中底部客群”作为“两翼”，按照服务数字化、营销一体化和风控智能化的整体要求来拓展网点非阵地的服务边界。如何界定零售重点客群？重点发展客群的确定与银行网点的地理位置有一定的相关性，客户数量与资产余额同样符合“二八效应”。“对公中底部客群”在网点实践中主要表现为中小微企业客户，“零售重点客群”与“对公中底部客群”有很大的重复性，因此银行网点需要在存量数据整合、协同服务营销方面打破“部门墙”“机构壁”，形成数据共享化、营销一体化、服务全面化的新型数字服务模式。

二是风险管控方面。对于网点面临的信用风险，银行网点可以利用大数据与AI技术优化信用评级模型，在已有的客户个人基本信息、收入状况、信用记录、资产负债情况等信息的基础上，通过建立信用评级标准进行海量数据分析，发现潜在风险因素。对于舆情风险，银行网点需要部署智能舆情分析系统等数字化工具，实时监测相关信息、精准分析性质、预测发展趋势、提供干预措施等，切实为员工赋能，在一定程度上以“技控”替代“人控”。

三是评价体系方面。评价体系的构建除书中提到的协同类、结果类、基础类三大综合竞争力指标及指标权重设定外，还需考虑银行网点所在区域的客户资源分布情况，将客户资源进行价值链分析，将“切香肠式”的任务分解转化为业绩指标、工作指标、行为指标，更加注重客户营销服务的过程管理，只要方向正确，结果自然水到渠成。同时，由于可以获得清晰精准的客户数据、准确有效的行为要求、正向及时的结果反馈及必备的赋能工具等，网点员工的积极性将会大幅提升。

成林所著《数字经济时代银行网点数字化转型的“时”与“势”》一书，将丰富的理论与大量的国内外实践案例研究相结合，融合了自己14年在大型国有商业银行的工作实践，更可贵的是对银行网点数字化转型的深入思考体现了初次相识时的初心与转型成为学者的学术精神，真诚希望成林写出更多新作，提出更优观点，助力商业银行真正有效地实现数字化转型，在服务广大客户与实体经济发展方面发挥更加积极的作用。

忻艳梅
北京师范大学工商管理硕士
中国工商银行总行级内训师
绩效改进师
2025 年 5 月

前言

在数字经济蓬勃发展的时代背景下，银行业正经历着一场前所未有的深刻变革。这场变革由科技进步所驱动，特别是大数据、人工智能、云计算等新兴技术的广泛应用，正在以前所未有的力度重塑银行业的运营模式与服务形态。银行网点作为商业银行服务客户、展现品牌形象的前沿阵地，正站在历史的转折点上，面临着前所未有的机遇与挑战。如何在数字化浪潮中敏锐捕捉机遇、有效应对挑战，实现自身的转型升级，更好地满足客户日益多元化、个性化的金融需求，成为当前银行业亟待解决的关键问题。这不仅关乎银行自身的生存与发展，更是适应数字经济时代要求、推动金融行业实现高质量发展的必然选择。在此背景下，《数字经济时代银行网点数字化转型的“时”与“势”》一书应运而生，它深入剖析了数字经济时代银行网点转型的必然趋势，全面探讨了转型的路径与实践策略，旨在为银行业提供一套具有前瞻性、可操作性的转型指南。本书强调了银行网点转型的必要性和紧迫性，为推动银行业在数字经济时代的高质量发展提供了有力的理论支撑和实践指导。

一、数字经济时代下的银行业变革

近年来，随着移动支付、互联网金融的兴起，客户的金融消费习惯发生了翻天覆地的变化，其对金融服务的便捷性、个性化和智能化要求越来越高，传统的银行网点运营模式在服务效率、客户体验等方面逐渐暴露出不足。客户不再满足于传统的柜台服务，而是更加倾向于通过手机银行、网上银行等线上渠道获取金融服务。这种变化不仅要求银行提升服务效率和质量，更要求银行在服务模式上进行创新，以满足客户日益增长的个性化需求。

与此同时，金融市场竞争日益激烈。不仅同行之间的竞争愈发白热化，金融科技公司等新兴势力的跨界竞争也在不断挤压着传统银行的市场份额。这些金融科技公司凭借先进的技术和灵活的服务模式，迅速赢得了大量客户的青睐。面对这样的竞争态势，传统银行必须加快数字化转型步伐，提升综合竞争力，才能在激烈的市场竞争中立于不败之地。

二、银行网点数字化转型的紧迫性

在数字经济时代，银行网点数字化转型已迫在眉睫。一方面，数字化转型是提升服务效率和客户体验的重要途径。运用大数据、人工智能等技术手段，银行可以实现对客户需求的精准洞察和快速响应，从而提供更加个性化、智能化的金融服务。另一方面，数字化转型也是增强银行综合竞争力的关键所在。在金融科技公司的冲击下，传统银行必须加快技术创新和模式创新，才能在市场竞争中保持领先地位。

银行网点作为银行服务客户的重要窗口，其转型成功与否直接关系到银行的整体竞争力。因此，银行必须高度重视网点数字化转型工作，将其作为提升服务质量、增强客户黏性的重要手段。同时，银行还需要加强与金融科技公司的合作与交流，共同探索数字化转型的新路径和新模式。

三、本书的研究框架与内容安排

本书围绕数字经济时代银行网点数字化转型这一核心主题，进行了全面深入研究。在内容上，本书按照基础理论、实践探索和保障评价三个维度开展研究分析，逻辑清晰、观点明确。

第一部分，基础理论篇，即第一章至第四章。第一章以银行网点基础要素为切入，通过界定核心概念、阐释功能定位、分类标准及岗位配置，为全篇奠定系统性认知基础；第二章从历史纵深与全球视野双重视角出发，纵向梳理国内外银行网点转型演进轨迹，横向对比典型模式经验，结合现状研判揭示转型内在动因；第三章运用PESTEL模型对外部环境进行多维度解构，深度解析数字经济、政策导向、客户需求与技术革新对银行网点转型的驱动效应，建立转型必要性理论支撑；第四章整合客户细分理论、服务主导逻辑理论、资源整合理论及金融科技的创新性理论，构建“客户中心—价值共创—生态协同”的理论分析框架，为转型实践提供方法论指导。四章内容层层递进，形成“认知铺垫—规律探寻—环境适配—理论支撑”的闭环研究结构，既立足本土实践又兼具国际视野，为商业银行网点数字化转型提供兼具学理深度与实践价值的系统性解决方案。

第二部分，实践探索篇，即第五章至第十一章。该部分以“客户价值创造”为核心理念，构建了“服务触达—流程优化—运营革新—营销重构—普惠深化—客群深耕”的六维转型框架，形成系统性数字化转型解决方案。第五章创新提出“两轴四翼”服务触达模型，以“物理空间+数字空间”为双轴驱动，通过智能设备布局、场景生态建设、数据驱动决策、人机协同服务四翼支撑，构建全渠道、全客群、全旅程的服务网络，实现服务供给与需求结构的精准匹配。第六章和第七章从服务场景维度切入，针对阵地服务建立“标准化流程+专业化团队+数字化工具”的协同机制，通过厅堂布局优化、服务动线设计提升客户体验；针对非阵地服务拓展“场景金融+生态嵌入”模式，依托API接口、开放银行平台构建“金融+生活”生态圈，实现服务触角向社区、企业、政务等领域的深度延伸。第八章确立“以客户旅程为中心”的运营改革方向，立足银行网点运营一体化改革和业务集约管理运营两大方向，建立起“网点—远程银行—业务中心”协同运营模式，提升银行网点资源的配置效率。第九章至第十一章聚焦客户分层经营，针对对公客群构建科学的动态评估模型，并实施差异化营销策略；针对普惠客群强调资产业务下沉促进客户拓展与结构优化，通过风控、成本、人才及科技策略提升银行网点普惠竞争力；针对零售客群，系统剖析银发、代发、私银、商贸四类重点客群，助力银行网点在数字化转型大背景下的深化精准营销，赋能构建“线上引流—线下服务—生态留存”的OMO服务模式。

第三部分，保障支撑篇，即第十二章和第十三章。其中，第十二章以“风险防控筑基”为核心，系统剖析数字化转型中银行网点面临的信用风险、舆情风险、操作风险等多元挑战，构建了覆盖“事前识别—事中控制—事后评估”的全流程风控体系。针对数字化转型催生的新型风险特征，提出基于大数据的动态监测模型、智能化的操作防火墙以及声誉风险预警平台等创新管理工具，为银行网点稳健运营提供风险缓释机制。第十三章则构建了“三位一体”的综合竞争力评价体系，确立财务绩效、客户服务、创新动能三大评价维度，下设资产质量、客户满意度、数字化产品覆盖率等核心指标，运用层次分析法与熵值法相结合的复合模型进行量化评估。该体系突破了传统规模的导向评价范式，突出“客户价值创造”与“可持续发展”双轮驱动，既涵盖存贷款规模、中间业务收入等硬指标，更强调服务满意度、场景生态丰富度等软实力评价，为银行网点转型成效提供可量化的科学诊断工具，形成“风险可控—效能提升—价值创造”的闭环管理框架，为数字化转型提供系统性效能评估与战略优化依据。

四、本书的重要意义与价值

本书的重要意义在于理论与实践的深度融合。从理论层面来看，本书系统地梳理和阐述了银行网点数字化转型的相关理论基础，为后续的学术研究和理论发展提供了参考框架。本书丰富了金融领域关于银行网点转型的理论体系，对客户细分、服务主导逻辑等理论在银行网点场景中的应用进行了拓展和深化，有助于推动金融理论的创新与发展。从实践角度出发，本书为银行网点的数字化转型提供了切实可行的指导方案。本书总结出的经验和策略具有很强的实用性和可操作性，无论是对于正在进行数字化转型的银行还是希望提升竞争力的银行网点来说，都能帮助其明确转型方向、优化转型路径、提升服务质量和市场竞争力。同时，本书也为金融监管部门制定相关政策提供了参考依据，有助于推动整个银行业的健康、稳定发展。

在撰写过程中，笔者查阅了大量的文献资料，深入研究了国内外银行网点数字化转型的成功案例和实践经验，并结合了自身在金融领域的研究成果和实践积累。希望本书能够为银行从业者、金融研究人员以及相关领域的学者提供有价值的参考，共同推动数字经济时代银行网点数字化转型的进程，为银行业的发展贡献一份力量。

本书由四川财经职业学院提供经费支持。期待本书能够引起读者的广泛兴趣和深入思考，激发更多关于银行网点数字化转型的讨论与研究。相信在大家的共同努力下，数字经济时代的银行网点一定能够焕发出新的生机与活力，为行业的发展注入更加强劲的动力。

李成林

四川财经职业学院

2025年2月

目录

第一章　商业银行网点概述

作为商业银行经营管理的最基本单元，银行网点是商业银行贴近市场环境、参与市场竞争、服务实体经济的前沿阵地，承载着客户、产品、业务、员工、技术、品牌等各类经营要素。本章通过对银行网点的概念进行界定，系统性梳理银行网点的定位、分类、岗位设置等内容，以期更全面、更系统地呈现银行网点的概况。

第一节　银行网点的基本概念

银行网点即商业银行的营业网点，是商业银行服务千家万户、联动工商百业的重要窗口，在商业银行发展进程中一直扮演着重要角色，发挥着重要作用。《商业银行设立同城营业网点管理办法》规定，银行网点是商业银行在中国境内同一城市行政区设立的分行以下（不含分行）提供金融服务的经营性支行和自助银行设施。

经营性支行的经营范围主要包括吸收存款，发放贷款，办理结算，代理发行兑付政府债券、金融债券，从事同业拆借，办理票据贴现，代理收付款项及代理保险业务，外币储蓄业务、外币兑换业务，办理经国家金融监管总局批准的其他业务。需要明确的是，在商业银行实际经营管理过程中，基层行的具体经营内容与上级行（分行或一级支行）的发展战略规划、周边的客群结构、市场竞争环境等诸多因素有关。因此，实际工作中的金融服务类型和权限与法定的经营范围存在一定的差异，具体表现为结合业务发展定位，在法定的经营范围内有所侧重。

比如，部分综合性网点或金融便利店网点针对客户的外汇业务相关金融需求，通常会进行引流，即引导客户在规模更大、业务类别更全且具备外汇业务办理资质的中大型网点办理业务。

自助银行是指商业银行在营业场所以外设立的自动取款机（ATM）、自动存款机（CDM）等通过计算机、通信等科技手段提供存款、贷款、取款、转账、货币兑换和查询等金融服务的自助设施。自助银行包括具有独立营业场所提供上述金融业务的自助银行和不具有独立营业场所仅提供取款、转账、查询服务的自动取款机（ATM）两类。

需要明确的是，本节及后续章节所称的银行网点特指同城营业网点中的经营性支行，为方便起见，均简称银行网点。某国有银行网点的营业执照内容（示例）如图1-1所示。

名　　称：××××××股份有限公司××支行
类　　型：有限责任公司分公司（国有控股）
营业场所：××省××市××街××号
负 责 人：×××
成立日期：××××年×月×日
营业期限：××××年×月×日至永久
经营范围：吸收公众存款；发放短期、中期和长期贷款；办理国内外结算；办理票据贴现；代理发行、代理兑付、承销政府债券、金融债券；代理收付款项及代理保险业务；个人外汇存款、个人外汇汇款；按规定经中国银行业监督管理委员会批准或有权上级行授权开办的其他业务。

图1-1　营业执照内容（示例）

第二节　银行网点的定位

在数字经济背景下，金融与科技融合不断创新蝶变，这对商业银行原有的市场格局造成了很大的冲击，但银行网点仍然是商业银行重要的战略性资源和难以复制的核心竞争优势。银行网点不仅发挥着商业银行全行经营主阵地和服务主渠道的角色作用，还承担着服务社会民生、展示形象声誉的重要职能。

一、银行网点是商业银行服务实体经济的前线阵地

经济是肌体，金融是血脉，两者相生相荣。积极融入国家发展战略，不断增强金融服务对实体经济的适应性、竞争力和普惠性是商业银行高质量发展的重要前提。截至2022年年末，全国银行业金融机构网点数量达22.3万个，这是金融服务实体经济的前线触角，也是打通金融活水润泽实体经济“最后一公里”重要载体。

从促消费来看，围绕居民生活中的衣、食、住、行、娱等多个民生高频消费场景，投入更多金融资源，持续优化消费金融产品和服务供给（比如信用卡消费权益、商户交易权益等）已成为各家商业银行推动扩内需、促消费、稳增长的重要举措。立足线下网点的阵地宣传和服务，联动行内手机银行、行外第三方服务机构等线上宣传和触达平台，能够有效延伸服务触点，综合施策释放消费潜能。从扩投资来看，截至2022年年末，我国中小微企业数量已超过5 200万户，这是中国经济的“毛细血管”和重要支撑，加强中小微企业金融服务的力度和效率，事关稳市场主体、稳经济大盘。实践中，中小微企业与银行网点具有天然的融合性，中小微企业是银行网点日常金融服务的主要群体，从公司成立后的账户落地和基础结算（员工代发工资、转账交易等），到公司成长后的理财配置和信贷支持，甚至是公司因经营不善面临账户变更或注销，银行网点对中小微企业的金融服务跨越中小微企业的整个生命周期。从防风险来看，银行网点是风险防范的主要关口。从目前金融机构的发案情况看，大多与营业网点有关，所以加强营业网点的风险防范是保障商业银行稳健经营的重要部分，一定程度上也是维护金融稳定、提升金融服务实体经济质效的重要体现。

二、银行网点是商业银行重要的利润单元

作为商业银行最基本的经营单位，银行网点是商业银行最基层的利润单元。从

独立性来看，银行网点是上级行内部的独立经营实体，直接面向市场，针对不同客群有自身的营销渠道并能够根据自身的营销策略运营，同时对上级行的整体利润负责；从稳定性看，银行网点具有相对稳定且可预测的收入流，这能持续为上级行的利润增加作出贡献，而这也是衡量其经营绩效的重要标准；从权力与责任看，银行网点在其职责范围内拥有一定的决策权和资源调配权，并能为此承担相应的责任和风险；从业务开展方式看，网点业务是由银行网点（即二级支行）上报到一级支行、分行、总行，自下而上是其显著特征，同时根据业务审批权限不同，银行网点有选择业务的权限。

价值贡献方面，近年来银行网点整体利润虽然有所下降，但是对全行的整体利润贡献仍然占有较高比重。以某国有银行为例，近年来的数据显示，银行网点到店客户的星级水平优于全行水平，户均金融资产是全行平均水平的3.2倍，户均渗透产品数据是全行平均水平的1.5倍。可见，银行网点仍然是将客户价值转化为银行价值的最可靠途径，全行能够保持利润的持续稳定增长，网点功不可没。

三、银行网点是承载复杂金融交易的主要场所

中国银行发布的《金融场景生态建设行业发展白皮书》指出，2020年，我国银行业金融机构离柜交易达3 708.72亿笔，同比增长14.59%；银行业平均电子渠道分流率为90.88%。过去3年，随着银行App成为商业银行线上运营的重要载体，银行电子渠道对柜面业务的替代率进一步提升。以建设银行湖南分行为例，截至2023年12月末，全行手机银行用户达2 435万户，客户规模同业第一；移动金融柜面替代率达97.66%，线上贷款投放占比超过1/3。

当前，银行业数字化转型已按下“加速键”。然而，数字化的前提一定是标准化，即通过系统来固定相关业务决策逻辑，再进行周而复始的循环，不断去推动、反复执行。从这一视角看，聚焦业务替代层面，数字化转型对银行网点的影响主要体现在对流程标准化、交易频次高、业务耗时长等结算类规模业务的替代，比如存取、转账、办卡、挂失等业务，而针对咨询类、撮合类、风险排查类等具有人与人

之间交互特征的业务类型，网点仍然具有不可替代的作用。以某国有银行为例，近年来在交易渠道方面，与该行发生交易的客户中，不到10%的客户仅在线上交易，40%左右的客户只在线下交易，50%左右的客户选择线上线下两种方式进行交易。其中，超过90%的线上交易集中在高频、标准化、低附加值的业务类型，而账户类、大额存取类、贷款咨询与交易类以及理财顾问和配置类业务的主力渠道仍在线下阵地网点。可见，复杂、高价值的金融服务对网点的依赖性仍然较强。

四、银行网点是商业银行客流量的稳定器

客户是银行价值创造的源泉，是所有产品和服务的最终归宿（陈四清，2020）。客户基础决定了银行规模，客户结构决定了银行风险，客户质量决定了银行竞争力。到店客流是商业银行围绕谋客、获客、活客、留客四个核心环节发力聚力的最重要、最经济、最有效的途径。对于一家银行网点来讲，基础到店客群的长期稳定非常重要，这是其赖以生存的重要源泉。

从网点到店的客群结构看，目前银行网点服务的个人客户主要为中老年客户。有研究表明，老年客户群体不像年轻客户群体那样活跃，也不像年轻客户群体那样有经济负担，同时很少使用电子渠道，偏好物理网点服务，因此他们对已选择的银行忠诚度更高，稳定性更好。一定程度上讲，老年客户“稳定、有钱、有闲、有需求”，是银行值得精细耕作的“沃土”。

五、银行网点是商业银行有温度的服务纽带

近年来，伴随着互联网及金融科技的飞速发展，银行网点也经历着数字化、智能化和个性化转变。从个性化服务转变来看，随着客户消费习惯、交易行为的转变以及金融素养的提升，银行网点的服务逐渐进入为客户提供更加关注个性化、体验化的金融服务阶段，其中网点线下阵地服务的纽带作用不可替代。从体验感知来看，银行网点是商业银行向大众提供有温度服务的纽带。银行网点不仅是处理复杂业务，支持金融专业化、标准化、个性化服务的主要阵地，

更为重要的是，在与客户形成更加紧密、更加信任、更加满意的关系上，银行网点具有不可替代的纽带作用。

第三节 银行网点的分类

从本质上讲，银行网点也是一种零售终端。20世纪90年代，国外银行已开始探索、试验网点的新概念，将网点从处理基础业务调整为主要处理复杂、高附加值且互动性强的业务，提高网点分销渠道的竞争力和效率，因此先后出现了店内网点、高端场所网点、咖啡厅网点、机场网点及卫星网点等。从国外的网点业态发展来看，以增强客户的到店服务体验为目的，贴近客户的生活场景并增强客户获取金融服务的便捷性和高效性是业态转型的最重要特点，这为我国银行网点的业态分类管理提供了重要的参考。

在社会科学研究中，分类的目的是更好地理解和解释社会现象；针对具体事物，分类的目的是更好地了解和管理事务，提高人们对事物的认识和理解。银行网点是商业银行战略规划实施的重要支撑，其分类依据需要将客户需求和全行业务发展战略结合起来考虑，既要坚持以客户为中心、以贡献者为本的工作理念，也要充分挖掘银行网点在服务客群规模、渗透周边商圈和赋能实体经济的边际贡献和价值潜力。

（一）网点经营业态的类别——以四大行为例

我国银行网点不同的分类标准，体现了网点不同的价值主张，具有较强的梯度特征。根据行业网点划分标准，商业银行网点一般分为全功能旗舰型网点（以下简称“全功能网点”）、综合型网点和金融便利店三类。以国有四大行网点为例，经营业态分类如表1-1所示。

表 1-1 国有四大行网点的业态分类

银行名称	网点业态	发展定位	主要角色	功能布局
中国工商银行	旗舰型网点	周边资源相对丰富、客户基础较好、具备较强发展潜力；能够提供全功能、全品种、全方位、一站式金融产品和服务；具备提供信贷融资、现金管理、财富管理与私人银行等专家级金融服务的能力	突出财富管理特点，竞争和维护高端客户的主渠道	专属服务区、普通服务区、智能服务区
	综合型网点	在满足基础客群金融服务的前提下，主要向个人中高端客户和中小企业提供本外币主要业务品种的标准化、综合化金融服务，通常情况下功能性和科技感弱于旗舰型网点	侧重于个人中高端客户和对公客户的金融服务	专属服务区、普通服务区、智能服务区
	金融便利店	具有区域特点的功能型网点，以个人客户常见的标准化、高频交易类金融服务为主，兼顾服务高效性和服务规范性，金融服务的专属性和综合性不足	满足客户日常、简单、高频、标准化的金融业务需求	普通服务区、智能服务区
中国农业银行	营业部（营业厅）	是上级行的标志性网点，支持所有银行业务；实现复杂产品的销售和高质量的流程服务；以管理高端客户的客户关系为主，兼顾个人和对公交易服务	为AUM在100万元至500万元之间的高端客户提供主动服务；为中低端客户提供标准化便捷服务	营销体验区、客户交易区、农银财富管理区
	理财中心	以理财规划、投资管理、咨询服务等产品和服务为主，兼顾基础银行业务和投资理财产品交易；同时为对公客户提供交易服务	普通区提供快捷服务；贵宾区为高端客户或白金卡客户提供主动服务	专属服务区、普通服务区、智能服务区等

续表

银行名称	网点业态	发展定位	主要角色	功能布局
中国农业银行	精品网点	提供中高端客户服务，支持对公业务；以实现个人标准化产品的销售为主，以管理中端客户的客户关系为辅	为AUM在10万元至100万元之间中端客户提供多元化主动服务，为高端客户提供差异化服务	专属服务区、普通服务区、智能服务区
	基础网点	客户的保障性服务渠道，基础业务的服务网络，支持对公结算的基本服务单元；以适量的客户挖掘和销售为辅	为AUM在10万元以下或普通客户提供交易、营销服务；为中高端客户提供优先服务	智能服务区、低柜服务区
中国银行	旗舰型网点	以高端写字楼和居民小区的高端客户（个人和对公）为主要服务对象，提供高品质和重体验的本外币全功能金融产品服务的大型网点	既体现网点的规模优势，也体现业务优势，是竞争和维护高端客户的主要渠道	产品体验区、智能服务区、柜面业务区、理财区、客户等候区
	精品网点	以综合化经营为特征，主要为个人中高端客户和对公客户提供标准化、综合化、本外币一体化服务的营业网点	为个人中高端客户和对公客户提供优先服务	智能服务区、高低柜区、客户体验区、理财咨询区、自助服务区
	专业网点	以专业化经营为特征，突出网点的外汇业务优势，同时为个人中高端客户和对公客户提供标准化、综合化、本外币一体化服务的营业网点	提供针对中高端客户的外汇业务	专属服务区、普通服务区、智能服务区

续表

银行名称	网点业态	发展定位	主要角色	功能布局
中国银行	轻型网点	以标准化服务、交易类业务为主要服务内容，体现灵活、准确与高效的特点，融入社区、商圈、园区等周边经营环境，满足个人客户的日常性、简单化的金融需求，能为客户提供半自主服务的功能型网点	主要服务于商圈、社区、专业市场的个人客户	自助服务区、智能服务区、产品展示与客户体验区、业务咨询区
中国建设银行	旗舰型网点	以对公对私全量客户、大中型公司客户和高端个人客户为服务对象，突出网点综合服务能力、产品创新能力和产品配置能力，在核心区域能够对综合网点和轻型网点形成辐射效应的营业网点	定位是对公对私全量客户，强化大中型对公客户、高端客户的个人服务能力	产品展示与销售区、客户体验与互动区、理财区、自助服务区
	综合型网点	以综合化经营为特征，以中高端个人客户和对公客户为主要的服务对象，强调综合化经营能力，有效衔接旗舰网点和轻型网点的联动营销，为客户提供标准化和综合化金融服务的营业网点	定位为综合服务个人中高端客户和法人客户，强调业务综合化	智能服务区、高低柜区、客户体验区、理财咨询区、自助服务区
	轻型网点	以商圈、社区和专业市场的个人客户及小微客户，咖啡厅和加油站等为主要服务对象，强调服务效率和客户黏性，通过模块化管理提供金融产品和服务，与周边旗舰型和综合性网点实施业务联动，形成有效服务网络的网点	主要服务于商圈、社区、专业市场的个人客户及小微客户	自助服务区、智能服务区、产品展示区与客户体验区、业务咨询区

资料来源：作者根据相关资料整理。

（二）不同网点业态的分类标准

网点业态分类的标准主要由网点客群结构、存贷款规模、金融资产规模、周边市场资源潜力等多维度评判标准来确定。相较而言，旗舰型网点的评价维度最多，评价标准也最高，综合性网点次之，金融便利店的评价标准比较单一。下面以某国有银行的网点业态分类标准为例进行简要阐述。

旗舰型网点除了需要满足资源禀赋和功能定位的刚性要求外，还需要满足一定的经营规模要求（需同时满足）：（1）各项存款余额高于35亿元，位于所属分行前40%或高于同业水平；（2）金融资产5万元以上个人客户不低于3 000户、金融资产1万元以上对公客户不低于300户（或对公客户数不低于500户）；（3）普惠信贷客户不低于40户；（4）营业面积在450㎡以上。此外，还需满足外汇业务标准：领先和重点发展行外汇存款余额（不含同业存款）不低于50万美元（或代客跨境收支金额不低于200万美元）；潜力和特色发展行外汇存款余额（不含同业存款）不低于30万美元（或代客跨境收支金额不低于120万美元）。实践中，针对银行网点的特色资源，旗舰型网点还可以分为对公业务、机构业务、普惠业务、零售业务和外汇业务五大特色旗舰店。

综合型网点原则上需要同时满足以下标准：（1）具备为客户提供个人和对公本外币主要业务品种的综合服务能力，包括但不限于个人及对公业务、基础外汇业务（个人外汇账户、国际借记卡、外汇存取）、基础网络金融业务（个人网银、企业网银、电话银行、个人手机银行、个人Ⅱ类和Ⅲ类账户、在线支付、二维码支付、企业手机银行）、普惠金融业务、信用卡业务等；（2）具备发起标准化信贷产品业务流程的能力；（3）未被列入旗舰店和便利店的网点。

金融便利店原则上需要满足以下任一条件：（1）各项存款位于所属分行后20%；（2）金融资产5万元以上个人客户少于500户；（3）对公客户少于50户；（4）网点人数少于6人；（5）仅开办单一业务且未被列入特色旗舰店的网点；（6）位于政府、军队或企业内部，服务特定客群且未被纳入特色旗舰店的网点。

第四节 银行网点的岗位设置

不同的网点业态，客观上需要差异化的网点岗位设置与之相适应。总体来看，网点的岗位设置可以分为四个大类，即网点负责人（含正副职）、大堂经理、客户经理和柜员。在实际工作中，为更好地提升客户服务体验、改善服务效率和优化服务质量，不同网点会在上级行的指导下结合客群结构进行网点岗位的细化。以中国农业银行为例，基于上述四项岗位类别，可以细分为网点负责人、运营主管、个人客户经理、对公客户经理、理财顾问、大堂经理、现金柜员、非现金柜员和综合柜员等类别。

一、网点职能组合与岗位职责配置

日常工作中，网点的工作职能主要包括日常经营管理、客户关系管理、阵地厅堂服务和内控业务操作四个方面，不同的网点职能需要不同的岗位人员来协同配合，这就涉及岗位职责配置的问题。总体来看，网点负责人是管理职能的第一负责人，客户经理是网点客户管理的直接牵头人，阵地厅堂服务是大堂经理的主要职责，而业务操作和部分客户关系管理是柜员岗位的重要职责。基于这样的职能组合和职责配置，可以形成网点内部岗位专业分工与协作机制，建立以网点负责人为核心、大堂经理为枢纽、客户经理为专业支撑、柜员岗位为风险保障的协同服务团队，从而为改进服务效率、优化服务质量、创造条件。具体职能组合和职责配置如表1-2所示。

表 1-2　　　　网点职能组合与岗位职责配置

职能	具体事项	网点负责人	运营主管	个人客户经理	对公客户经理	理财顾问	大堂经理	现金柜员	非现金柜员	综合柜员
经营管理	营销策划	核心		辅助	辅助	辅助				
	客户分配	核心								
	业绩辅导	核心		辅助	辅助	辅助				
	服务督导	核心	辅助				核心			
	绩效管理	核心	辅助				辅助			
	文化建设	核心	辅助				辅助			
	业务质量	辅助	核心							
	业务培训	辅助	核心			核心	辅助			
客户管理	客户信息管理	辅助		核心	核心	核心				
	中高端客户关系管理	核心		核心	核心	核心	辅助		辅助	
	产品营销推介	核心	辅助	核心	核心	核心	辅助	辅助	辅助	辅助
	营销跟踪和交易服务	核心	辅助	核心	核心	核心	辅助	辅助	辅助	辅助
	识别潜在客户	核心		辅助	辅助	辅助	核心		核心	
厅堂服务	客户到店识别与分流	辅助		辅助	辅助	辅助	核心			
	业务咨询答疑	辅助	辅助	辅助	辅助	辅助	核心			
	智能设备授权与辅助			辅助	辅助	辅助	核心			
	二次分流与转荐			辅助	辅助	辅助	核心			
	厅堂服务与环境维护	辅助		辅助	辅助	辅助	辅助			
	突发事件与投诉处理	核心	辅助	辅助	辅助	辅助	辅助			
业务操作	业务受理/办理		核心				辅助			辅助
	业务风险控制	核心						核心	核心	核心

备注：作者根据相关资料整理。

二、网点岗位的人员配置与布局

如前所述，经营业态不同，金融服务的功能也各异，在此基础上网点的人员配置和协同模式也必将形成差异化。以农业银行为例，营业部（营业厅）是其标志性网点，支持所有银行业务，因此通常情况下网点人数在20人以上；理财网点是全行利润来源的重要增量空间，因其规模小于营业部（营业厅），因此人员配置的规模相对要少点，网点人数在16人左右；精品网点是全行差异化、特色化经营的主要载体，金融业务的专业性和特色性更强，人员配置通常在12人左右；基础网点因其定位在于满足普通客群基本的金融服务，比如结算、开户、存取款等，因此人数最少，通常为8人左右。有关网点岗位的人员基础配置见表1-3。

表1-3　**网点岗位基础配置**

岗位	营业部 （营业厅）	理财中心	精品网点	基础网点
网点负责人	1	1	1	1
网点副职	1	0	0	0
运营主管	1	1	1	1
运营副主管	1	1	0	0
大堂经理	1	1	1	1
对公客户经理	1	0	0	0
个人客户经理	2	2	1	0
理财顾问	1	1	0	0
产品经理	1	1	0	0
现金柜员	5	4	4	3
非现金柜员	3	3	2	1
综合柜员	1	1	1	1
大堂引导员（外包）	1	1	1	0
合计	20	17	12	8

注：作者根据相关资料整理。

从表1-3可知，网点业态分类的层级越高，网点岗位分工就越细，从而对岗位之间的协同性要求就更高；而网点业态分类的层级越低，网点岗位设置就越少，从而对网点岗位的职责兼容性、内控合规性等要求更高。以营业部（营业厅）为例，理财顾问与客户经理负责贵宾客户关系维护与管理，运营主管协同后台三级主管兼顾普通区与贵宾区的业务管理与控制工作；外聘大堂引导员和大堂经理负责普通区服务与指引，同时大堂经理需要兼顾普通区与贵宾区厅堂服务，并做好贵宾客户的引导服务。比较而言，基础网点的网点岗位最为简单，包括网点负责人、运营主管、大堂经理和柜员四大类，其中大堂经理兼顾普通区与贵宾区厅堂服务，网点负责人辅助大堂经理做好厅堂管理；运营主管兼顾普通区与贵宾区的业务管理与控制工作；网点根据功能区分进行现金柜员与非现金柜员配置。此外，网点若无独立贵宾区，应设置VIP专窗或优先窗口提供优质服务。

第二章　商业银行网点转型的历史沿革

银行网点转型是银行业金融机构转型的重要组成部分，具有动态性、系统性和长期性特征。金融要为实体经济服务，满足经济社会发展和人民群众需要，这一点从国外的银行网点转型历程来看也不例外。纵观国内银行网点的转型历程，大致可以分为“形”转型和“智”转型两个阶段，尽管金融服务模式发生巨大变革，但本质上讲，仍然是在贯彻以客户为中心的服务理念，不断增加网点金融服务对经济社会发展的适应性和竞争力。

第一节　海外地区的银行网点转型经验借鉴

一、应对经济冲击，下沉金融服务

从过往经验来看，日本经济的对外依存度颇高且日元国际化进程较快，叠加国内经济增长陷入停滞和人口老龄化不断加剧的低迷环境，导致日本银行业面临盈利空间收窄、国际地位下降、内部管理体制僵化、数字化转型缓慢等问题，诸多掣肘因素导致日本银行业极易受到外部不确定性冲击（邓宇，2023）。在此背景下，为增强金融服务对实体经济的适应性和竞争力，日本银行业历经多次转型，整体来看经历了从繁荣到衰退再到逐渐企稳的长周期，并持续保持了较强的发展韧劲，其中强调金融服务下沉、重点支持中小企业发展发挥了重要作用。

从政策导向看，为扶持中小企业生存和发展，日本政府首先在制度层面建立了一套支持中小企业发展的法律制度。例如，1948年通过《中小企业厅设置法》、

1951年6月实施《信用金库法》、1953年出台《中小企业基本法》《中小企业现代化促进法》等，为金融服务支持中小企业做了制度安排，也为依托银行网点来打通金融服务下沉的“最后一公里”提供了政策指引。从具体举措看，日本政府推动建立了一套支持中小企业的金融体系，不仅设立了专为中小企业服务的国民金融公库、中小企业金融公库和商工组合中央金库等政府金融机构，还根据地方经济产业发展，陆续设立了地方银行、相互银行等中小金融机构，为大量中小企业提供长期低息和便利化贷款。其中，地方银行与我国的城市商业银行类似，是主要面向中小企业的商业银行，总行设在地方城市，并在总行所在地开展业务，资金来源主要是居民的储蓄存款，资金投向主要是中小企业，一般占贷款总额的70%~80%。

二、重视阵地服务，创新获客场景

在美国，尽管银行渠道将随着时间的推移而不断变化或改善，但是网点仍然是银行服务的主要渠道，是银行与客户面对面接触的最佳场所。相关调研表明，即使移动银行应用程序继续取代日常交易和查询，仍有88%的美国成年人感到他们需要实体分支机构来满足银行业务的需求。当被问及线下银行网点机构的重要性时，有84%的受访者表示实体银行分支机构仍然很重要。美国安快银行作为被业界公认为全美最富有革新与创造力的社区银行，便是把网点阵地营销职能发挥极其出色的金融机构。

实践中，美国安快银行凭借自身独特的商业模式，持续深化网点转型升级，不断发挥网点阵地活客、黏客和深耕客户关系的职能。安快银行创造了独特的“门店”概念，将所有的分支机构统称为门店。安快银行充分借鉴零售商的经营理念，将产品陈列于门店内，通过陈列产品提升产品可获得性及吸引力。安快银行将此理念运用于金融服务及产品的销售方面，通过可触式销售使金融服务成为实实在在的产品供顾客体验。与发展电子银行来减少顾客通过实体网点获取金融服务不同，安快银行鼓励顾客参观实体门店，通过训练有素的门店销售人员为顾客提供详尽的金融咨询服务，并鼓励顾客浏览、体验相关金融产品与服务，从而最终达成金融交易。

安快银行不断创新获客模式，并在服务品牌上保持连贯性，为持续提升其市场竞争力奠定了坚实基础。2006—2013年，安快银行相继推出“邻家门店”模式（安快银行第一代零售网点模式）、网点“创新实验室”和“下一代”门店模式。以“下一代”门店模式为例，门店内设有无线局域网供顾客免费上网，并为顾客提供笔记本电脑设备，灵活多变、开放的“酒吧间”等。

三、强化科技驱动，培育金融生态

在数字经济发展的大趋势下，国际领先商业银行纷纷开始数字化转型。相关研究指出，2018年全球85%左右的银行将数字化转型列为工作计划的重点，并在客户体验、展业渠道、生态圈建设等领域持续加大数字化转型进程，不断提升数据—科技—业务的深度融合效应，赋能银行网点在客户识别、信息交互、产品触达等方面的金融服务能力。比如，花旗银行在实现“以客户为中心”的精准营销战略时，借助大数据技术将过去积累的关于客户信息的庞大数据群重新整合分析，并基于客户行为将客户群进一步分层，对有价值的客户、具有潜在价值的客户和没有价值的客户进行分类管理，对于个人特征、消费水平、风险偏好不同的客户群提供不同的营销方式和产品服务，从而把握客户需求。星展银行则利用人工智能、人脸识别等新一代技术加强阵地基础服务（自动取款机、触屏交易等）、网站和手机银行等设备的改造和功能优化，注重交互设计，以此来提高客户交互体验和感知能力，进而在满足客户数字化时代多样化需求的同时，提升客户体验和服务质效。

与此同时，加强线上线下联动、拓宽服务渠道，构建生态化金融服务体系，也是国际领先商业银行网点落地数字化转型的重要方向。一方面，重视移动端和线上投入建设，通过手机银行、网上银行、直销银行、数字借贷平台等线上方式，实现物理网点与线上服务相结合的全渠道运营，提供7×24小时在线服务，随时随地及时响应客户需求。比如，摩根大通通过Finn移动线上银行，为客户提供24小时在线的活期存款、定期存款、理财等服务，推出个性化、场景化服务，满足客户多元化的需求；德国邮政银行通过结合“线下+线上”综合化全服务渠道，致力于打造“身边的银行”，打破时间与空间的限制，为客户提供全面的零售银行产品与服务。另一方面，泛金融服务方案仍是银行增强客群黏性、持续提升市场占有率的重要手段，主要是针对衣食住行、养老健康、医疗教育等民生领域开发金融业务，从生态体系闭环建设的视角来为多层次、多样化的全量客户群体提供更加契合其需求的金融产品和服务。富国银行早在2002年便依托其传统的社区银行发展经验，探索商业银行网点“超市化”转型道路，力争打造能为客户提供任何金融产品和金融服务的“银行超市”。这一模式使得富国银行交叉销售能力大幅提升，吸引了大批量客户，能够对客户全方位了解，能更好地服务客户，客户流失率也大幅下降。

四、优化网点布局，提升服务体验

传统的零售银行业务注重网点战术，网点密度越高，获取客户的概率越大，从而实现利润增长的可能性也越大。在数字经济时代，单纯依靠网点扩张已不是实现利润增长的主要途径，客户交易行为、消费方式以及金融诉求发生变化，客观上改变了商业银行传统的获客模式。客户是银行价值创造的源泉，是所有产品和服务的最终归宿，获客不足的困境必然掣肘商业银行的盈利能力，因此利润空间的挤压倒逼商业银行由物理网点分销向数字化销售渠道转型，而优化网点阵地空间布局（缩减网点数量、规模，推进网点小型化、轻型化）和业务流程再造，是提升服务体验的重要内容。

花旗银行顺应金融科技发展趋势和客户诉求，于2014年下半年在美国市场主动推出小型高科技分行，率先进行试点的网点转型分行主要是位于经济发达地区的迈阿密、纽约、洛杉矶等分行，转型的方向是高科技和小型化。具体的转型措施主要包括以下两点：一是网点小型化，即推出“微缩型”网点，员工人数为3~4人，网点面积为55.74㎡到110㎡的区间，均较传统网点人数规模和场地面积减少五成以上。二是压缩网点规模，以便提高市场集中度，即将业务聚焦于波士顿、芝加哥、洛杉矶、迈阿密、纽约、旧金山和华盛顿，减少得克萨斯州等州的网点数量，降本提质的成效显著。同样，汇丰银行、富国银行也采取了类似的转型策略：自2015年起逐步减少零售银行分行及网点数量，同时扩展网上服务渠道，借助科技实现网上预约、开户、贷款审批等业务办理，简化业务流程，提升业务办理效率；富国银行通过在网点部署“智能化”自助服务设备，为客户提供从功能到体验的优质服务，新型ATM不仅可以实现现金存取、转账、支票扫描等金融功能，还能与第三方商家合作提供捐助等扩展功能。

五、培育敏捷组织，响应市场需求

对于商业银行来说，网点是零售业务的基础经营单元，是银行策略、管理和经营能力的着力点。从外部环境看，新一代信息技术的深度应用，从供给端加速推进电子银行渠道对高频、标准化、低附加值等金融业务的服务模式替代，在需求端也客观上降低了传统客群进入实体网点的主动性。客观来讲，技术进步促使银行网点的客户到店率下降，同时也降低了银行网点处理交易的成本，这意味着银行有更多的时间去关注客户的特定需求。由于客户的需求具有动态性、复杂性和不可预测性，如何高效响应客户的差异化需求成为国外银行网点能否培育核心竞争力的重要变量。因此，通过培育敏捷组织，强化自上而下的资源整合能力，成为国际领先商业银行数字化转型的重要内容。

构建高效反应的组织结构离不开技术、数据和机制的深度融合。为加强业务与技术的创新融合，国际领先商业银行注重打破部门壁垒、优化组织结构，抽调技术与业务等不同部门人员成立专门项目小组，打破项目、服务和业务关系管理等职能的隔阂，实现跨职能、跨部门合作。比如，荷兰国际集团设立跨条线联合作业的敏捷小队，从以服务请求为基础的单职能团队，变成以开发基础设施产品和服务为目标的跨职能工作小组，不断增强市场拓展中对客户金融需求的响应能力。

第二节　我国银行网点转型的历史沿革

一直以来，商业银行在科技应用方面都不是保守者、落伍者，而是信息化建设的实践者、推动者，是科技创新最活跃的领域。实际上，银行业是科技密集型行业。当前，随着科技—数据—业务的深度融合，银行网点正在向经营生态化、服务一体化、营销数字化和风控智能化转型，从本质上讲，仍是在持续发挥科学技术在商业银行经营管理方面的赋能作用，而这正好与数字经济发展背景高度契合。因此，梳理科技水平在商业银行的应用进程，能够较好地窥探到银行网点数字化转型的历史沿革。

一、1998年以前，试水金融业务电子化

20世纪80年代以前计算机在我国尚未被广泛应用，银行从网点门柜到事后核算以及各业务部门无一不使用算盘作为日常工作的计算工具。以核算定期存款利息为例，网点员工需要手工核算，为确保定期储蓄存款利息计算准确和高效，网点员工需要熟记十几年甚至更长时间各档次和各时间段的利率。同时，在具体业务操作流程上，收钱、点钱、核对储蓄卡和储蓄凭条，登记存折，然后交由另一人做复核签字、盖章，登记分户账，最快也要十几分钟。

从算盘到计算机是银行业的划时代飞跃。进入20世纪90年代，电脑开始普及应用。为了加快应用和推广信息技术，各家银行都纷纷抓住机遇、与时俱进，提出“放下算盘拿键盘、不会键盘就下班”的口号，不管年龄大小、职务高低，全体干部都要上“电脑普及班”，要达到“会打字、会操作、会查询、会分析”的“四会”目标。电子办公不仅减轻了银行员工的工作压力，也改进了银行网点的工作效率。比如，从传统手工扎账逐渐过渡到电子化扎账，业务办理中效率更高，业务结束后的纠错能力更强，大幅缩短网点员工下班后工作时间的同时，也大幅降低了网点员工的工作负担和精神压力。

与金融电子化同时期的是我国多层次、多样化的金融体系初步形成，银行网点的数量规模迎来了“扩张期”。作为深圳第一家上市公司和全国最早的股份制银行，深圳发展银行（平安银行前身）成立后，上海浦东发展银行、中国光大银行、等股份制商业银行相继成立。同时，城市商业银行逐渐步入民众视野，开始增设网点。整体来看，处于这一阶段的银行网点转型尚处于“盲人摸象”的阶段，除了物理渠道的粗放式增长外，金融业务本身的服务意识尚未形成，金融产品也相对单一，银行网点的“等待式服务”是此阶段银行业务的鲜明特色。

二、1998年至2013年，开启金融渠道网络化

招商银行“一网通”网上银行支付成功，标志着银行网点开启线上线下立体式营销服务体系的初步形成，后经中国人民银行正式批准，招商银行成为国内首家开展在线金融服务的商业银行，借助科技的力量开辟全国性市场。招商银行开通网上银行被视为整个商业银行零售业务飞速发展的原点。中国工商银行推出网上银行企业版、个人版和B2B、B2C在线支付系统，标志着以中国工商银行为代表的国有银行建立了以网上银行为主体的电子银行体系。伴随着金融渠道网络化进程加快，这一阶段的银行网点转型还呈现出三大特征：

第一，银行网点的金融产品丰富化。相较于第一阶段的银行产品单一性，基金代销、银保产品、理财产品相继成为商业银行提供综合化金融服务的重要载体，银行网点“货架”上的金融产品日渐丰富。基金代销方面，2001年，我国首只开放式基金——华安创新诞生，公募基金销售就此进入到以银行销售为主的阶段。当时，基金公司尚在起步阶段，而银行可以依托其网点密集以及基金托管方的优势进行基金代销业务。尽管券商较早开展了基金代销业务，但当时券商代销的体量远不及银行。我国银保渠道[①]的萌芽始于1996年，飞速发展始于2002年。从概念上看，银保业务是保险公司委托银行代理销售保险产品的渠道，从本质讲是中介业务的一

① 2001年，银保渠道的总保费为47亿元，占寿险总保费的2%左右。2002年，银保业务开始飞速发展，当年总保费达到388亿元，占寿险总保费的17%。

种。相较于其他中介渠道，银行的第一账户体系（客群基础）、强信用支撑以及依托网点的综合营销能力是银保渠道发展最为重要的优势。因此，对于保险公司来说，银保业务的破题之道就在于回归本源，要按照自上而下推动、自下而上承接的模式持续深化与银行网点在客户综合化营销中的合作。我国的理财产品先后经过了初创期、扩张期、增长期和转型期（2017年至2021年）。自理财产品问世以来，随着电子渠道的服务意识逐渐深入，叠加金融消费者的交易行为和交易习惯变化，银行网点在理财产品代销中的角色逐渐从“交易落地”中心向“理财咨询”中心转变。

第二，银行网点的服务渠道多元化。在这一阶段，我国国有银行相继股改上市，叠加外资银行进入国内市场，市场竞争日趋激烈，银行网点作为客户与银行沟通的首选窗口，是商业银行参与市场资源竞争的首要阵地。然而，银行网点的经营成本高企，如何最大限度地发挥网点的经营效率，从而实现不同业务、不同渠道与不同客户群体之间的布局合理化，使银行网点适应新形势的要求并创造更高的效益，是各家商业银行面临的主要问题。在此背景下，思科“新网点主义”思潮在商业银行网点运营服务转型中得到了广泛的应用，其主导思想是强调商业银行应该充分实现庞大的物理网点资源与线上的电子银行渠道融合，针对不同用户的个性化和差异化金融需求，通过对传统银行网点进行重新定位，把传统的单一渠道服务模式转变为多渠道、多维度的线上线下立体式、综合化的金融服务，从而最大限度地提高银行服务效率。从本质上讲，上述服务渠道的转型路径，并未从根本上解决银行网点“等待式服务”的营销模式问题，网点运营仍然维持“以业务处理为中心”的“坐商”模式。

第三，银行网点的管理模式扁平化。因历史原因，20世纪90年代前后我国的银行网点通常可以分为支行、分理处和储蓄所三个层级。相较而言，支行的层级最高，且具备独立核算权限；分理处通常是支行的下级单位，一般是支行派驻至较大的工商业地区的营业单位，虽是法人机构且具有独立法人资格，但不实行独立核算；储蓄所作为分理处的派出机构，不具备独立法人资格，同时业务权限最小，只有储蓄业务，没有对公和贷款业务。进入21世纪，国有银行开始实施银行网点的扁平化管理，主要原因有两点：一是同业来看，股份制商业银行遍地开花，总分支行设立不限行政区域，业务综合化对客户金融需求的适应性更强，传统储蓄所和分理处提供的金融产品已逐渐不能适应民众的综合化金融需求；二是国有银行面临上市前的股改要求，为对标海外先进银行的总分支管理层级，要按照要求逐渐拆并储蓄所业务，陆续将分理处升级为二级支行网点。

三、2013年至2019年，迎来金融科技智能化

余额宝的出现引发了社会各界的广泛热议，其将互联网的伟大力量展示在世人面前，让金融这一“神秘”的事物走入寻常百姓家。网商、微众等民营银行的相继成立，标志着商业银行的竞争环境除了传统的同业竞争外，还在零售端引来了跨界竞争的市场状态。竞争环境变了，客户交易行为和交易方式变了，客观上促使商业银行要强化科技赋能来加速推进网点“智能化”转型的步伐。这一阶段，商业银行逐渐尝试从客户视角优化改进服务流程，在完成前、中、后台分离的基础上，对柜面业务功能和服务流程实施系统性重构。据不完全统计，银行业金融机构仅在2015年就改造主要业务流程9 483个，是2014年的9.14倍[①]。总体来看，这一阶段的银行网点转型呈现出四大特征：

第一，布置智能化机具，推动业务办理自助化。智能机具相继投入，叠加网点厅堂布局适应性优化，是网点智能化转型的初级阶段。实践中，网点内配备智能设备后，客户可以在大堂经理的引导下自助办理业务，并逐渐推动标准化的低频、低附加值的基础业务由柜面向智能设备迁徙，同时为深度适应智能化渠道对传统柜面业务的迁徙效能，智能设备迁徙率也被纳入上级行对银行网点运营考核的重要指标。从智能设备的具体类型看，中国工商银行、中国建设银行、广发银行等在网点相继选配自助发卡机、智能终端、智能打印机、网银体验机等设备。银行网点智能化设备的应用，推动了网点部分基础业务自助化，有效实现了业务分流，在提高业

① 作者根据《2015年度中国银行业服务改进情况报告》整理。

务效率的同时，也缩短了客户等候时间。总体来讲，这一阶段的智能化转型，着力点在设备，因此仍有很强的“硬”转型特征。

第二，网点劳动组合优化，推动服务流程体验化。网点智能设备的应用，在实现业务分流的同时，也为网点带来了劳动组合优化的空间。在柜面劳动力得以释放的同时，如何更好地发挥网点人员效能，成为网点转型过程中的又一重要事项。从本质上讲，围绕人这一核心要素的网点转型，就是推动网点柜面员工从“业务操作型”向“服务营销型”转变。在此过程中网点的运营模式从传统“坐商模式”逐渐向“行商模式”转变，坚持以客户为中心，以客户需求动线为切入点，不断响应客户对银行网点的“一站式”金融服务需求。实践中，不少网点将现金柜员工（高柜柜员）、大堂经理等岗位首先纳入劳动力组合优化范围，按照厅堂一体化管理的相关要求，践行对客户一站式、一体化服务。比如，中国工商银行提出建立“岗位兼容、人员通用、服务综合、运行安全”的网点新岗位体系，实施柜员与客户经理岗位整合，打通现金区内外、业务办理和客户服务的壁垒。

第三，金融科技双向赋能，推动金融服务专业化。从需求端看，金融科技赋能C端客群更方便地获取金融知识和技能，能够改善居民金融素养，这为银行网点提供专业化、个性化的金融服务提出了更高要求。从供给侧看，随着网点逐渐从“业务交易中心”向“客户体验中心”和“信息交互中心”转变，银行网点的传统营销模式面临诸多挑战，如何从更为专业的金融服务视角来赢得客户信任并不断扩大忠诚客户群体，是银行网点核心竞争力培育的重要内容。在此过程中，自上而下的金融产品创新相继推出，持续赋能网点阵地的获客能力。以中国工商银行为例，为增强金融服务的综合化能力，在传统零售业务推动批量化营销、场景化获客的服务模式上，其主动求变，将金融产品创新转向企业信贷领域，在银行系统内率先推出E抵快贷、经营快贷等标准化普惠金融产品，从而为网点依托B端资源带动C端客群的营销和渗透创造了条件。

第四，到店客户逐年减少，推动网点布局轻型化、群落化。实践中，伴随着智能化服务模式的兴起，2016年前后，银行业金融机构加快推进渠道转型，开始整合低效产能网点，银行网点总量和新设网点增量放缓，网点结构布局更加合理，网点轻型化、小型化是这一阶段的显著特征。随着新一代信息技术的深度应用，在需求端，客户的交易行为和交易方式均已发生巨大变化，建设面积较小、人员数较少的轻型银行网点更贴合客户需求，因此大型银行将轻型网点作为进驻和覆盖新兴、空白区域的有效方式，其也是推进银行网点轻型化的主力军。轻型化网点的主要特征是资产轻、成本轻和人员轻。同一个商圈的银行业务会出现同质化且网点间距离较近，在一定程度上客户资源存在重合现象，加之存在客户识别度和网点体量等因素的制约，同一银行的不同网点在区域内的市场资源获取能力差异较大，体验不佳且获客不均。因此，构建以轻型化网点为卫星网点、以区域内旗舰网点为核心网点的“卫星网点+核心网点”群落化网点服务业务体系成为各大银行提升网点竞争优势的有效路径。

四、2020年至今，步入金融服务数智化阶段

金融科技深度应用不断重塑传统金融业态，叠加非接触、零接触金融服务飞速发展，金融服务数智化已成为当前金融机构构建差异化核心竞争力的关键。从金融服务视角看，数智化是数字化的高阶阶段，其本质是发挥数据要素效能，推动数据要素向数据资产转变，不断强化数据—科技—业务的“煲汤式”融合，从而更好地加强金融产品创新，服务实体经济。这一阶段，银行网点转型呈现出三大特征：

第一，政策导向清晰，强化数据要素挖掘，高质量服务实体经济。2022年1月，中国人民银行印发《金融科技发展规划（2022—2025年）》，提出提升数智化营销能力，合法合规运用大数据、跨媒体分析推理等技术盘活企业数据资产，洞察客户行为偏好和真实金融需求，在尊重消费者意愿和保护消费者合法权益的基础上智能推送客户所想所需的金融产品、理财知识和服务信息。2022年1月，银保监会提出充分利用科技手段开展个人金融产品营销和服务，拓展线上渠道，丰富服务场景。从制度体系角度来看，2023年，国家数据局成立，从国家层面统筹协调数字中国、数字经济、数字社会的规划和建设，有利于强化数据要素制度供给，构建数

据流通体系，激活数据生产力，对于建设现代化经济体系具有重大意义。金融业是数据密集型行业，诸多政策的相继出台，为商业银行强化数字技术的应用，将大数据分析、人工智能、深度学习等技术手段运用到业务发展中提供了政策支撑。落实到银行网点，作为商业银行服务实体经济的前线堡垒，其在总行、省行、支行的指导下加强数据要素的价值挖掘，是增强金融服务实体经济适应性、竞争力和普惠性的重要内容。

第二，客户的金融交易行为和方式深度变化，银行网点的经营模式逐渐从增量拓面向存量提质转变。目前，网点阵地获客的基础性职能面临挑战，同时非接触金融服务更多侧重于存量客群的精准营销，客观上推动银行网点的经营模式逐渐趋向存量提质。存量提质的本质，在于与客户的互动模式向“深度客户经营”模式转变，真正从客户体验出发，重新梳理和定义核心客户，并持续推动敏捷、快速、端到端的数字化流程再造和能力重塑。

第三，金融科技向对公业务渗透效应明显，资产业务下沉已然成势。为使金融资源服务好实体经济、服务好中小企业，各家商业银行均加大了数字普惠金融产品的创新力度。以中国工商银行为例，为实现普惠金融业务高质量可持续发展，其依托“数字工行”建设，充分运用数据和技术能力，全面深化客户、产品、风控、生态四个方面的数字化创新应用，打造数字普惠新模式，让数字普惠服务更精准、更流畅、更聪明，服务更多小微企业。作为联结数字普惠金融产品与广大中小企业金融服务的主要载体，银行网点大力发展数字普惠业务、推动资产业务下沉网点已是新形势下网点综合竞争力提升的重要方面。

第三章　银行网点数字化转型的市场环境分析

数字经济时代，商业银行网点转型正处于关键节点。本章深入剖析其面临的机遇与挑战，助力理解转型的必要性与复杂性。外部层面，经济、政策、金融环境分别从发展趋势、政策支持、竞争监管等维度，为转型提供了动力与方向，也带来了竞争压力。内部层面，客群消费习惯、业务发展方式的变化，员工关爱文化的需求，以及风险管理的要求，都促使银行网点必须转型。全方位解读这些因素，旨在为商业银行网点在数字化浪潮中把握机遇、应对挑战，实现成功转型提供理论依据和实践指引。

第一节　银行网点数字化转型的外部环境分析

一、经济环境是现实“土壤”

从经济和金融的关系看，经济是肌体，金融是血脉，金融要为经济社会提供高质量服务，是以金融服务不断增强对实体经济的适应性、竞争力和普惠性为前提的。当经济增长方式、经济增长动力发生变化，金融业加快转型是必然趋势。我国现行的金融体系是以中国人民银行为领导，国有独资商业银行为主体，国家政策性银行和其他商业银行以及多种金融机构同时并存、分工协作的金融机构体系，要推动金融业转型发展，商业银行必将是“主力军”。银行网点作为商业银行最基层的组织单元，是商业银行服务实体经济的前线阵地，在整个商业银行转型浪潮的大背景下，银行网点已然成为商业银行推进数字化转型战略落地的重要支撑。

从经济发展形态看，数字经济已经成为世界的主要经济形态，也是推动我国经济社会发展的核心动力。截至2022年年末，我国数字经济总量达到50.2万亿元，位居世界第二，仅次于美国；同时，数字经济对拉动我国国内生产总值（GDP）增长的重要性也日益突出，在国民经济中的支撑作用越来越明显，数字经济占我国GDP比重逐年递增，已经从2018年的34.8%增长到2022年的41.5%。数字经济的快速发展，带来了商业模式和用户习惯的深刻变化，也为以商业银行为代表的传统金融机构的全方位数字化转型奠定了良好的基础。银行网点作为贴近市场、服务客户的主阵地，依托对线下物理网点的硬件进行升级，围绕网点获客、黏客和深耕客户关系的核心职能构建线上线下全渠道的营销体系，并推进智慧网点建设，将是商业银行推进数字化转型的重要路径。网点智能化转型以来的离柜业务水平趋势如图3-1所示。

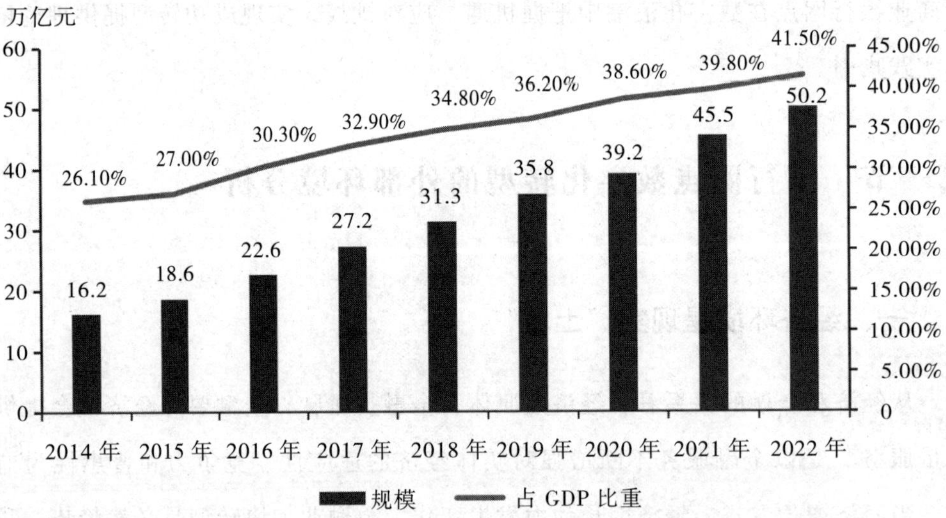

数据来源：《数字中国建设发展进程报告》、各年《中国数字经济发展白皮书》。

图3-1 网点智能化转型以来的离柜业务水平趋势（一）

二、政策环境是重要保障

国家战略层面，《中华人民共和国国民经济和社会发展第十四个五年规划和

2035年远景目标纲要》明确提出要加快数字化发展，打造数字经济新优势。2022年出台的《中共中央 国务院关于构建数据基础制度更好发挥数据要素作用的意见》涵盖了数据产权、流通交易、收益分配、安全治理四个方面，该政策的出台标志着数据这种生产要素进一步被应用于生产市场，我国数据基础制度初步形成。一系列助力数字经济发展的政策有利于充分激活数据要素价值，鼓励数字技术赋能实体经济、赋能传统产业转型升级，为银行数字化转型提供了良好的政策支持。在业政策层面，2021年年末，《金融科技发展规划（2022—2025年）》发布，提出要推动金融科技发展和商业银行数字化转型升级。2022年，《关于银行业保险业数字化转型的指导意见》发布，要求我国商业银行加强顶层设计和统筹规划，以服务实体经济为目标，科学制定和实施数字化转型战略，从大力发展数字金融产业、推动个人金融服务数字化转型、加强数据管理能力和数字化风控能力等方面推动银行业务数字化转型。

2023年11月，中央金融工作会议提出，做好科技金融、绿色金融、普惠金融、养老金融、数字金融“五篇大文章”，为商业银行网点把握推进金融高质量发展主题，更好地服务实体经济指明了方向。以养老金融为例，从商业银行顶层设计来看，应通过持续拓展养老服务外延，深度整合线上线下医疗、照护、旅游、教育等领域资源，充分融合养老金融与非金融服务场景，全面满足老年客户群体衣、食、住、行需求，为其提供一站式综合养老服务，激发“金融+非金融”养老服务场景生态，而落脚到银行网点，加强商业银行线上线下养老金融场景服务联动，将是提高养老金融服务水平的重要内容。例如，商业银行将优质线上养老金融产品与银行网点一对一贴身服务有机结合，让老年客群在线下也能获得丰富的线上养老金融服务体验，解决老年客群“数字鸿沟”问题，激活传统银行网点养老金融服务场景活力。具体实践中，诸多生动案例都为下阶段银行网点做好养老金融提供了经验借鉴，比如中国工商银行“敬老驿站”打造了集养老金融体验、情感信息交流、社保医疗咨询于一体的养老客群服务中心；中国银行构建“银发+金融”生态场景，“量身定制”养老专属服务，全新打造“岁悦长情”个人养老服务品牌。

三、金融环境是驱动因素

从同业竞争看，商业银行金融科技投入和应用已成为挖掘“增长曲线”的新赛道。随着国家数字化转型系列政策的出台及前沿技术在金融服务领域应用的逐步成熟，银行数字化转型已经成为国内商业银行发展的大势所趋。近年国内银行业在IT建设与服务领域的资金投入规模逐年递增，自2019年起银行业IT投入规模以24%的复合增长率稳定高速增长，在2022年突破3 000亿元，预计未来国内银行业IT投入规模仍将以约24.6%的复合增长率保持高速增长态势，于2025年达到接近6 000亿元的规模。其中，2022年，国有六大行对金融科技的资金投入合计达1 165.49亿元，同比增长8.42%，较2020年和2021年的33.5%和12.34%的增速来看，整体上虽有下降趋势，但是交通银行、中国银行和中国农业银行还保持对中国工商银行和中国建设银行的高增长追赶态势。交通银行的科技投入从2019年的50.45亿元飞速增长到2022年的116.31亿元，实现了投入翻倍。中国农业银行的科技投入从2019年的127.9亿元持续增长到2022年的232.11亿元。中国银行的科技投入力度也很大，从2019年的116.54亿元增长到2022年的215.41亿元。

从跨界竞争看，商业银行传统业务和服务模式受到冲击和蚕食。随着新一代信息技术的深度应用，部分金融科技企业充分发挥其自身技术能力优势，将新技术在数据分析、模型搭建、信息保护等方面的数字化能力应用于金融服务领域，冲击了商业银行原有业务板块与市场份额。具体表现在两个方面：一是金融“换”媒、“脱”媒浪潮逐步改变着商业银行与客户之间的传统供求关系，由此带来商业银行传统“存、贷、汇”业务服务模式与运营方式的革新；二是围绕生活、消费等高频场景打造场景化获客和批量化营销的服务模式，部分金融科技企业从流量入口端侵蚀着商业银行的客户资源，并依托自身的资源整合能力搭建起金融服务生态体系，形成其稳定的客群规模，这也使商业银行的基础客群出现了分流。

从金融监管看，商业银行数字化转型是适应监管要求的客观需要。2021年以来，相关部门先后发布《金融科技发展规划（2022—2025年）》等重要政策文件，标志着商业银行的数字化转型正式从自发行为转变为监管要求。事实上，数字化转型在助力商业银行落实金融工作三大任务[①]的同时，也为金融业态带来了新型风险，比如合规风险、科技风险、数据风险、欺诈风险、模型风险、网络安全等。以合规风险为例，商业银行以金融服务为载体，链接各类生活场景，提供支付、信贷、理财等综合金融方案，实现娱乐、购物、出行、餐饮的数字化升级，推出了基于数字化的各类便捷的线上金融产品，线上业务蓬勃发展。在此背景下，亟须改变现有的合规管理模式，丰富风险防控手段，强化智能风险预测分析机制，充分利用数字化手段建立智能化风控体系。因此，强化合规检查的数字化转型，同样是商业银行数字化转型的重要内容。

第二节　银行网点数字化转型的内部环境分析

一、应对客群金融消费习惯变化的需要

客户群体是银行网点的基础性资源，客群的稳定性和成长性也是银行网点核心竞争力评价的重要内容。随着整个社会经济都在快速向数字化转型，商业银行也加大了数字化转型力度，利用云计算、大数据、人工智能等新技术，加快推出“非接触式”移动银行业务、7×24的无人智能网点等金融服务，用户的金融消费习惯也随之改变。客户对金融需求的交易行为方式和交易渠道面临重塑，与此相适应的是银行网点的角色正在从业务处理中心向客户体验中心、信息交互中心转变。

银行业的统计资料显示，网上银行和手机银行是离柜业务办理的主要渠道。据不完全统计，2022年银行业金融机构离柜交易笔数达4 506.44亿笔，离柜交易总额达2 375.89万亿元，行业平均电子渠道分流率为96.99%。因此，加强线上线下渠道协同融合，加快延伸金融服务触角，不断拓展数字化渠道服务新模式，持

① 2017年中央金融工作会议提出了“服务实体经济、防控金融风险、深化金融改革”三大任务。

续应用最新金融科技提升全渠道服务，以“智能+人工”服务构建客户服务闭环，建设安全高效便捷的服务网络体系，着力提升客户服务体验，已成为推动服务渠道数字化转型优化的“必选项”。网点智能化转型以来的离柜业务水平趋势如图3-2所示。

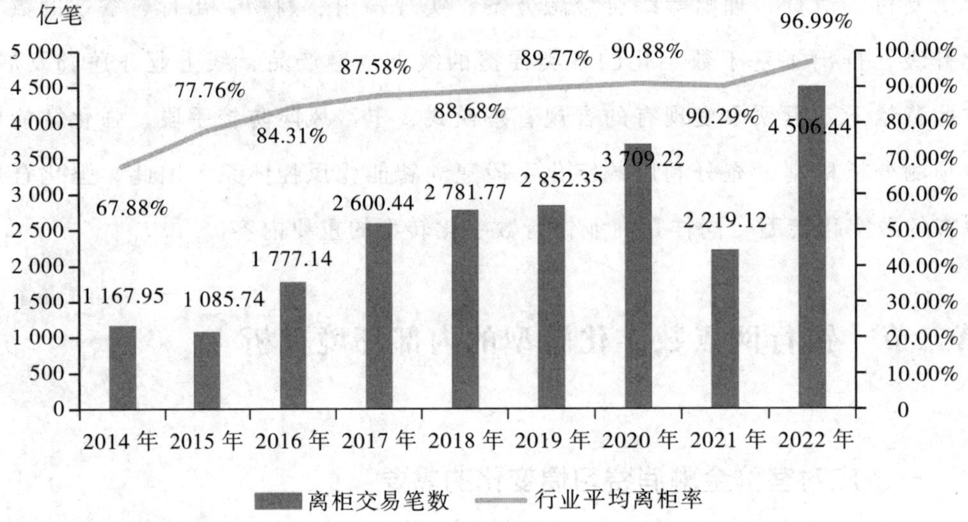

图3-2 网点智能化转型以来的离柜业务水平趋势（二）

二、适应银行业务发展方式变化的需要

从2017年开始，我国商业银行资产规模增速放缓，意味着增长阶段逐渐从“增量扩张”到“存量提质”转变。相关数据显示，零售业务方面，人均持有借记卡数量为6.6张、信用卡数量为0.6张，基础金融服务覆盖率已非常接近美国、欧洲的个人银行账户持有率水平，同时为带来同样的AUM增长，银行获取新客的成本较维护老客高出5倍，而存量客户利润贡献是新客的16倍。对公业务方面，2019年至2021年，贷款规模呈增长趋势，增速为11.77%，但贷款相关收入年均提升6.54%，慢于贷款规模增速。同期，贷款资本收益率（RAROC）则从11.31%不断下降至9.64%，说明规模增长尚未转化为营收能力和价值创造能力。全国TOP40家银行的贷款组合并未创造价值，平均风险调整后RAROC为9.64%，经济利润为

-3 446亿元[①]。在此背景下，如何提升存量客群的综合贡献度是各家商业商业银行共同面临的重大课题。

相较而言，面对新一代信息技术的深度应用，跨界竞争在需求端对商业银行的影响主要体现在零售业务方面，而对公业务的服务模式虽面临着数字化转型，但本质上银企双方的供求关系并未发生根本变化，商业银行仍是广大中小企业获取信贷融资的主要渠道。因此，推动资产业务下沉，通过银行网点以公促私的营销模式来实现对C端客群的综合化渗透（比如代发工资、信用卡、个人理财产品等），便成为商业银行挖掘价值、创造新增长点的重要选择。当前，以发展“数字普惠贷款”为切入点来推动数字普惠金融已成为商业银行自我革新、转型发展的必然选择，而银行网点提供上门尽调、预约开户、金融产品综合化渗透、日常维护和后续风险管理等全周期服务，无疑是打通数字普惠润泽实体经济的“最后一公里”、推进数字金融高质量发展的关键角色。

三、倡导员工关爱文化的需要

员工是银行服务形象的传递者、服务价值的传承者。发展依靠员工，发展也成就员工。坚持以人为本，建设一支总量合理、结构优化、充满活力的员工队伍，凝人心、集众智、促发展，实现员工与银行的共同成长，是助力商业银行高质量发展的重要保障。网点员工是银行业金融机构人力资源队伍的构成主体，以国有银行为例，网点员工的数量占比通常在50%左右。因此，问计于民，服务基层，激发基层员工的工作活力，是践行“以客户为中心、以贡献者为本”的工作理念，倡导员工关爱文化的重要内容。

关爱员工，需要尊重员工岗位价值，不断提升网点员工的工作获得感和创造力。长期以来，“上面千根线，下面一根针”是银行网点日常工作的真实写照。作为商业银行的组织末梢，银行网点的权力最小，人、财、物的支配权极小，往往只有建议权，而没有决策权。因此，在日常工作中，基层网点往往是服从、服从、再

① 数据来源：麦肯锡《中国TOP40银行价值创造排行榜（2022）》。

服从，但是当面临服务考核、业绩评价、内控管理、应对监管等“排山倒海”式的工作任务时，初期的“服从”逐渐变成所谓的“应付”，也是无奈之举。因此，推动网点数字化转型，切实为基层员工减负赋能，让员工有更多时间和精力来推动岗位协同、促进业务发展，是关爱员工、成就员工的现实选择。

为网点减负，“减”要当先。要围绕简化工作流程、提升工作效率多做“减法”，多合并“同类项”。基层工作面临表格繁多、系统多头报送、跨系统数据难获取等问题。可将基层表单填报作为切入口，通过数据一体化集成，表单简化填报，实现信息互联互通，有效减轻基层负担。同时，要善用大数据、云计算等平台，实现数据归集和信息共享。

为网点赋能，“技术替代”要当先。要以耗时长、频次高、可复制的标准化工作为切入点，强化科技赋能来提升网点员工的工作效率。中国农业银行甘肃分行营业网点的运营主管需每日登录运营档案系统查询多个报表，凭肉眼逐项查找核对相关数据，存在耗时长、易出错等问题。为有效减轻运营主管每日进行报表核对的压力，并确保报表核对的准确性，其应用RPA机器人流程自动技术，以机器人为虚拟“劳动力”模拟人工操作，实现对8大类报表的校验核对，在每日营业前将系统筛选出的异常报表数据逐网点、逐报表通过邮件发送到相关内勤行长邮箱，协助内勤行长完成报表查验工作，尽快处理相关业务。科技赋能带来的网点运营管理流程优化，可以助推网点员工更高效地开展工作，进而推动网点服务水平和综合竞争力跃上新台阶。

四、守好风险管理“入口关”的需要

据统计，2020年全国公安机关共破获电信网络诈骗案件25.6万起，2022年这一数据已上升至46.4万起。在严打高压之下，电信网络诈骗犯罪仍然高发，究其原因，既与当前犯罪全面向互联网蔓延等特点密切相关，也与打击治理此类犯罪的技术对抗性不断增强、高度依赖大数据和专业手段相关。银行网点是风险防范的第一道关口，也是堵截电信网络诈骗的关键环节，在打击电信网络诈骗中肩负重大责任。

电信网络诈骗的发展特点决定技术防范成为诈骗风险防范的首要选择。从风险识别来看，银行网点可以从开户、转账监测两个环节加强新技术的应用，通过优化管理流程，提高防范质量，充分发挥金融科技优势，持续提升智能防控水平。在开户环节，应在账户开立、管理和细化柜面流程执行层面加强数字化转型。当前生物识别技术在银行账户开立环节的应用尚处于初级阶段。在交易检查环节，要将数据驱动和科技赋能结合，围绕资金流向的地区特性、资金交易的频次特征以及交易对手的画像特征开展大数据分析和监测，提升异常行为监测的准确性和及时性，守好风险管理的“入口关”。

第四章　银行网点转型的理论基础

银行网点转型既有外部市场环境、竞争态势客观变化的要求，也有来自组织内部变革的管理驱动，其本质仍然是在践行服务实体经济的责任使命和“以客户为中心”的服务理念指引下，不断从驱动、产品和服务三个维度来推进转型，从而持续增强金融服务的适应性、竞争力和普惠性。为更好地指导后续章节的理论模型构建和实践路径探索，本章主要梳理与银行网点数字化转型相关的四个理论，即客户细分理论、服务主导逻辑理论、资源整合理论和金融科技的“创新性理论”。

第一节　客户细分理论

一、客户细分的基本思想

客户的异质性需求和市场竞争中资源效用最大化是客户细分的重要理论前提。客户细分是按照不同属性将客户分为特定的群落，每个群落中客户的需求或其他一些需求相关的因素非常相似，而且每一个客户群对于一些市场营销的手段的反应也非常相似，如图4-1所示。

按照图4-1分类的思想，可以分别采取相应的营销手段，提供差异化的产品和服务。第一步，客户特征细分，包括地理、社会、心理（如个性、生活形态等）和消费行为（如置业情况、动机类型、品牌忠诚度、对产品的态度、渠道偏好等）等要素。第二步，对客户价值区间细分。例如，对客户进行从高价值到低价值的区分，以便根据二八原理锁定高价值客户。第三步，对客户共同需求细分。第四步，选

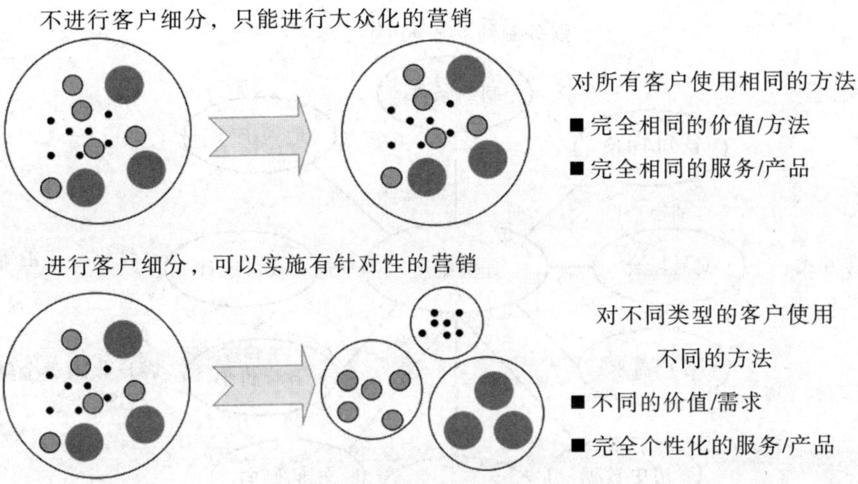

图4-1 客户细分的基本思想

择细分的聚类技术或研究方法对数据进行初始化和预处理，常用的聚类方法有Kmeans、神经网络、决策树模型等。第五步，评估细分结果。

选择合适的维度是客户细分的首要前提（帅青红和李成林，2020）。常见的客户细分维度包括行为、价值、客户历史数据、人口统计、地理统计、态度/倾向、制约条件、认知/印象、场合和需求等，如图4-2所示。实践中，细分维度可以依据实际对象的特点进行选择。

二、客户细分与银行网点营销转型的适应性解释

企业经营理念从以产品为导向向以市场为导向转变，为形成市场细分理论提供了现实土壤，并推动了与市场细分理论一脉相承的客户细分理论形成。但两者的关注重点存在差异，前者更关注市场营销，而后者更强调商业竞争中客户的市场地位。

从金融供给视角看，银行业是数据密集型行业，因此也是关注客户细分的典型行业，有效的客户细分是定制化金融服务的重要前提和根本保证。在客群结构方面，银行的客户类别众多，不仅包括零售业务的个人客户，还包括公司客户、机构客户、部队客户等，需要通过细分来把握不同类别的差异化客户特征和金融需求；

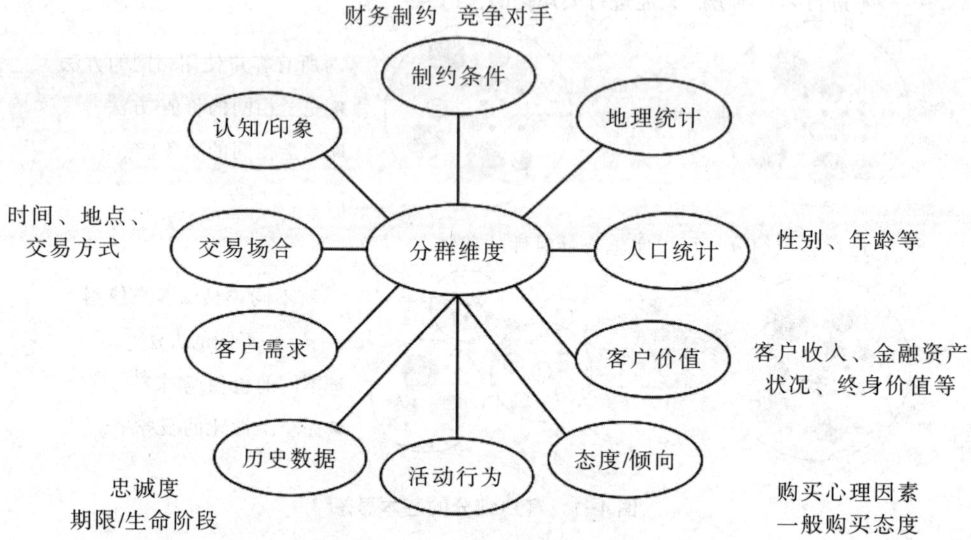

图 4-2 常见的客户细分维度

在产品特征方面，综合化、多元化且标准化的金融服务产品更需要精准的客户细分来实现有效的金融匹配；在交易渠道方面，到店客户与非到店客户在金融需求方面呈现差异化的特征（帅青红和李成林，2020），尤其是随着到店客户逐年减少，网点的传统职能面临转型，精准识别不同交易渠道客户的金融偏好和投资倾向才能更好地匹配金融资源，从而提升金融服务的客户体验。

从金融需求视角看，客户对金融产品的选择主要受客户内部因素、外部因素和购买过程的影响，其中内部因素包括客户的动机和认知等心理因素，也包括年龄、职业等基本属性因素；外部因素更多的是关注社会、文化和组织因素。在需求端对银行客群的细分可以从人口统计、行为细分和利益细分三个维度来进行。在人口统计方面，性别、年龄、收入、家庭构成、职业特征等方面的客户属性差异使得客户对银行金融产品的选择各不相同，实践中这类细分维度的应用最为广泛。比如，银发群体因储蓄能力的趋弱带来的储蓄意愿可能更强，同时更偏向于低风险的金融产品配置。在行为细分方面，RFM 模型①的应用最广泛，比如应用 Apriori 关联规则描

① RFM 模型的三大特征是最近一次消费、消费频率和消费金额。

述不同客户群的特征属性来构建信用卡客户的行为评分模型，以信贷客户为研究对象运用RFM模型研究客户的信用度分类问题。在利益细分方面，客户细分有助于银行把握重要的客户群体，比如使用服务质量、便捷性、交易成本作为利益细分的基础，将客户分为两类，一类是以服务质量为导向，关注于服务效率和服务成效；另一类是以便利性为导向，关注金融服务的可获得性。

第二节　服务主导逻辑理论

一、服务主导逻辑理论的层级演进

知识经济的兴起和全球化竞争的日益加剧，不断改变着企业战略和营销思想，同时行业分工也因信息通信技术发展以及客户的消费和生活习惯变化而显得愈发模糊。基于商品主导逻辑思想的传统资源观念已难以诠释现代的市场竞争环境，需要一种适应现代企业战略和营销的新思想来指导企业提升市场竞争能力。Vargo 和 Lusch （2004）借鉴 Constantin 等（1994）对资源分类的观点，创造性地提出了服务主导逻辑的思想，并建议用全新的服务主导逻辑来指导企业的战略制定和实施工作。S-D 逻辑的理论基础仍然是核心能力理论（Prahalad and Hamel，1990；Day，1994）和资源优势理论（Srivastava et al.，2001），强调以知识、信息和技能为代表的操作性资源是企业获得竞争优势的根本来源，且企业的价值创造是通过服务系统间操作性资源的互惠应用而产生的，整合了知识和技能等操作性资源的服务具有动态性、无形性和无限性，往往能够带来更大的价值和更好的服务体验，其中价值共创是服务主导逻辑的最终归宿。

纵观服务主导逻辑内涵的演变历程，大致可以分为服务逻辑理论、服务科学理论和服务生态系统理论三个层级。服务逻辑理论是服务主导逻辑拓展的初级阶段，强调服务逻辑中顾客视角的主导地位，关注服务交换中客户参与的互动实践。服务科学理论是以 S-D 逻辑为服务科学的基础（Moglio et al.，2008； Spohrer et al.，

2007），重点研究服务系统之间的互动、演进和价值共创，因此侧重于服务系统的价值创造。服务科学中的服务系统是由人、组织和技术构成的动态的价值共创结构，因此在此系统中，共同创造价值自然成为了参与主体间互动和交换的动机和目的（Vargo et al.，2010）。同时，在价值共创认识方面，服务科学理论更强调服务系统的开放性，不仅包括私有资源，还包括市场资源和公共资源，因此对价值共创过程中的资源互动性要求更高：一方面，资源互动促成资源共享，有助于优化服务系统的互动状态；另一方面，服务系统越开放，对外部资源的获取越有效，能够促进服务系统的改善。

新一代信息技术深度发展的网络环境下，作为对服务主导逻辑的深度拓展，构建服务生态系统成为研究价值共创的重要视角（Lusch and Nambisan，2015；McColl-Kennedy et al.，2015）。服务生态系统理论比上述两大理论对服务系统的开放性要求更高，更关注服务系统的网络复杂性对资源互动的整体影响。该理论视角下的服务生态系统不仅包括价值共创过程的互动，还包括不同参与主体间的共同生产和服务交换，系统内不同价值创造主体具有较强的自发感知和响应，因此具有松散耦合性和时空结构性。在服务生态系统中，价值共创来自所有参与者的资源整合和服务交换（Vargo and Lusch，2011），而在此过程中系统内不同资源要素互动的制度约束或社会规范是维持系统良性循环的重要保障（Williamson，2000）。因此，资源整合、服务交换和制度约束是构建服务生态系统的主要内容。

二、服务主导逻辑理论与银行网点服务转型的适应性解释

服务主导逻辑已成为近年来服务科学、服务逻辑和服务生态系统等相关领域的研究热点。

价值主张视角的适应性解释。价值主张是企业向客户提供的一种价值或利益承诺（张爱萍和王晨光，2018），本质上是企业的核心价值观（Grewal et al.，2017）。服务主导逻辑强调的价值主张角色以企业为主导，而客户是价值的唯一决定者。从商业银行网点视角来看，随着市场竞争的不断加剧，客户资源的稀缺

性进一步凸显，沟通方式和权利地位的变化使得维系网点与客户之间的长期稳定关系变得愈发困难。在此背景下，商业银行传统盈利模式面临挑战，与此同时，同业竞争和跨界竞争加剧，银行网点获客、活客和深耕客户关系的难度加大，从而形成“存量客户留不住，新增客户拓不来”的困境。因此，依托新颖、独特、适应客户需求的价值主张来引导网点转型，在此基础上通过增强客户的服务感知来实现获客和留客，并夯实网点的存量客户基础，已成为商业银行网点获取比较优势的重要途径。近年来，商业银行积极推进网点智能化转型、智慧化经营，就是商业银行网点积极优化价值主张，适应客户个性化、专属化、高效化金融需求的真实写照。

价值共创视角的适应性解释。服务主导逻辑认为价值是由资源整合的多个参与主体共同创造的，通过参与者创造的制度和制度安排来协调。一方面，由于价值共创中的价值认定标准来自受益人，因此需要密切关注客户对价值主张的感知价值；另一方面，银行网点的布局与定位要充分评估选址区域周边的金融生态和未来发展潜力。银行网点入驻会带动周边商圈的经济活力和市场价值，这既对当地政府（通常是街道社区）招商引资具有较强的促进作用，也有助于银行网点处理好银行与政府部门和街道社区的关系，从而更好地拓展新的市场渠道。根据价值共创思想，银行网点需要与客户、政府和商圈周边资源构建独特的服务生态系统，提出差异化的价值主张来实现由客户资源主导并且众多资源整合主体参与的价值共创活动。

第三节　资源整合理论

一、资源整合理论的三大学派

资源整合理论大致可以分为契约学派、资源学派和机会学派三类。其中，契约学派认为契约关系是资源整合的基础形式，并强调契约关系能有效地降低资源整合产生的交易成本（Alvarez et al.，2005），从而形成管理权威（Foss et al.，2007）。

资源学派认为资源新效用的作用愈发明显（董保宝等，2019），从而逐步形成新资源价值能力，这是资源整合的来源，也是管理权威赖以形成的基础。机会学派认为有效利用市场机会是资源整合的基本方式（Shane et al.，2000），市场机会源自社会供求关系的非平衡状态，强调企业获取竞争优势的重要前提是对市场竞争中权变因素的高度关注。

动态能力理论认为组织的竞争优势不仅来源于独特的资源，还来自对资源配置的有效方式（Teece et al.，1997），因此需要企业培育资源选择机制和能力构建机制，前者侧重于对资源获取阶段的竞争优势影响，而后者更关注在资源配用过程中发挥作用（王德鲁等，2009）。由此可见，企业动态能力的培育过程是资源整合的重要表现形式，以期形成新的合力、新的系统、新的均衡和新的竞争优势（肖坦，2009）。

二、资源整合理论的新认识——基于服务主导逻辑

（一）资源整合的内容

企业的资源整合是以发挥操作性资源效能为核心，以对象性资源的协同配合为保障，两者共同推动企业健康、可持续发展。

从操作性资源整合来看，服务主导逻辑认为知识和技能是重要的操作性资源。知识源于积累，是总结个人对社会事物的认知；技能是个体运用已有的知识经验，通过练习而形成的一定的动作方式或智力活动方式，因此本质上是技术和能力的有机统一。在企业组织中，员工和客户都是知识与技能的承载主体，因此从资源整合视角看，来自企业的人力资本和消费者应被视为企业的操作性资源。一方面，人力资源是资源整合中的关键要素，人力资源的高效参与是资源组合与匹配的重要前提，背后逻辑在于人力资源掌握的知识和技能可以构建竞争壁垒，从而形成企业内在的异质性、不易模仿的资源要素（曹晓峰，2003）。因此，从组织内部来看，在资源管理过程中人的因素至关重要（余顺坤和王巧莲，2013），因此需要企业员工

不断提升自身的认知能力和知识储备，同时还需要保持企业内部人力资源结构的相对稳定，并发挥好关键岗位和关键人才的杠杆作用。另一方面，从消费者视角看，资源整合的本质是针对客户不同的价值诉求为其提供差异化产品或服务的过程，其目的是与客户建立长期合作的战略伙伴关系。在新零售时代，客户需求信息反映了客户对产品或服务的特征偏好和期望，对企业开展精准营销和提升互动质效具有重要的指导意义（阮平南等，2017），围绕客户个性化需求的服务整合是优化组织资源配置的首要前提，需要准确了解客户需求，并快速响应市场（张建军等，2019）。数字化时代，客户的基本信息、消费信息、消费渠道等反映客户消费习惯信息的数字化资产，是企业采用大数据深度挖掘客户需求的重要资源，是客户资源整合需要重点识别的环节。

从对象性资源协同来看，新一代信息技术催生了大量偏向服务渠道线上化的消费群体（李飞，2013），其消费观念、消费模式和消费结构都在发生深刻变化（Peter et al.，2015），促使传统产品或服务不断向体验式消费需求转变，在此背景下传统单一服务渠道加速向全渠道协同的服务模式转变。Rigby（2011）的研究表明，消费需求的演变正在催生数字化零售新模式，多种零售渠道与消费者互动将成为渠道资源整合的主流模式。客户根据自身的金融需求选择银行物理网点和电子渠道、自助渠道、智能渠道等，并实现在不同渠道之间的无缝衔接（张子健等，2016），从而满足个性化的金融服务需求，这迫使银行网点从传统的线下渠道服务模式逐步向多渠道、跨渠道转型，最后实现全渠道的整合新模式（Burdin T.，2013）。

（二）资源整合的路径

资源整合不是单一的整合，而是本身有一个完整的体系，即企业针对来源、层次、结构、内容等方面均存在差异的资源进行识别与选择、汲取与配置、激活和融合，使其具有较强的价值性、系统性、灵活性和体系化，并创造出新资源、培育出新优势的一个复杂的动态过程。本章将资源整合路径分为三个步骤：

第一，资源识别。资源整合以资源识别为起点，企业需要根据既定的战略目标，高效地识别出有助于实现企业目标的资源集（马鸿佳等，2011），因此资源识别是实现资源整合质效的前提。由此可见，一方面，资源识别与企业的市场定位高度相关，具有全局性和战略性特征；另一方面，资源识别过程包括对不同资源层级的理解和认识，是企业资源识别能力的重要体现。

第二，资源获取。企业不断优化资源配置能力和企业创新能力，是获取市场持续性竞争优势的必要条件。由于知识、信息等新型隐性资源难以通过市场化方式获取，因此需要企业内外部增强互动沟通来实现资源获取的柔性特征。资源获取是资源整合阶段的中心，一方面，资源识别不仅为创新型资源获取指明了方向，强有力的技术支撑也增强了资源获取的精准性；另一方面，资源的有效获取将为下阶段的资源配置和资源利用提供物质基础。因此，资源获取是提高资源整合成效，培育核心竞争优势的重要保证。

第三，资源配用。资源配用具体包括资源配置和利用两种内部行为。Barney（1995）认为资源配置是企业在获取必要资源后，对资源进行调整，进而实现相互匹配、相互补充并获得独特竞争力的过程。庄涛（2019）强调资源配置的互补性和协同性，并强调最优配置状态即为企业的核心竞争力实现。显然，资源只有得到合理的配置，才能充分发挥其效能。资源配置是以实现已取得的外部资源与企业自身内部资源的有机融合为重要途径。资源配置通过培育企业创新型资源，形成资源内化和整合能力，是企业提高经营效率和创新效率的关键环节。资源利用是资源配用的第二个阶段，也是资源整合的最后环节，强调以合理的资源配置为前提，放大企业的稀缺性和价值性资源的杠杆效应，不断推动创新资源对企业产品或服务输出的优化升级，从而形成持续性竞争优势。核心竞争力和现实市场价值的有效转化，是企业增强资源整合能力、提升创新绩效和培育核心竞争优势的重要保证。

第四节 金融科技的创新性理论

一、金融科技“破坏性创新”理论

克莱顿·克里斯坦森在其著作中提出了“破坏性创新”理论。该理论认为，破坏就是找到一种新路径，并非在原有的基础上进行的维持性技术创新，而是找到一种新的生产函数和模式。从金融企业和金融消费者关系的角度看，金融企业的“破坏性创新”应具备以下四个特征：一是金融技术的非竞争性；二是初始阶段的低端性，即初始阶段对目标客群的识别和服务，主要在低端维度；三是金融消费者的易获得性，主要体现在这种“变革”能够在产品、过程、功能性服务或者效用改变方面获得与以往截然不同的表现或价值；四是金融消费者价值导向型，即能够改变金融消费者偏好或竞争性基础移位，比如移动支付推动支付领域的深刻变革，区块链技术能让交易双方无须借助第三方信用中介开展经济活动，并创造出一种颠覆现存市场和价值链的新市场或价值链条。

金融科技驱动金融行业数字化转型过程中表现出金融行业的“破坏性创新”特征：一方面，金融科技不断挖掘新客户和新市场，比如长尾客群等，在一定程度上重塑了金融市场服务格局，这体现出金融科技具有初级阶段的低端性；另一方面，金融科技是一种需求导向型金融服务，通过技术不断打造出金融服务场景，以客户的需求为中心，帮助无法获取金融服务的顾客以更简单、更低成本的方式获得普惠性金融服务，在此过程中金融服务的可获得性得以增强，在一定程度上也促进了传统金融服务模式变革。

二、数据与金融的基因匹配理论

数字经济时代，数据与技术的深度融合，将助力金融功能与金融科技的数据特征在基因层面匹配，这是金融业数字化转型的重要逻辑和理论基础。以优化资源配置为例，借助大数据、人工智能、云计算、区块链等数字技术，数字金融可以通过降低金融服务成本、减少信息不对称来不断优化资源配置、持续提升服务效率，提高金融服务的适应性、竞争力和普惠性，同时增强金融风险管理能力。金融领域的资源配置核心，是资金的供给方通过适当的机制将使用权让渡给金融需求方的过程。数字经济环境下，深入挖掘高频率、高持续性的交易场景价值，能真实、动态地反映交易主体的信用和履约能力，而这正是金融与数据动态耦合的重要价值体现。

从实践来看，近年来商业银行纷纷以大数据、人工智能、5G等新技术的融合创新应用作为突破口，以“建设平台、引入流量、内接场景、精准获客、生态构筑”等为重点，以“分析洞察、活动设计、活动执行、跟踪评估”为抓手，为营销业务数字化转型打造强大的科技基础。银行网点作为商业银行开展营销获客、维客的主战场，客户的交易行为和交易习惯发生变化，叠加自上而下的金融服务数字化转型，客观上要求银行网点在科技驱动、数据赋能的导向下，适时调整服务内容和形式，提供更加符合客户喜好和习惯的金融解决方案，从而在新市场环境下实现金融服务从“盲人摸象”向“精准把脉”转变。因此，要以银行网点为基础，积极开展线上、线下和远程渠道三轮驱动，推进渠道间的系统融合、数据共享、流程贯通和体验同质。

第五章　数字经济时代银行网点的服务触达模型构建

本章聚焦银行网点服务触达模型构建，深入剖析其关键要素。首先，从服务触点管理切入，阐述概念、类型，分析阵地与非阵地服务触点现状及痛点。其次，构建“两轴四翼”服务触达模式，明确思路原则与保障机制，涵盖营销一体化、服务数字化、风控智能化等方面。最后，提出优化路径，分别从阵地服务筑牢基础、非阵地服务开拓新局着手，旨在助力银行网点提升服务触达能力，实现数字化转型与可持续发展。

第一节　服务触点管理

一、基本概念

市场进入存量竞争的大背景下，体验经济、口碑经济成为企业可持续发展的关键。然而，要想真正提升客户体验，就要站在消费者视角看问题，从客户旅程的视角来梳理和剖析消费者从第一次接触到产品或服务、到决定购买、再到使用产品或服务以及后续的体验和互动的全流程环节，客观真实地了解消费者真实的想法并与消费者同频共情。客户旅程的本质是消费者和品牌之间接触点的集合，因此每一个服务触点都是品牌实现精细化管理、优化客户体验的关键着力点。从定义上讲，服务触点是用户在与企业互动过程中所感受到的产品、服务、品牌形象、渠道、广告、销售和售后等环节，是用户体验的核心变量，直接影响到用户对企业的认知和信任感，进而影响用户的购买决策和忠诚度。从服务供给视角看，企业要想获取客户信息、获得客户反馈、提供客户服务，需要抓住与客户接触的各个“关键时刻”，进行识别、监控、分析和触达，这便是服务触点管理的实施路径。

触点管理就是通过优化每个触点，使这些重要的“关键时刻”变成用户满意的价值点，提升整个客户旅程的质量和效果。从价值创造视角看，触点管理对服务供需双方都至关重要，具体体现在以下三个方面：一是良好的用户触点设计可以提升用户体验，使客户更加顺畅、便捷地与企业进行交互，进而提升用户满意度和忠诚度；二是促进用户参与和互动，通过合理而有效地管理用户触点，可以增加用户的黏性，进而提升用户价值；三是实现商业目标，用户触点管理可以精准地触达目标用户，并通过优化用户接触点实现商业目标。

二、服务触点的类型

服务触点具有不同的类型，根据交互特性可分为交互性触点和非交互性触点；根据触点的动态特征，可分为静态触点和动态触点。银行业是典型且特殊的服务业，数字经济时代背景下推动线上线下全渠道协同经营是商业银行深入推进数字化转型的必然选择，银行网点作为商业银行获客、活客、深耕客户关系的主阵地，服务触达类别应以立足网点阵地营销为依托，将服务触达分为阵地服务触达和非阵地服务触达。随着数据智能技术与客户服务的深度融合，阵地服务触点和非阵地服务触点会交相呼应，共同构成数字经济时代下的银行网点触点新形式，共同服务于用户体验的全旅程。

（一）阵地服务触点

阵地服务触点主要是物理触点。物理触点是用户通过实际接触所感知的部分，涵盖了实体产品、环境、设施等元素。物理触点是用户与网点互动的基础，因为其为用户提供了最直接、最直观的感受，比如网点厅堂的布局、展示柜的设计、体验区的陈列方式等，影响顾客的购物体验和购买决策。以美国安快银行为例，其充分借鉴零售商的经营理念，将金融产品陈列于门店内，通过陈列产品提升产品可获得性及吸引力，将金融服务转换为实实在在的产品供顾客体验、充分挑选。此外，安快银行鼓励顾客参观实体门店，通过训练有素的网点工作人员为顾客提供详尽的金融咨询服务，并鼓励顾客浏览、体验相关金融产品与服务，最终达成金融交易。

员工触点是金融消费者与网点员工的互动接触点，包括到店接待与营销、风险测评、后续维护等环节，也包括电话邀约、上门服务等金融服务环节。实践中，人员触点在用户体验中扮演着非常重要的角色，用户与员工的互动是直接和个性化的，直接影响用户体验。数据显示，2018—2022年间，银行业电子渠道分流率逐年上升，2022年年末已接近97%，全国有近一半的人使用互联网平台进行理财，客户行为线上化、移动化趋向明显。在此背景下，银行网点的角色定位已逐渐从传统的“业务交易中心”向“营销服务中心”和“客户体验中心”转变，与此同时，银行网点的运营模式也从传统的“坐商”模式向“行商”模式转变。数字经济时代，从金融服务的交互性来看，强化员工的服务触点管理是实现金融服务高效性、个性化、体验化的现实选择。

（二）非阵地服务触点

非阵地服务触点包括数字化触点和外呼触点。数字化触点是零售企业数智化转型的关键一环，反映了企业数智化转型过程中企业与各方交互触点数智化水平的成熟度。银行网点本质上也是商业银行的零售终端，基于个人金融需求的零售业务是银行网点经营管理的核心业务。因此，数字化触点管理与银行网点的可持续发展具有天然的契合性。从金融服务视角看，数字化触点主要是指线上触点，包括网上银行、手机银行、自营公众号类别的自媒体、银企互联结算类的线上化金融服务等。数字化服务触点是现代用户体验中非常重要的部分，其中交互设备，系统或软件的有用性、易用性和安全性是用户关注的主要内容。数字触点中形成的沟通数据呈现高度信息化特征，可以借助金融科技手段来挖掘相关数据背后的潜在价值。比如，用户交易趋势及相关金融诉求可以为基层行的精准营销提供数据支撑和决策依据，将其快速转化为数据资产，为品牌提供更有价值的决策依据。此外，通过数字化服务触点延伸的口碑效应，能提升银行网点的服务形象。

外呼触点是银行网点延伸服务边界的重要途径，也是非工作时段网点员工与客户之间互动的主要方式，具体包括电话银行类的被动式外呼触达（即客户主动拨打电话银行，比如中国工商银行的客服热线95588）和数字化的主动式智能外呼。从当前实践来看，通过数字员工的智能外呼服务触达长尾客群并准确把握用户需求，从而引流至网点阵地通过员工触达来实现营销承接，已成为银行网点存量提质的重要途径。从趋势上看，数字化时代下，组织成员的角色和职能将进一步发生改变。随着数字技术的不断成熟和应用，许多数字员工出现在人们的视野中，人机共生将是银行网点提升金融服务广度和精度的必然选择，因此大量数字员工的应用将成为常态。在此背景下，外呼触点的管理和优化将具有更大的现实意义。

第二节　银行网点的服务触点分析

一、阵地服务触点分析

提高服务触点管理水平的前提是以关注用户体验为切入点，分析不同金融服务诉求下的服务痛点。银行网点服务的客户体验痛点主要表现在客户等候类、服务态度类、金融产品类、服务费用类和自助服务类五大方面。

（一）梳理“五类”体验痛点

1.客户等候类

长期以来，银行网点的排队长、业务慢、窗口不足等问题一直被诟病。从痛点的表现形式来看，主要表现为网点的厅堂服务未能满足到店客户的心理预期时间，比如柜面的服务窗口数量不能与网点到店客户流量同步动态调整、网点排号的运营服务系统不够灵活、厅堂工作人员的主动服务意识欠佳、安抚客户等候情绪的能力不足等（详见表5-1）。

表5-1　　客户等候类体验痛点问题示例

总体问题描述		主要集中在客户等候时间较长，大部分客户没有被主动告知高峰时段所需要等待的大致时间等方面
问题具体表现形式	管理方面	无法通过网上银行和手机银行等渠道事先查询等候时间；部分网点分区不合理（如休息区紧邻高柜、贵宾区无明显区分等）；网点内等候区休息座椅数量不足，需要客户站立等候；等候区休息座椅不舒服
	网点负责人（含副职）	窗口开放和设置不符合客户心理预期（中午时段开放窗口数量少，部分网点内闲置的窗口较多）；网点业务高峰时间的提示位置不明确，不便于客户查找；网点业务高峰时间的提醒缺少灵活性
	厅堂工作人员	长时间没有叫号；对过时号没有及时处理；客户等候较多，秩序较差；个别客户插队；对现场秩序的把控力度欠佳，叫号策略较为混乱；缺乏降低客户心理等候时间的意识与技巧；缺乏处理排队问题的技巧；无法判断客户大约等候的时间；客户等候期间没有得到工作人员的关注；缺少对客户等候时间的预告

资料来源：作者根据相关资料整理。

2.服务态度类

服务态度是网点服务质量的基础，优质的服务从良好的服务态度开始。作为商业银行的服务窗口和形象代表，网点的服务态度体现了商业银行的服务质量。有研究指出，网点服务工作中的“生、冷、硬”问题仍然存在，“生”是指对客户服务缺少热情和微笑；“冷”是指长期主动服务意识不强；“硬”是指言语生硬（详见表5-2）。

表5-2　　服务态度类体验痛点问题示例

总体问题描述		服务态度“生、冷、硬”
问题具体表现形式	管理方面	对一线员工的服务质量缺少正向激励；对客户及员工感受关注有限，未形成“以客户为中心”的服务文化氛围
	网点负责人（含副职）	过于关注指标，对员工服务态度关注度较低；对员工服务的督导力度不够
	厅堂工作人员	接待客户时，无暇与其他客户问好或道别；与客户交流过程中显得不耐烦，全程没有微笑；与客户交流的过程中被其他客户打断，大堂经理转而服务其他客户；客户有需求时，大堂经理反应迟缓；缺少对客户的主动关心
	客服（柜员）	缺少微笑；对于无法办理的业务没有表达歉意；因自己原因导致的问题未向客户致歉；面对咨询常有不耐烦的表情、语气或动作；以不知道、忙等理由搪塞客户，不为其提供服务；工作过于机械化，激情不足

资料来源：作者根据相关资料整理。

3.金融产品类

金融产品类的痛点主要体现在客户与网点互动过程中的信息反馈方面，如购买的理财产品即将到期却未收到任何形式的通知，不少客户从未收到专业性的理财建议、产品或服务相关信息与实际情况不符、产品种类的丰富性及收益率较同业吸引力不足等（详见表5-3）。

表5-3 **金融产品类体验痛点问题示例**

总体问题描述		购买的理财产品即将到期却未收到任何形式的通知；不少客户从未收到专业性的理财建议，产品或服务相关信息与实际情况不符，产品种类的丰富性及收益率较同业吸引力不足等
问题具体表现形式	管理方面	人民币理财产品收益率相比同业竞争力不足，产品或服务相关信息与实际不符
	网点负责人（含副职）	过于关注业务，对理财服务合规性的关注度较低；对员工专业能力提升的重视程度不够
	理财经理	未在客户产品到期前主动联系客户，理财建议以产品介绍为主，仅对存款达100万元及以上客户提供理财规划服务，对客户期望的理财建议缺少了解（如基金的种类、保险的种类、如何实现财产的保值增值、如何保持良好个人征信水平等），使用专业术语客户无法理解，介绍基金产品时存在未揭露风险的情况，介绍保险产品时存在与储蓄混淆的情形

资料来源：作者根据相关资料整理。

4.服务费用类

银行服务收费事关金融机构消费者权益保护工作。关于银行服务收费问题，相关监管机构明确提出服务收费的四项原则：合规收费、以质定价、公开透明、减费让利。银行网点作为商业银行经营决策的基层执行单位，应严格执行上级行和监管机构的相关监管规定。有关银行网点的客户服务费用类痛点集中在银行与客户之间的互动等方面，比如产品及服务收费告知不透明、未主动及充分告知客户费用减免渠道或方式、部分网点未能在明显位置公示收费标准、费用优惠竞争力不足、费用变化告知不及时等（详见表5-4）。

表5-4　**费用类体验痛点问题示例**

总体问题描述		产品及服务收费告知不透明，未主动及充分告知客户费用减免渠道或方式，部分网点未能在明显位置公示收费标准，费用优惠竞争力不足，费用变化告知不及时
问题具体表现形式	管理方面	网点未能及时向到店客户告知费用优惠；费用收取告知不透明，比如对信使收费规则解释不清楚，保管箱业务计费未明示，ATM转账时未提示手续费金额；不同网点收费标准不统一；业务收费公告字小不易阅读；收费公示检索不清晰，查询具体业务不方便
	厅堂工作人员	对费用减免渠道或方式不了解，无法准确告知客户；有费用变化时未主动告知
	柜员	柜面业务中，对收费项目未向客户事先告知或明确说明；以未接到通知为由拒绝为客户办理年费/小额账户管理费减免业务；部分柜员告知客户的收费标准与实际收取的不一致；对于不同星级客户的收费标准、收费疑问以及依据等不能准确答复

资料来源：作者根据相关资料整理。

5.自助服务类

随着银行网点的智能化转型，自助设备对简单、高频、低附加值的业务替代性越来越强。目前，银行网点的运营服务模式开始从“坐商”向“行商”转变，客户与网点之间的传统互动模式逐步从现金区转向厅堂服务区和智能服务区，对网点厅堂服务和自助服务的工作人员配置和综合能力要求更高，对智能设备的交互效果要求更高，对智能服务区相关的自助服务渠道管理要求也更迫切。自助服务类体验痛点集中体现在现场辅助服务、设备布局环节和业务流程操作三方面（详见表5-5）。

表 5-5　　自助服务类体验痛点问题示例

总体问题描述		现场辅助服务不合规、主动性差、设备布局不合理以及操作流程交互性不强
问题具体表现形式	管理方面	厅堂服务人员配置不足，对客户使用自助设备缺乏引导；自助设备操作指示尚需完善，生疏客户操作存在困难；设备操作流程和功能交互设计不友好，客户操作使用体验差
	网点负责人（含副职）	自助设备随意摆放，不能匹配客户动态调整；自助设备在角落，未能发挥服务效能；自助银行环境脏乱，没有定期巡查保洁
	厅堂工作人员	主动服务意识淡薄，对自助服务区存在的问题缺少关注；业务不熟练，对客户使用自助设备指导不够

资料来源：作者根据相关资料整理。

（二）阵地服务体验痛点的成因分析

银行网点服务支持系统是以服务触达为核心的服务管理系统，具体包括服务营运系统、服务渠道系统和服务营销系统，落脚到银行网点体现为客户资源（公司客户、个人客户、高端客户、中高端客户等）、银行内部工作人员、运营支撑系统、渠道场地等资源以及辅助沟通渠道等。根据服务主导逻辑，操作性资源是网点获取竞争优势的来源，操作性资源和对象性资源之间的互动性是实现持续性竞争优势的重要保障和现实路径（简兆权等，2016），因此银行网点阵地服务系统可以视为以人力资源和客户资源为驱动，以渠道资源、运营资源和营销资源为支撑的动态资源组合体。按照这一思路，本章引用鱼骨图因果分析方法来识别银行网点阵地服务痛点的成因。

鱼骨图分析法是一种识别问题因果关系的常用分析方法，因其有简洁、实用、直观等特点，被广泛应用于工商管理领域的理论和实务研究中。结合前述的表现形式、服务主导逻辑对资源分类的观点，以及克里斯托弗·H.洛夫洛克对服务系统的论述，为深入挖掘银行网点服务的客户体验痛点的成因，本章将影响因素分为五大方面，即人力资源因素、客户资源因素、线上渠道资源因素、营销资源因素和运营资源因素，如图5-1所示。

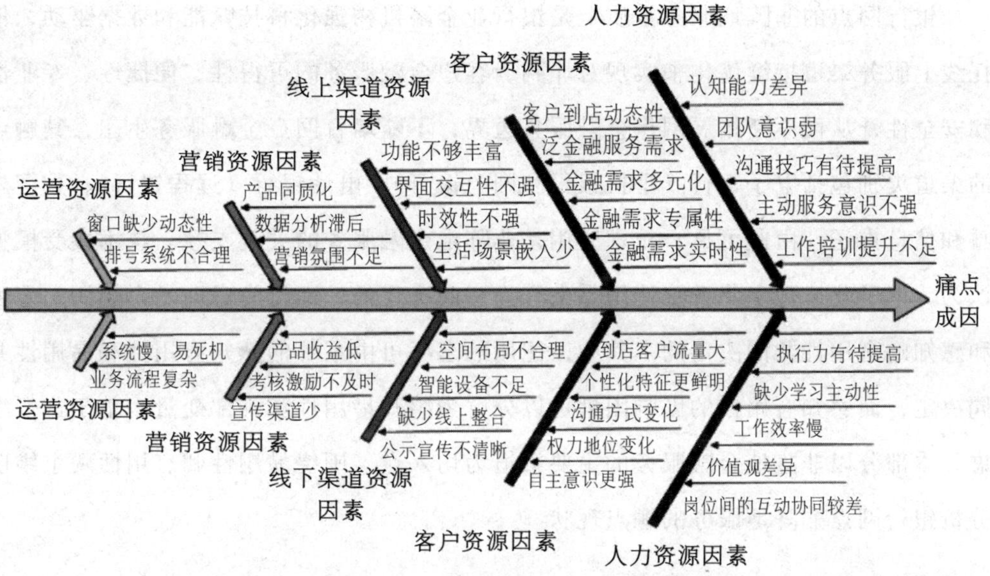

图5-1　银行网点阵地服务的客户体验痛点梳理

金融科技的深度应用促使网点的角色和功能发生了变化。随着低频、耗时、低附加值的业务被电子渠道或智能设备取代，网点的主要功能将承接网点的高附加值、互动性强的金融业务，同时充分借助网点与客户之间人性化和个性化的互动优势，通过增强客户服务体验来实现客户对网点的价值贡献。基于人力资源和客户资源的因素是影响客户服务体验的主要因素，是客户投诉、抱怨的关键环节。随着线上电子渠道的业务分类效应进一步增强，银行网点特有的互动性强、深耕客户关系的职能将进一步凸显，资源间的协同互动需要强化人力资源和客户互动的主导地位，这是网点获取竞争优势的根本来源，也符合服务主导逻辑中对资源分类的认定。从金融服务系统来看，网点阵地服务渠道优化和营销资源赋能对客户体验的影响大于运营服务系统。

二、非阵地服务触点分析

银行网点的非阵地服务本质上是银行业金融机构强化科技赋能和数据驱动，依托线上服务渠道持续优化来实现对非到店客户金融服务的可得性、便捷性、专业性和安全性，从而不断拓展网点金融服务边界，不断培育网点金融服务生态，其触点的渠道类别包括电子银行（手机银行和网上银行）、电话银行（远程银行）、数智外呼和信息推送。由此可见，技术应用是非阵地金融服务的关键支撑。技术接受模型认为，电子化或数字化系统使用是由行为意向决定的，而行为意向是由想用的态度和感知的有用性共同决定的。其中，想用的态度可由系统的感知有用性和易用性共同决定，而感知有用性的影响因素可以分解为感知易用性和外部变量。基于这一考虑，本部分以非阵地金融服务的主要渠道为切入点，围绕易用性和有用性两个维度分析银行网点非阵地服务的触点现状。

（一）手机银行

从发展历程看，随着移动技术和手机功能的迭代发展，手机银行先后经历了短信手机银行阶段（2000—2003年）、WAP银行阶段（2004—2006年）、App银行阶段（2007年至今）。2018年以来，手机银行的定位从单一的服务渠道逐渐上升为金融服务的生态平台。截至2022年年末，我国零售数字金融各渠道用户占比差异进一步凸显，而手机银行用户使用比例为86%，同比上升5%，远超网上银行、微信银行及电话银行，如图5-2所示。截至2023年6月，国有大行手机银行、股份制银行手机银行、城商行手机银行活跃用户规模分别为38 797万户、16 813万户、4 020万户。从实践趋势看，当前手机银行已成为商业银行构建数字化平台的核心渠道入口。国有银行、股份制银行依托资源优势不断完善基础功能，提供综合服务；地方城商行立足所在区域特色尝试提供差异化的服务，在此背景下手机银行的服务功能逐渐从便捷性、安全性、稳定性和易用性拓展至线上金融服务的开放性、智能化、场景化和个性化。从客群趋势看，2022年年末，中国银行业平均电子渠道分流率为96.99%，商业银行的手机银行活跃用户数量已突破5亿户。使用手机银行App的人群多以年轻群体为主，这类人群生活和成长在互联网时代，对数字化服务渠道相对熟悉，对金融服务的便捷性和个性化有着更高的要求。随着人口老龄化进程加快，为缓解“银发一族”面临的数字鸿沟，围绕银发客群的线上金融服务易用性来持续优化适老化金融服务，比如标配手机银行适老化版本、丰富专属产品供给等，也是手机银行服务触点优化的重要内容。

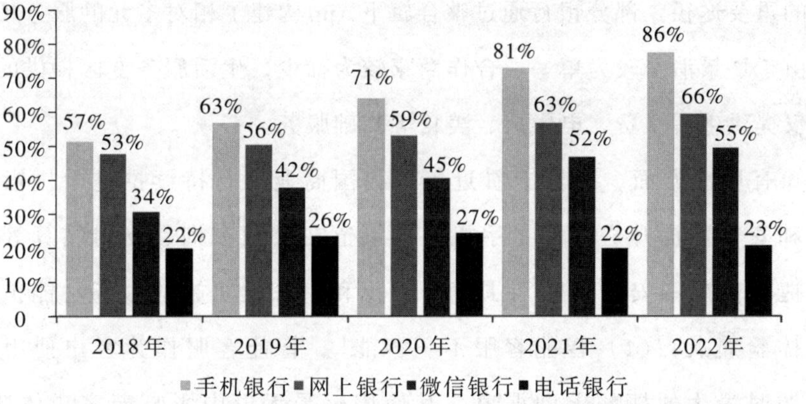

图5-2　2018—2022年零售数字金融各渠道用户比例

资料来源：作者根据相关资料整理。

感知易用性方面，近年来我国商业银行的手机银行使用便利性有了较大提升，但仍面临不少使用过程中的体验痛点：（1）银行App数量繁多，兼容性差带来客户负担。商业银行推出新的金融产品和金融服务，从研发到推广均需要跨部门、跨条线密切配合、通力协作才能顺利推进。但是，目前一些商业银行“部门银行”现象比较突出，更多的是关注各自部门及条线的利益，以及思考如何规避自身风险和责任。这一现象折射到手机银行服务体验领域，表现为一家银行一个或者多个App，缺乏统一的规划和管理，难以为客户提供更好的一站式金融服务。（2）服务权益推送过多，弱化常用交易等基础优势。实践中，部分商业银行App在设计上侧重将注意力放在政策要求、功能开发上，布局过于繁杂，导致常用功能位置被产品推送、权益推送、信息推送、生活服务等推广内容所掩盖，增加了客户交易中的时间成本，进而影响客户体验，同时也影响客户对线上金融服务专业能力的再考量。（3）交互界面定制化不足。登录后的主界面布局及常用功能陈列直接影响用户使用手机银行时的感受，当前部分手机银行App已在首页界面设置自定义功能，可在现有功能选项中直接移除或添加某项功能。但是整体上看，现阶段提供定制首页内容的手机银行仍是少数，20家银行中尚有13家银行App不具备首页定制功能[①]。（4）生活场景嵌入性有待提升。场景化的生活服务成为银行传递品牌价值、增强用户黏性的重要途径。部分银行通过整合旗下App构建了相对多元的服务场景，而许多银行由于场景消费较为单一、合作商家较为稀少，生活服务专区提供的服务较为有限，仅提供生活缴费、电影票、美食等基础服务。

感知有用性方面，整体上看近年来我国商业银行持续推进手机银行的功能性优化和安全性提升，确保了手机银行渠道在余额查询、支付结算等基础性功能的便捷、高效和安全，然而围绕个性化和生态化实施的服务功能扩展，则面临不少体验痛点：（1）智能客服不“智能”。智能客服作为客户使用手机银行遇到问题时最为便捷的求助渠道，其使用感受无形中影响着客户体验。目前，智能客户对于部分问题仍存在“答非所问”的现象。（2）对贷款/理财产品的详细介绍较为缺乏。从客户体验看，涉及自有资金的配置方案和选择，客户都希望对产品有全面了解，但是实践中手机银行App缺乏对理财/贷款产品的细节介绍（影响手机银行App理财体验的关键因素如图5-3所示）。（3）线上线下信息不互通。当前，部分商业银行创新网点预约服务功能，推出“客户线上预约、到店优先办理”新模式，一定程度上提高了业务办理效率，也使得网点能够更好地调配资源，为客户提供更优质的服务。但是，对于已完成线上预约的客户，系统无法保证线上、线下的信息对称，导致客户服务体验很差的问题时有发生。

① 数据来源：2022年，北京商报记者选取行业内极具代表性的20家银行，集中对手机银行App进行测评，试图通过操作体验、产品功能、人性化关怀和创新发展四大维度的分析，总结各家银行手机银行App的共性和个性、优势与不足，并提出建议供业内参考和借鉴。

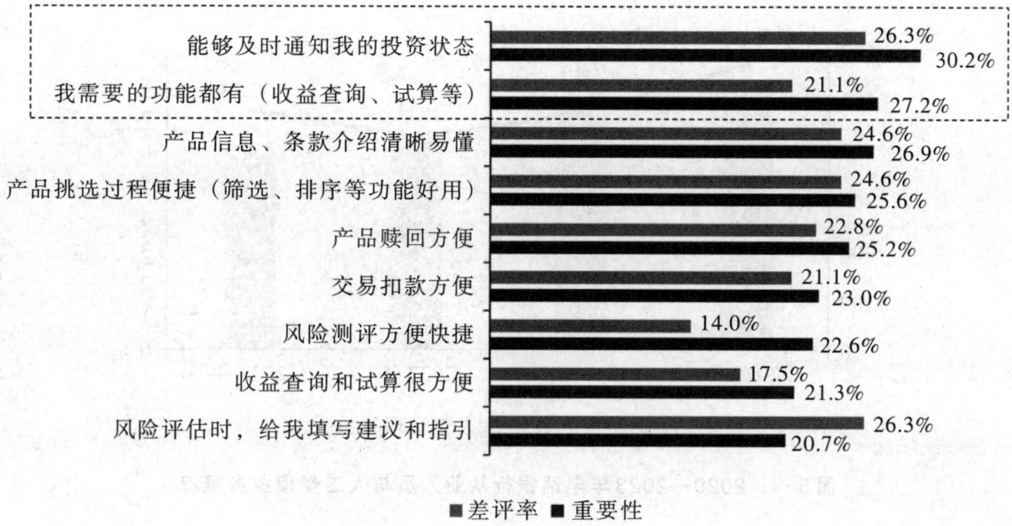

图5-3　影响手机银行App理财体验的关键因素

资料来源：作者根据相关资料整理。

（二）电话银行

电话银行是银行通过电话自动语音及人工服务应答方式为客户提供金融服务，主要包括业务咨询、账户查询、转账汇款、投资理财、代理业务等。立足客户视角，电话银行当前仍是商业银行收集客户声音、审视业务模式和流程、挖掘客户体验痛点及影响要素并驱动银行自身管理持续迭代更新的重要载体。近年来，各家商业银行依托人工智能技术，积极探索构建"全渠道、智能化、数字化"远程服务模式，在此背景下客服中心与远程银行从业人员呈现逐年递减的态势，但整体上的业务处理量仍然稳居高位。数据显示，截至2023年年末，银行业金融机构客服从业人员为4.17万人，全年人工处理来电7.23亿人次，如图5-4所示。

从感知易用性来看，主要的体验痛点包括但不限于如下几点：（1）菜单繁杂，难以顺利选择。（2）输入隐私信息才能使用服务。（3）语音提示的交互友好性不足。此外，针对特定人群的个性化设置相对较少，且自动识别的有效性不足。

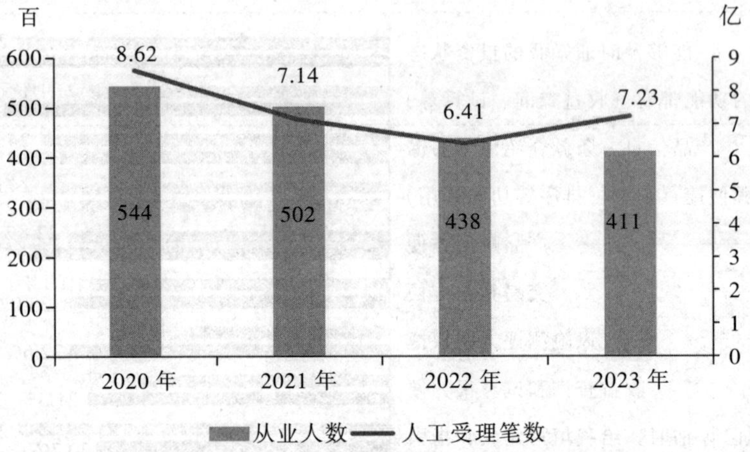

图5-4　2020—2023年电话银行从业人员与人工受理业务概况

资料来源：作者根据相关资料整理。

从感知有用性来看，主要的体验痛点包括但不限于如下几点：（1）线上线下的业务口径和相关要求不一致。其既表现在不同商业银行远程银行的客户信息查询权限设置不同，导致客户问题处理结果的差异，也表现在远程银行知识储备库信息更新不足，导致个性化、动态化的客户需求无法得到及时响应，进而再次引导客户到网点办理业务，抑或是针对外汇、个贷等网点特色化业务的咨询，客服人员的回复情况与线下网点具体要求存在偏差。（2）智能化交互体验感不足，人工服务仍是首选。理论上讲，商业银行依托智能客服，能够提供7×24小时无间断服务，在拓展服务边界的同时也能释放人力资本效能，因此具有低成本、高效率等优点，然而实践中智能客户并不能给客户带来良好的体验。（3）人工服务在最后且不间断插播广告信息，增加客户等候时间。从银行角度来讲，拨打客服电话时获取人工服务的步骤在最后，是为了让用户尽量选择自动化的服务，降低人工成本，而在客服电话主菜单中插播广告，是为了营销产品，但方式比较粗放，是以牺牲客户体验为代价，并不可取。有研究指出，国有银行的人工服务选项均排在各项业务的最后一位，最终接通人工客服平均耗时在1~2分钟。

（三）智能外呼

近年来，随着新一代信息技术的深度应用，叠加爆发式的客户服务量及多样化、个性化的金融服务需求，商业银行逐渐尝试使用数字员工来开展相应业务，尤其是在业务通知、权益触达、产品营销、电话催收等方面，数字员工能够在短时间内高效、自动完成大量外呼任务，一定程度上能够缓解相关岗位工作人员的压力。在科技赋能层面，人工智能技术叠加大数据分析和云计算，是智能外呼服务模式的核心技术支撑，同时智能外呼也是人工智能技术商业化落地场景中最成熟的一个应用场景。在服务类别层面，智能外呼主要包括确认信息类、营销服务类和信贷催收类，比较而言确认信息类外呼的接通效果要好于后面两者。在业务支撑层面，当前人工智能和语音识别的技术能力几乎接近真人场景，语音合成和视频合成技术高度拟人化，在此背景下以中国工商银行为代表的国有商业银行率先通过建设全渠道、全媒体、全流程的智能服务平台，进行服务智能化转型，实现快速扩展客户群体，提高转化率和营销效率，赋能全行业务发展。实践中，尽管智能外呼的服务模式已在各家商业银行开始普及，但这一服务模式在客户体验方面仍面临诸多挑战。

从感知易用性来看，触而不达的现象较为突出。触达需要注重过程，同样需要关注结果。智能外呼作为定向触达的一种表现形式，其本质是通过数字化、信息化传递方式，让指定目标对象接收到信息。然而，当前智能外呼的触而不达的现象较为突出。造成这种局面一方面是有效触达的效率偏低，空号、关机、停机、拒接、正在通话中等导致的外呼失败，是有效触达客户少的主要原因；另一方面，针对有效的信息触达，无论是信息告知类还是营销服务类，都缺乏后续业务处理的交互性服务，进而导致营销成果转化受阻，在此过程中大范围的营销投放也会造成营销资源浪费。

当前，商业银行在客户体验、渠道协同、数据互通方面还面临诸多痛点，比如传播式大众营销仍然占据营销方式主体，银行零售业务基于不同客群分层的个性化营销与运营策略仍然处于初级阶段。在此背景下，客群细分的不足，必然会导致信息触达的精准性差，由此将带来一系列的触达难题：(1) 信息发送对象不明确，盲目推送的信息只会带来更多的投诉（比如担心信息泄露风险），而投诉过多，如果应对不及时、不恰当，将直接影响企业声誉及客户满意度，间接影响业务发展；(2) 信息内容不够明确，传播的内容不是消费者需要的，就会使其产生反感心理；(3) 信息推送的节奏和模式较为粗放，比如多次推送中的间隔时间短或推送时间不合适，进而引起客户反感。

第三节　构建银行网点“两轴四翼”服务触达模式

一、思路与原则

（一）总体思路

服务触达是服务场景化的衍生概念。从用户视角看，新一代信息技术的深度应用主要影响的是用户对金融交易行为、习惯和渠道的选择等方面，并不会影响用户储蓄、信贷、资产配置等金融需求本身，比如风险偏好、融资需求、产品收益期望等。数字经济时代，金融服务渠道的触达方式多元化，使得商业银行过往的获客场景发生改变，这也间接导致银行和客户的关系发生了深刻变化——客户在获取金融服务过程中的主导权变得更强。银行网点“两轴四翼”服务触达模式框架图如图5-5所示。

从用户的交易渠道来看，银行网点服务的基础客群主要有两大类，即“到店客群”与“非到店客群”。因此，以网点阵地服务和非阵地服务为“两轴”，按照阵地服务“夯基础”、非阵地服务“促发展”的逻辑框架，通过系统优化不同细分场景下金融服务触达的痛点和难点，构建便捷性强、精准性高和体验性佳的服务触达模式，是高效推进网点服务触达能力提升的现实选择，当然也是网点数字化转型的重要体现。在实践中，银行网点阵地服务的主要工作事项包括三类：服务到店客户的

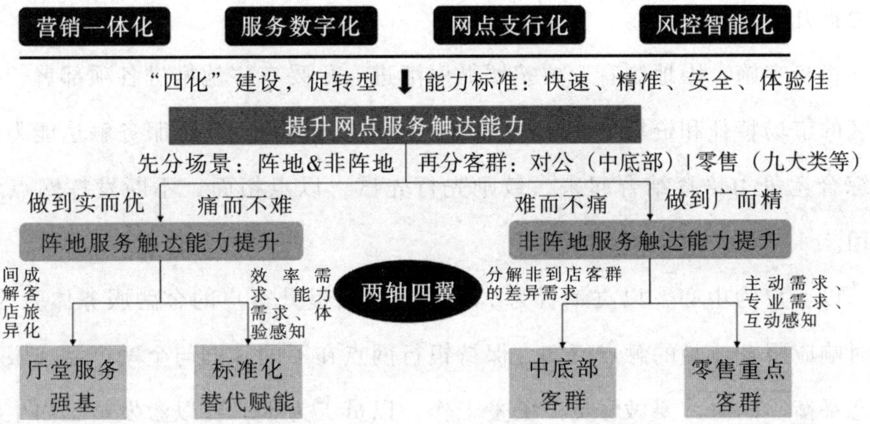

图5-5　银行网点服务的“两轴四翼”触达模式

各类金融需求、营销渗透网点周边商圈和响应金融监管要求。应将“厅堂制胜”和“标准化事项替代”作为“两翼”找准着力点，不断夯实网点阵地服务的基础性优势。在非阵地服务方面，从客群细分来看，重点零售客群和对公业务客群到店的频次越来越低，而这两类客群既是同业竞争的主要群体，也是网点存量提质增效的核心载体，因此强化“零售重点客群”和“对公中底部客群”为非阵地服务的“两翼”，需要按照服务数字化、营销一体化和风控智能化的整体要求来拓展网点非阵地服务的服务边界，不断增强网点对这两类客群金融服务的适应性、竞争力和普惠性。

（二）“四项”原则

要立足网点当前存在的痛点和难点，逐步从根源上破解制约网点服务触达能力提升的瓶颈和障碍，也要把握规律和趋势，按照“网+点+圈”的生态架构重塑网点价值定位。

统筹规划，联动协同，重视因地制宜。要打破惯性思维，建立健全组织内部的顶层设计来统筹规划服务触达的前瞻性和多样性，同时要围绕纵向联动、横向配合、线上线下协同等互动模式，以培育网点一致对外的服务输出能力为导向，构建分行—支行—网点的联动机制，形成“手拉手”“肩并肩”合力促进网点服务触达能力提升。

稳步实施，因地制宜。要按照循序渐进、稳妥有序地推进各项部署，立足网点片区的市场特征和资源禀赋，处理好原则和灵活的关系，将服务触达能力提升与网点综合竞争力培育结合起来，鼓励先行先试，以点拓面，不断发挥网点示范带动作用。

以客户为中心，以贡献者为本。要以全面提升客户的金融服务体验为出发点，及时响应服务体验的触点感知，保持银行网点在不同客群与金融产品或服务之间的动态平衡。同时，要做好员工关爱工作，以员工为本。要以激发员工内生动力、工作热情和归属感为落脚点，通过网点服务触达能力提升，助力实现网点员工能力与价值贡献的同步升级。

二、服务触达的保障机制

（一）营销一体化

近年来，随着金融市场的不断开放和金融科技的快速发展，国内商业银行之间的竞争越来越激烈，各家银行都在积极探索创新业务模式和服务方式，以提高市场竞争力。在此背景下，营销一体化已成为商业银行赢得市场份额、提升品牌影响力的重要手段。营销一体化战略大致可以理解为从用户需求出发，整合企业内外部资源，实现市场营销的协同、高效和精准。立足商业银行经营发展的职能定位，银行网点的营销一体化可以界定为商业银行坚持全市场布局、全板块统筹，以客户为中心，将产品、渠道、工具和数据等营销要素进行有机整合，赋能网点构建“纵向到底、横向到边”的营销体系，从而不断提升网点金融服务的适应性和竞争力。要依托营销一体化转型来赋能网点服务触达能力提升，需要强化客户、产品、渠道、工具和数据五大要素的协同效能，持续推动银行网点在谋客、获客、活客、留客四个核心环节发力聚力。营销一体化的五要素构成如图5-6所示。

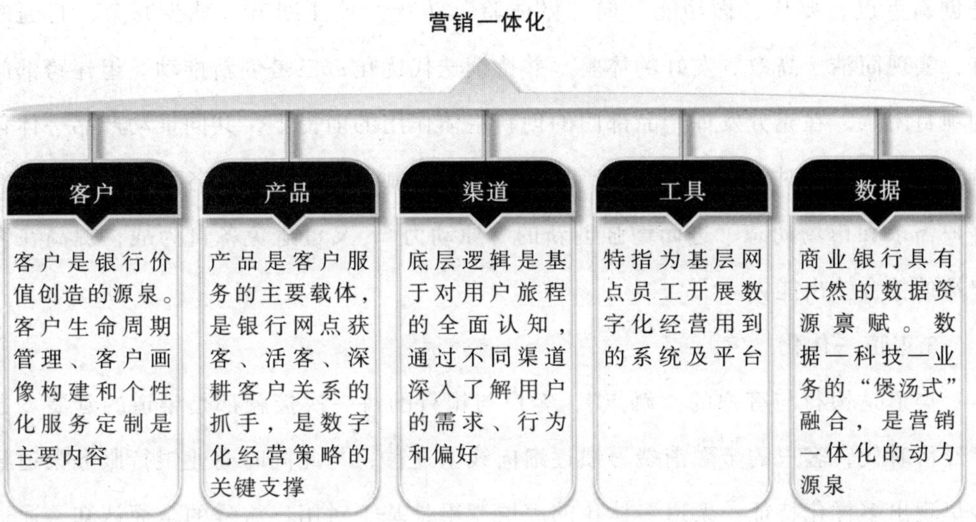

图 5-6　营销一体化的五要素构成

1.客户一体化

客户是银行价值创造的源泉，是所有产品和服务的最终归宿。在数字化时代，客户的金融需求日益多样化、个性化，这就要求商业银行能够提供一站式的综合金融服务，而客户一体化策略则是实现这个目标的基础。客户一体化的关键在于构建统一的客户视图，整合客户在不同渠道、不同产品上的交互数据直达网点，赋能支行业务部门和网点对客户信息进行全面、准确掌握，并通过智能化的客户分析，实现精准营销和个性化服务，提升客户满意度和忠诚度。在银行网点服务的实践中，客户生命周期管理、客户画像构建和个性化服务定制是主要内容。

2.产品一体化

产品是客户服务的主要载体，是银行网点获客、活客、深耕客户关系的抓手，也是数字化经营策略的关键支撑。商业银行要立足互联网时代客户需求痛点和市场热点，打造具有市场统治力和影响力的明星产品，并实现产品的组合创新和协同营销，逐步构建满足客户多样化需求的产品矩阵，提升银行网点在营销落地中的产品交叉销售效率和客户价值创造。其具体包括三方面内容：一是创新导向，要突出以客户为中心，将“客户需要什么、银行能提供什么”作为产品创新的基础逻辑；二是创新重点，要从“做功能”向“做体验”转变，关注细节，减少冗余，打通断点，实现简洁、高效、友好的体验，并持续迭代优化；三是创新推动，组建跨部门的项目团队，在充分发挥产品部门的创新主体作用的前提下，共同推动产品一体化策略的实施，同时建立跨部门的产品信息共享机制，这样既便于各部门掌握统一的客户需求和市场动态，进而增强创新的“原动力”，又可避免各自为战，提高在客户端的整合输出能力。

3.渠道一体化

渠道是银行与客户的“触点”，客户与银行的每一次接触都是渠道的延展。数字经济时代，客户的金融消费习惯逐渐向线上迁移，与此同时商业银行服务渠道日益呈现出多样化特征。渠道一体化的底层逻辑是基于对用户旅程的全面认知，通过不同渠道深入了解用户的需求、行为和偏好，以此推动商业银行线上线下渠道协同融合，从而实现客户在不同渠道间的自由切换。因此，推动商业银行的渠道建设需要在线上和线下两个维度找准着力点：一方面，守住和用好线下网点的基础优势，即加快推进网点向“专业化、智慧化、体验化、轻型化”转型，把强大的网点落地服务与高效的线上服务有效结合，发挥网点的价值创造作用；另一方面，将手机银行作为线上服务的核心入口，开辟线上获客、合作获客新途径，拓展服务广度、打造产品深度、提升品牌“亮度”。

4.工具一体化

此处的工具与前文的产品、渠道有差异，特指基层网点员工开展数字化经营时所用到的系统及平台，涉及客户洞察及分析、营销推广、内容陪伴、客户服务等方面，比如中国工商银行的个人客户营销管理系统和招商银行的供应链产融协作平台。平台是技术创新和商业模式创新的结合体，它突破了传统商业逻辑的效率边界和资源配置边界，依托平台的力量，商业银行可以有效突破服务边界和服务能级，获得业务发展机遇与跨越式成长的机会。数字经济时代赋予生产要素新的内涵，在此背景下推动经营要素平台化成为商业银行竞争的焦点。从本质上讲，平台化工具的核心是以数据共享、流程衔接、业务协同为重点，促进线上线下渠道的融合，增强各渠道联合作战能力，实现“一点接入，全程响应”。在银行网点服务的实践中，一方面，要从员工使用习惯出发，对现有工具进行梳理和整合，构建统一、高效、便捷的“一站式”工具体系；另一方面，在整合与标准化的基础上，可将一些相对通用的模块（如活动制作等），以中台化的形式提供给工具灵活调用，在避免重复建设的同时，提升工具搭建及业务处理的整体效率。

5.数据一体化

商业银行是数据密集型行业，除营业网点柜面外，手机银行、网上银行、电话银行、ATM、POS机、电商平台等均是重要的数据来源渠道，因此商业银行具有天然的数据资源禀赋。当前，数据作为数字化转型的载体，已逐步成为商业银行重要的新型生产要素和核心资产，给银行传统业务发展和经营模式创新带来新的思路和变革。《企业数据资源相关会计处理暂行规定》的实施[①]，推动了商业银行数据资源纳入银行核心报表，对充分发挥数据资源价值，赋能业务发展与创新具有重要价值和意义。数据是数字化经营策略的底层支撑，随着客户数据的丰富性、多样性特征日益凸显，推动数据—科技—业务的“煲汤式”融合来助力数据要素向数据资产转变，客观上要求商业银行对客户数据进行整合和分析挖掘，并将分析信息和结论（比如反洗钱可疑账户等风险管控名册等）直通支行和网点，能为网点的经营管理和营销决策提供参考依据。因此，商业银行需要构建一体化的数据管理体系来确保数据的准确性、一致性和安全性，通过数据挖掘和分析，发现客户需求和市场趋势，按照自上而下、纵横联动的方式实现数据的共享、分析和应用，不断为网点营销活动提供精准性、及时性的客群信息。

（二）服务数字化

服务从本质上讲是一种场景的概念，体现的是组织和用户之间形成的交互关系，其参与主体既包括用户（消费者），也包括提供服务的组织成员（企业员工）。

① 2023年8月，财政部印发《企业数据资源相关会计处理暂行规定》（财会〔2023〕11号），并明确自2024年1月1日起正式实施。

因此，一个组织的服务数字化，应该包括对外和对内两个维度。对外，偏短期的销售视角侧重产品销售和品牌推广，是坚持以客户为中心，依托数字化服务手段来优化服务触达体验，并最终实现产品销售和业绩达成，因此服务数字化的本质是数字化营销，其服务对象是客户；对内，偏长期的经营视角侧重于数字化运营，其运行逻辑是围绕客户旅程来整合组织的数据、技术、业务等要素资源，实现企业的运营活动、业务流程和决策过程向数字形式转化，并运用信息技术和数据分析手段进行管理和优化的过程，其关键目标体现在五个方面：提高运营效率、优化决策支持、创新商业模式、提升客户体验和促进员工成长。服务数字化的主要应用场景如图5-7所示。

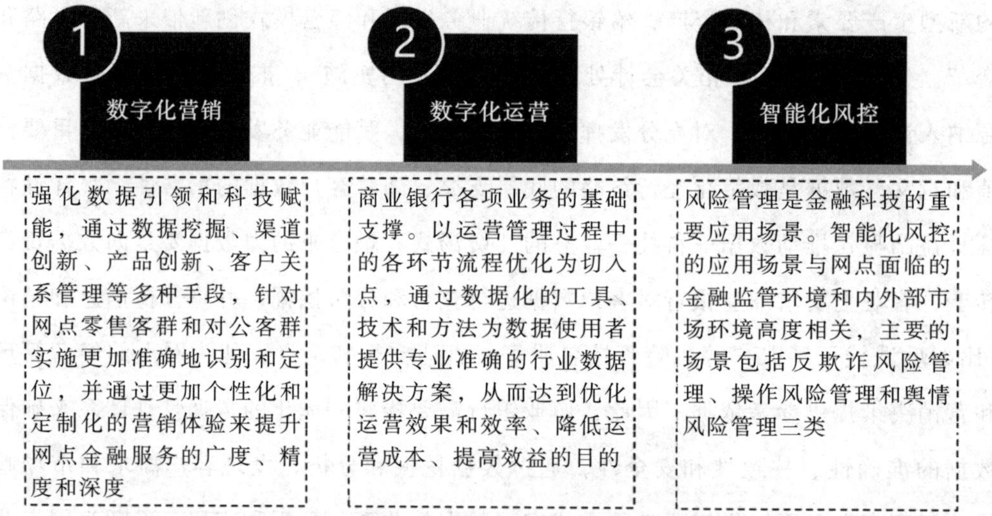

图5-7 服务数字化的主要应用场景

1.数字化营销

从综合性概念来看，数字化营销是一种利用数字技术和在线平台来促进产品或服务销售的策略，具有精准性、互动性、个性化、可衡量性和高效性等特征。聚焦银行网点，数字化营销是指坚持以客户为中心，强化数据引领和科技赋能的双向驱动，通过数据挖掘、渠道创新、产品创新、客户关系管理等多种手段，针对网点零售客群和对公客群（尤其是中底部客群）实施更加准确地识别和定位，并通过更加个性化和定制化的营销体验来提升网点金融服务的广度、精度和深度。

金融服务的广度，体现的是金融服务的便捷性和可获得性。从表现形式看，营销模式的数字化转型会弱化“金融排斥”现象，从而赋能银行网点拓展其金融服务边界，覆盖更广泛的客户群体，尤其是网点非到店客户的综合性、专业化、个性化的金融服务。金融服务的精度，体现的是金融服务的精准性和及时性，即在最合适的时间/场景向客户提供最适宜的金融服务。实践中，银行网点破解“获客”“活客”难题，客观上需要更加精准地了解客户需求，实现个性化营销，而客户画像作为一种有效的工具，正逐渐成为其实现精准营销的关键。基于客户画像的精准营销包括个性化产品推荐、营销渠道优化和客户关系管理三个方面，其中个性化产品推荐，表现为通过对客户画像的分析，银行可以了解客户的金融需求和风险偏好，从而为客户推荐个性化的金融产品。营销渠道优化则表现为通过对客户的行为数据和偏好进行分析，银行可以选择合适的营销渠道和时机，提高营销效果。金融服务的深度体现的是金融服务的生态化和场景化。客户是金融生态的基础，客户、数据、服务是营造新金融生态的三大驱动因素，客观上要求商业银行优化金融供给体系，比如从提供单一阶段服务向提供全生命周期服务转变，从单纯以结算、融资服务向综合化金融服务转变。聚焦银行网点，提高金融服务的精度，就是通过从线下到线上或线上线下结合的方式，围绕客户进行的拉新、促活、留存与转化等工作，在此过程中要发挥好数据要素在互动、协同等场景建设中的数字生产力，打通金融服务生态化、场景化建设的“最后一公里”，并依托专业化的金融服务能力来推进网点综合化营销，实现深度连接客户和精细化运营。

2.数字化运营

作为商业银行各项业务的基础支撑，运营管理是商业银行对金融产品和服务的运营过程进行设计、管理和持续改进，赋能金融产品和服务的价值实现，现已成为商业银行提升客户体验、优化资源配置、增强核心竞争力的有力抓手。数字化运营是指商业银行运营管理数字化转型，强调以运营管理过程中的各环节流程优化为切入点，通过数据化的工具、技术和方法为数据使用者提供专业、准确的行业数据解决方案，从而达到优化运营效果和效率、降低运营成本、提高效益的目的。由此可见，数据化运营不是孤立的数据主义，也不是单纯的数据分析，而是通过数字技术、数字工具与数据管理产品或服务的各个环节，推进产品全流程的数字化、智能化、标准化和精准化。

从商业银行的整体视角看，在数字化转型的过程中，需要结合自身的客群结构、技术优势、人力资本等要素来搭建具有自身特色的数字化运营体系，一方面要打通数据、权益、账户等形成数据产品体系，整合平台、产品、服务等形成数字资产管理，并借助数据分析模型来实现银行网点的场景化营销、批量化获客；另一方面要通过优化金融产品的线上运营环境、改善工作中的流程痛点和堵点，提升员工在工作管理、服务客户中的获得感、认同感，从而助力员工成长。从银行网点的实践视角看，在线上线下一体化运营模式下，网点的业务受理职能逐步通过客户自助方式向线上渠道迁移，业务交互和操作交割环节逐步向后台中心转移，需要坚持厅堂制胜、夯实阵地基础，打造客户识别引导、自助协助结合、远程运营支撑等为一体的全新网点运营服务模式，为到店客户提供差异化、互动式的线上线下一体化服务体验。具体实践中，要以推动网点硬件布局、操作模式、服务流程、劳动组合管理创新为目标，着力打造业务全、人员稳、流程优、营销强的新一代网点。与此同时，按照“岗位兼容、人员通用、服务综合、运行安全”的原则，重构网点岗位体系，打通柜内与柜外、业务办理与客户维护之间的岗位壁垒，构建由网点负责人、运营主管、客户经理、客服经理分工协同、有机融合的网点全新岗位体系，有效解决网点岗位分工过细、人员难以综合利用等问题。此外，要按照后台运营集约化、现金运营信息化的网点数字化运营管理的要求，针对流程复杂、耗时较长、风控要求较高的业务分散在网点处理的现状，商业银行要依托网络互联、影像传输和工作流等技术，对流程进行有效切分和分离处理，将分散在网点的各类业务“后移”至后台中心，实施集约化、工厂化、专业化处理。

3.智能化风控

数字化风险管理能力，在很大程度上决定了商业银行在数字化社会和环境中的竞争力，并直接决定了其发展的稳健性和经营的审慎性。基于此，国内的商业银行尤其是大型银行和股份制银行普遍将智能风控体系建设提上了日程，并将其作为在全行层面的重点工作。智能化风控，在本质上可以视为新一代信息技术与商业银行风险管理的结合体。作为金融科技的重要应用场景，智能化风控是商业银行以人工智能技术为核心，依托云计算、大数据分析等信息技术，寻找与风险评估有关联的关键信息并建立模型进行分析，从而实现对商业银行的风险进行识别、评估、预警和管理的过程。聚焦银行网点的应用实践，智能化风控的应用场景与网点面临的金融监管环境和内外部市场环境高度相关，主要的场景包括反欺诈风险管理、操作风险管理和舆情风险管理三类。

反欺诈风险管理。智能风控主要体现为事前和事中两个环节的智能化风险管理。事前的源头治理，可以通过客户准入进行监测与控制。一方面，生物识别技术的应用助力银行建立安全可信的运行环境。比如，通过采集指纹信息对电子渠道客户账户运行环境进行监测，阻截账户盗用行为；人脸识别技术在柜面业务办理中的广泛运用，可以快速高效识别出用户身份，不仅降低了人工识别过程的不准确问题，更大大提高了业务办理的效率。另一方面，数据挖掘和交叉验证，提升了开户等源头环节的风险管控能力。比如，通过分析账户开户环节欺诈特征并建立规则模型，结合名单系统的风控能力建立账户准入联防机制，在账户开立时就可完成用户可疑行为筛查与外部风险名单筛查，高效阻截可疑客户的开户申请，形成对欺诈、洗钱账户的源头治理。事中的风险监测可以在总行、省行的技术指导下搭建集大数据、人工智能为一体的智能风险监测系统，为柜面业务提供多维度的风险分析模块，实现对柜面业务交易的智能分析、实时预警、及时阻断。实践中，部分商业银行将交易反欺诈系统通过接入柜面、智能柜台、网银、手机银行等渠道进行实时交易风险监测，统一账户风险监测机制，构建覆盖账户开立、登录、转账、维护客户信息、销户全生命周期的风险管控系统，依托大数据平台实现全行一体化的欺诈账户和交易行为智能分析和监测。

操作风险管理。传统的柜面业务网点需要大量人力，随着人工智能技术的发展，网点原有的柜面业务职能将逐步迁移至后台，现已形成搭建后台作业中心，构建前台分散受理、后台集中处理的新模式，以降低网点运营成本。人工智能技术运用于柜面业务处理时，通过人工智能模拟柜面人员完成重复规则的操作任务，实现柜面业务系统自动化操作，打通前、中、后台，推动商业银行业务流程再造，引导员工严格按照银行业务流程进行工作，极大地降低了柜面操作风险。

舆情风险管理。银行网点是直面客户、服务客户的前沿窗口。做好舆情风险防控关键在于做好监测和预警工作，以便能够及时了解客户对银行网点服务的态度和看法，并针对可能引发负面影响的事件进行预警和提前干预，从而减少负面影响的发生。由于舆情风险信息产生的渠道较为广泛，为了确保能够及时、全面获取相关信息，商业银行通常会借助第三方金融科技公司的技术优势来共同搭建自动24小时不间断实时监测舆情程序，自动监测全网涉及银行网点的舆情言论信息，识别其中的负面信息并进行预警。

第四节　网点服务触达模式优化的路径思考

一、以阵地服务为“基础轴”，筑牢网点竞争力提升的基础优势

除个别互联网银行外，对于我国绝大部分银行业金融机构而言，网点竞争力仍然是其竞争力提升的重要支撑，而做好网点阵地服务，便是持续、全面提升网点竞争力的基础。通常来讲，银行网点的阵地服务应该包括三方面工作：服务到店客户、渗透周边商圈和响应监管要求的风险防控与排查，前两者可视为“厅堂制胜”逻辑下的服务触达优化，后者则应该在强化科技赋能的前提下实施“标准化事项替代”。因此，夯实银行网点阵地服务的基础优势，既需要在“厅堂制胜”服务理念的指导下将网点人员、科技等要素进行充分协同，也需要自上而下推动标准化业务

流程的数字化转型，逐步提升网点在监管应对与风险防控中的“标准化事项”替代水平。

(一)“厅堂制胜”服务理念的具体路径

第一，要抓好网点“关键少数”这一关键变量，强化队伍建设。一是向岗位赋能，全面提升网点岗位的竞争力和通用性，比如向网点管理岗位赋能、向厅堂客服岗位赋能（尤其是网点大堂经理岗位）；二是向员工赋能，完善分阶段、多样化的培养机制，培养、挖掘员工内在价值，增强“兵对兵、将对将”的阵地服务能力，提升网点服务客户的一致性、适应性和竞争力，比如完善与网点岗位体系配套的资格认证和培训体系、推进网点劳动组合优化与资源配置的效能提升。

第二，深度推进网点基础业务数字化转型，持续为网点厅堂内外联动创造条件。数字化转型背景下，网点现金业务仍然是到店客群的基础事项（以银发客群、特定商贸客群为主）。比如，每月10日前后，以国有银行为主体的诸多网点均承接着全国离退休人员的城镇职工基本养老保险支取业务。当前，按照集约化、综合化的转型路径来高质量提升网点现金类业务的服务水平，依然是网点阵地服务效能优化的重要抓手。从转型趋势看，一方面，要以网点现金类业务的需求场景和客群差异为切入点，丰富银行网点智能设备的现金功能；另一方面，围绕特定商贸客群对现金交易需求较多的现实问题，构建“自动化处理、封闭式管理、全流程监控”的网点现金数字化运营模式。具体实践中，要充分发挥网点营销与运营后台的联动优势，持续推动网点现金业务线上化、集约化运营，为网点转型成专业化服务水平优、高效化服务体验好、增值化产品渗透强的金融服务体验场所创造条件。与此同时，要依托现金业务数字化能力提升，增强网点对周边商圈的片区渗透和开放能力，使金融普惠与商业可持续性逐渐找到发展平衡点。比如，针对商户客群的获客、活客方面，商业银行可探索并尝试使用自助封包存储机对网点服务的个体工商户、批发类商户等交存大量零钞、破钞、硬币等金融需求场景提供“线上预约填报+物流定时收包+后台处理”的现金运营服务，从而降低网点针对长尾客群和市场的边际营销成本（时间成本、人力成本等）。

第三，着力提升网点阵地智能服务渠道的交互效能，不断打造重体验、易交互的服务触达感知。厅堂服务的灵魂在于客户服务与产品营销的有机结合，其工作是在坚持以客户为中心的基本原则下，以提高工作效能为目标，创新升级智能服务渠道的交互感知。当前，尽管银行网点智能化转型探索已实施10余年，同时网点智能化设备对高频、标准化、低附加值的交易替代水平较高，但智能设备在交易过程中对审核人员的占用现象依然突出，比如通常需要1~2名员工（具有审核权限的网点负责人正副职、大堂经理等）负责部分业务的指导和现场审核工作。立足当前实践和今后发展趋势，加快布局“AI数字员工+远程协助指导+后台审核”一体化模式，提升厅堂智能设备的感知有用性和感知易用性，将是加速厅堂人力资源释放、实现厅堂营销协同的现实选择。比如，在符合金融监管的前提下，精减网点厅堂智能设备的现场审核类别和流程，或通过语音提示与人机对话来代替现场人员指导审核模式（类似于引入远程授权审核），进一步集中厅堂服务人员的工作精力，从而提升厅堂服务效能。

（二）科技赋能“标准化服务替代”的具体路径

第一，提升网点咨询类业务的数字化响应能力。随着移动互联网技术的深度应用，银行网点原有标准化业务“线上化”趋势明显加快，网点日益成为复杂交易的主要场所。在此背景下，加速推进网点金融咨询服务的数字化转型，需要从对内和对外两个维度来提升金融服务需求的响应能力。对内，要以强化纵向联动的“专家团队”建设为着力点，不断完善银行业金融机构内部的沟通机制。比如，强化科技赋能来实现纵向联动与沟通的创新性和时效性，积极响应来自网点自下而上面临的各类低频、复杂、特殊的业务咨询和指导需求。对外，要以推进网点电话咨询类服务的数字化替代为切入点，进一步纾解网点营销队伍的非营销职能。从实践来看，无论是工作时间还是非工作时间，网点营销团队和网点副职都面临咨询电话过多的问题，且相关咨询问题和回复标准存在明显的共性特征。探索数字化服务触达新模式，针对共性问题和标准化回复，依托数字化平台高效、便捷、统一的回复标准和路径，实现对网点现有电话咨询类服务的标准化替代，将提升网点员工的工作效率。

第二，优化网点监管类工作的数字化响应能力。近年来，快速发展的新兴技术持续引领并赋能科技与金融的融合创新，推动金融业经营理念及服务模式的重塑与转型，金融科技创新不断取得新的突破，新型金融服务模式层出不穷，行业生态加快构筑。但随着新技术的快速发展及其在金融领域的深度融合渗透，金融风险也日趋复杂，给传统内控合规工作带来诸多挑战。银行网点作为商业银行内控合规经营的第一道防线，日常工作中面临着巨大的监管类工作压力，反洗钱治理工作便是其中之一。当前，银行网点因缺乏系统手段支持，反洗钱治理工作的难度较大，尤其是针对企业类客户的反洗钱治理，需要网点投入大量资源。从趋势上看，金融科技驱动反洗钱治理工作的数字化转型，是商业银行增强金融监管适应性的必然选择。以信息触达为例，基层网点要在总行、省行的支持下，依托科技创新来丰富、优化金融服务（比如监管核实类的信息触达）的手段和路径。例如，针对营业执照、法人身份证件、非自然收益所有人身份证件等证照即将到期的对公客户，要强化科技与数据的融合来提升智能识别能力，做到线上线下服务触达协同。

第三，增强网点周边商圈渗透的片区开发能力。对网点周边商圈（通常半径为两公里范围）市场资源的触达、渗透和开发，同样是网点阵地服务的重要内容。构建数字化服务平台，赋能网点营销服务转型，要按照问题导向和主动应变相结合的推进原则，实现批量化获客、场景化营销。从实践来看，以增强金融服务便利性、降低客户获取金融服务的时间成本为导向的数字化服务平台开发是提升网点片区开发能力的重要手段。以零售业务的批量办卡业务为例，现行批量办卡业务流程涉及签订协议、收集资料、建立档案、上送数据、信息复核、卡片领取几个环节，不仅流程烦琐、耗时长、人力占用多，而且资料传递与留存环节极易产生潜在风险。有关研究指出，目前已有部分商业银行依托总行级的数字化平台开发了线上采集工具，实现批量办卡单位及员工信息采集、上送、核对和确认的数字化办理，并同步衔接行内系统完成个人客户身份校验工作，同时生成批量办卡数据文件。

二、以非阵地服务为“发展轴”，加快短暂网点服务触达新引擎

银行业是典型的数据驱动行业，良好的数据采集、管理、使用、分析和流转能力，对于商业银行挖掘客户价值、深耕客户关系至关重要，尤其是针对非到店客户更是如此。实践中，数据—业务—科技三者之间的“煲汤式”融合，能够提升银行网点的精细化营销和运营水平，有效盘活存量客户。在实践中，网点服务的非到店客群主要有两类，即“重点零售客群”和“对公中底部客群”，以这两类客群的非阵地服务为“两翼”来找准金融服务着力点，不断延伸金融服务边界，有助于持续培育网点数字化转型的新优势。

（一）创新打造重点零售客群的服务触达新模式

银行网点是商业银行经营体系中的重要零售终端，要加快服务数字化、营销一体化和风控智能化转型来主动适应市场竞争态势，持续强化数据驱动实现网点在增量拓面和存量提质中的内生增长能力。因篇幅受限，此处仅就网点代发工资业务、私人银行业务提出网点针对非到店客户的服务触达新模式。

第一，针对代发工资客群，要打造银行服务标准化触达和精细化管理的生态闭环。对商业银行而言，依托精细化的运营能力，赋能网点存量客户的价值挖掘，从而持续增强场景化活客能力，是提升网点综合竞争力的重要手段。有关研究指出，部分分行的重点零售客群中，代发工资客群占个人有效客户数的比重接近20%，这无疑是银行创新服务触达新模式的关键着力点。一是可以围绕代发客群全方位打造场景金融，提升金融服务的生态化和场景化。比如，金融服务主动融入区域发展战略，在衣、食、住、行、娱等高频生活场景开展异业联盟等生态建设，从而为后续的存量代发客群提质增效提供数据支撑。二是通过强化数据驱动和科技赋能，做到千人千面、精准触达。商业银行需要立足网点实际，自上而下研发线上统一数据管理和服务平台，提高对代发工资客群的数据洞察能力，挖掘用户真实需求，从而提

高网点营销前线服务触达的精准性、主动性和前瞻性，比如产品设计、营销策划等。三是强化数字化服务平台的整合能力，针对代发工资客群的权益信息展示，建议“归零为整”实现权益信息输出的一致性和统一性，从而增强客群的感知有用性和感知易用性。

第二，针对私人银行客群，要坚持标准化和专属化并重的策略来推动服务触达的模式创新。一方面，上级行要牵头制定、完善相关制度，实现企业家客群服务能力提升。企业和企业家客群是商业银行发展好私人银行业务、提升财富管理水平、融入新发展格局的核心载体。要推动数据和业务的有效统一，在加强横向跨部门沟通的前提下，持续推进私银客群公私业务的数据融合，通过呈现全场景、全生态的客户画像来赋能商业银行针对私银客群的点对点、端对端的精细化、专属化服务。另一方面，要优化网点服务过程中的服务触达模式。相关研究指出，支行和网点在营销私银客群的过程中，通常会提出银行服务团队预判以外的服务需求，若营销人员不能针对现场提问及时给出应对方案，营销机会就极可能失去。因此，支行和网点要依托数字化手段，创新探索包含全产品及服务的线上“工具箱”，通过服务触达的数字化升级，提高营销团队服务私银客户的主动性和有效性。

（二）提升网点对公业务的“中底部客群”服务能力

完善联动机制。推进分行指导下的“支行对公客户经理—网点负责人—网点对公客户经理”三者之间的“铁三角”工作模式。一是要明确网点营销职能，分行要做好网点分类管理，根据网点资源禀赋，明确发展方向和营销重点，积极指导支行对接区县，网点对接街道社区、两公里内商圈、产业生态圈，以便及时获取招商引资、入驻重点企业等信息，赋能支行和网点对优质企业营销全覆盖。二是做好网点赋能，通过“铁三角”工作模式实现支行和网点一致对外的服务合力，同时上级行还可以通过送教上门、专题培训、下发产品手册等方式，从知识和专业能力层面赋能网点公司业务能力提升。此外，还需完善网点公司业务考核机制，进一步提升网点拓展公司业务的积极性。

强化科技赋能。通过数据驱动，搭建并完善商业银行“公私联动资金监测系统”，进一步实现网点对中底部客群的“可见、可溯、可成”。一方面，要从功能丰富视角来提升资金监测系统的感知有用性，主动优化信息推送模式，提高网点对中底部客群资金流的实时监测能力。另一方面，要强化数据分析与业务发展的有机协同，尤其要关注“交易量大且公私互转频繁”等重点客群，在此基础上依托“铁三角”服务模式做好精准营销和综合渗透，为持续做好网点公司业务闭环管理、提升B端和C端的资金承接水平创造条件。

第六章　商业银行网点阵地服务优化路径研究

目前，商业银行网点数字化转型进程加快，网点阵地服务的优化成为转型关键。本章深入剖析银行网点阵地服务，从深化内涵认识切入，阐述其在守存量、挖优质客户等多方面的重要价值，并点明服务中存在的问题。随后，提出优化路径，包括合理定位布局、实现客群与服务动态匹配、减负与赋能协同、促进员工与考核双向发展，强调厅堂服务、岗位适配、科技驱动的关键作用。本章旨在为银行网点提升服务效能、增强竞争力提供理论支撑与实践指引，助力其在数字化浪潮中成功转型。

第一节　深化对阵地服务的新认识

一、内涵认识

近年来，商业银行数字化转型不断拓展金融服务的内涵和外延，这对银行网点依托阵地资源来提升服务效能提出了更高的要求。因此，深化对银行网点阵地服务的认识，精准、全面地界定银行网点阵地服务的内涵，对商业银行围绕“两轴四翼”来优化网点服务触达模式具有重要的指导意义。从服务对象看，网点阵地服务的客群除了到店客群外，还包括社区、街道等资源；从服务类别看，网点阵地服务除了存款、贷款、结算等传统金融服务外，还应包括反诈、反洗钱等金融知识教育进社区/市场的宣传活动。从工作职能看，网点阵地服务除了以完成上级行考核指标为导向的营销职能外，还包括聚焦金融服务合规性开展的一系列自查、自纠和整改等非营销职能。从实践来看，随着网点智能化转型的持续深入，网点内部的物理空间布局和服务管理得以进一步细化和优化，包括厅堂服务、理财咨询、自助服务、智能区服务以及现金区管理等，旨在为客户提供更加便捷、高效的服务体验。

因此，基于上述思考，本章将银行网点的阵地服务内涵界定如下：以由外向内的客户到店为对象主体、由内向外的深入市场为服务补充，重点依托面对面信息交互的服务模式，围绕网点周边两公里为服务半径构建起的市场资源开展各类金融服务和支持，满足客户多样化需求的同时，拓展服务边界，深化客户关系。

二、重要性

近年来，新一代信息技术的深度应用持续改变着人们的交易习惯和生活方式，在此背景下银行业加速发展线上业务，网上银行、手机银行业务量持续攀升。传统柜台业务的数字化替代使得商业银行网点面临前所未有的转型压力，重新审视线下银行网点阵地服务的价值具有重要的现实意义。总结起来，银行网点阵地服务的价值包括以下方面：

第一，阵地服务是守住存量客户资源的重要手段。实践中，保持一个存量客户的成本远低于开拓一个新客户的成本，比例大约是1∶10。这个比例反映了在市场营销中，维护存量客户的成本显著低于获取新客户的成本。在竞争激烈的市场环境下，守住存量客户资源对于银行至关重要。网点阵地服务不仅能够维持现有客户的忠诚度，还能通过提供个性化服务、加强关系维护以及及时解决问题来增强客户黏性，有效防止客户流失。通常来讲，个性化服务是指网点员工根据客户的消费习惯和偏好提供定制化的服务，从而提高客户的满意度。关系维护则通过定期回访、举办客户活动等方式加强与客户的联系，建立长期的信任关系。此外，及时有效地解决客户遇到的问题也是防止客户不满情绪积累的关键。通过这些措施，银行能够确保客户在享受高质量服务的同时感受到银行对其需求的关注与尊重，从而增强客户的忠诚度和黏性。

第二，银行网点阵地服务是发掘优质客户的首要窗口，也是最为可靠的一个渠道。通过面对面的交流，网点员工能够深入了解客户的财务状况、投资偏好等信息，从而识别出具有潜力的客户。客户识别方面，大堂经理通过观察客户的消费行为和交流过程中的细节，能够甄别出具有较高价值的潜在客户并实现营销推荐。需求挖掘方面，理财经理通过为高价值客户提供更高级别的服务，如私人银行服务，在进一步深化关系的同时，也对客户的综合化金融服务需求有了更多掌握，这为公私联动创造了条件。跟踪管理方面，可以对潜在优质客户进行持续跟踪，定期提供定制化的服务和产品推荐。为了提升优质客户的发掘效率，银行可以采用数据分析技术，通过对客户历史数据的分析来预测潜在的客户。通过这些措施，银行网点能够确保在竞争激烈的市场环境中，有效识别并维系高价值客户群体，从而增强自身的市场竞争力。

第三，阵地服务是银行风险防范的第一道防线。在操作风险方面，通过严格执行内部控制制度，加强内部审计和合规培训，确保每项业务操作都符合规定，可以有效降低操作风险。尤其在反欺诈、反洗钱等领域，银行网点作为身份真实性审核的第一接触点，承担着重要的风险防控职责，网点员工和运营系统都需要具备敏锐的风险识别能力，能够及时发现并阻止可疑交易，这对于维护金融秩序和社会稳定至关重要。在舆情方面，通过提供优质的服务，及时收集并处理客户的投诉和建议，可以减少负面舆情的产生，防止负面情绪扩散。在处理客户投诉时，网点员工需要展现出高度的责任感和专业性，确保客户的合理诉求得到妥善解决，从而维护银行的良好声誉和客户信任。此外，网点还可以通过定期举办客户教育活动，提高客户的风险防范意识。这些措施共同构成了银行网点在风险管理方面的坚实基础，不仅有助于维护银行的良好声誉和客户信任，还能促进整个金融生态的健康发展。

第四，阵地服务是完成各类小指标考核的主要场景。当前，我国大部分商业银行采取总、分、支行自上而下逐级进行目标考核的办法，绩效考核指标主要采用指令性指标的方式，下级机构只能被动地接受上级机构考核。实践中，银行系统内的各层级利润中心为完成考核指标，往往层层加码，这样一来，越是基层考核指标越多。实践中，银行网点阵地服务在完成各类小指标考核方面发挥着不可替代的作用，例如，信用卡、数字人民币账户、对公结算账户、企业网银、个人手机银行、信用卡、第三方绑卡以及金融服务教育等产品和服务的推广和使用情况，都是重要的考核指标，这些小指标涵盖了客户服务、产品渗透、风险管理、运营效能等多个方面。为了更好地完成这些小指标考核，银行网点通常围绕员工培训、激励机制、数据分析和客户诉求反馈等方面采取措施，确保各项小指标的顺利完成。

第五，阵地服务是向上级行输送人才的试验田。通常来讲，新入行员工参加网点的临岗锻炼和实战，是各家商业银行（尤其是国有银行）人才培养机制的重要内容。银行网点阵地服务不仅是客户服务的重要场所，也是培养和选拔优秀人才的重要平台。通过提供全面的培训和发展机会、建立完善的职业晋升通道以及实施有效的激励机制，银行能够确保在激烈的市场竞争中拥有稳定且高素质的人才队伍，为银行的持续发展提供强大的支持。以人才培养为例，新入行员工通过在网点一线岗位上的锻炼，能够快速熟悉银行业务流程，积累宝贵的实践经验。对于新员工来说，这些经验不仅能够帮助他们快速适应工作环境，还能培养他们的服务意识和专业技能。同时，银行为员工提供多样化的培训课程，涵盖业务知识、服务技巧、金融科技应用等多个方面，旨在帮助员工成长为多面手，具备处理各种复杂业务的能力。通过定期的培训课程和实操演练，员工能够快速掌握最新的行业动态和技术趋势，提高自身的核心竞争力。

第二节　阵地服务现状解析

一、网点内控案防的要求高

随着金融监管要求的日益严格，商业银行网点在内控案防方面面临着前所未有的挑战。这些挑战主要集中在合规压力增大、风险管理难度加大以及员工行为规范三个方面，旨在确保银行能够有效防范各类金融犯罪活动，维护金融系统的稳定与安全。

首先，合规压力的增大是当前银行网点内控案防面临的挑战。近年来，监管部门不断出台新的法律法规，以加强对反洗钱等领域的监管。这些法规不仅要求银行采取更加严格的客户尽职调查措施，还需要银行在交易监测系统中实施更为复杂的数据分析方法，以识别可疑交易活动。银行网点作为反洗钱宣传和防控的“主力军”和“桥头堡”，是商业银行切实履行反洗钱可疑交易监测与报告的“第一道防线”。随着合规压力的不断增大，银行网点面临的合规成本也在持续增加，同时对银行网点合规人员的专业能力和技术水平提出了更高要求。其次，风险管理难度的加大也是银行内控案防面临的重要问题。随着金融业务的复杂性不断增加，银行需要投入更多资源来识别潜在的风险点，并制定相应的预防措施。例如，在跨境交易、第三方支付服务等领域，银行不仅要监控常规的资金流动，还要能够及时发现和阻止异常交易。这就需要银行不仅具备先进的技术手段，如人工智能和机器学习算法，还需要有一套完整的风险管理机制，包括风险评估、预警响应以及后续的审计和报告程序。最后，员工行为规范是确保银行内控案防有效性的重要内容。为了防止内部欺诈等事件的发生，银行必须加强对员工的职业道德教育和行为规范管理。一方面，银行需要定期对员工进行合规培训，提高其对合规要求的认识和理解，确保每位员工都能遵守相关的法律法规和内部规章制度。另一方面，银行还需要建立健全内部监督机制，包括但不限于匿名举报热线、定期审计等，以便及时发现并纠正员工的不当行为。此外，建立一套公平合理的奖惩机制也是必要的，以激励员工遵守职业道德，同时对违规行为进行严肃处理。

二、引发服务投诉的频次高

一直以来，银行网点都是引发服务投诉的高发地。近年来，商业银行持续推进数字化转型，这为商业银行提升服务质量、增强运营效能带来了诸多好处，但同时网点阵地服务中面临的服务投诉问题犹如“达摩克利斯之剑”，时刻悬在网点员工的“头顶”。具体来说，这些痛点主要体现在服务标准不一致、技术问题、排队时间过长、对外服务窗口较少以及员工业务不熟练等方面。首先，服务标准不一致是导致客户不满的一个重要因素。在不同的网点之间，由于人员素质、培训程度和管理方式的差异，服务标准可能会有所不同。这种差异导致客户在不同网点体验到的服务质量参差不齐，从而影响了客户对银行的整体评价。客户在享受服务时，往往希望获得一致且高质量的服务体验，而服务标准的不一致容易引发不满情绪。其次，技术问题也是造成客户投诉的一个重要原因。虽然数字化工具和服务被广泛应用，但技术故障或操作不当等问题仍然时有发生。例如，自助服务设备出现故障、网络连接不稳定、应用程序崩溃等情况，都会直接影响到客户体验，进而引发投诉。这些问题不仅增加了客户的等待时间，还可能耽误客户的紧急事务处理。最后，员工业务不熟练也是导致客户投诉的一个重要原因。对于某些复杂的业务，如果员工缺乏必要的培训或实践经验，就可能无法快速准确地为客户解决问题。这种情况不仅延长了客户等待的时间，也可能导致错误的操作，从而影响客户的利益。除此之外，排队时间长也是一个不容忽视的问题。随着数字化转型的推进，尽管部分业务可以在线上完成，但仍有许多客户需要到网点办理复杂业务。特别是在高峰时段，如果网点没有足够的对外服务窗口或员工未能高效处理业务，就会导致客户排队时间过长。长时间的等待会消耗客户的耐心，进而产生不满情绪。

三、业务和客群的集中度高

随着数字化转型的步伐加快，商业银行网点正逐步转变其角色，成为服务高价值客户、处理复杂业务的重要场所。这一转变的背后是特定业务和特定客群集中度的显著提高，主要体现在三个方面：首先，特定业务需求的集中表现为客户更倾向于选择在线下网点办理复杂业务，如账户冻结及解锁、贷款审批、大额资金转账、跨境汇款等。这些业务通常涉及大量的文件审核、面对面的沟通和专业的咨询服务，需要银行工作人员具备丰富的经验和专业知识。客户希望通过直接与银行工作人员进行交流来获得准确的信息和个性化的建议，从而确保交易的安全性和准确性。因此，银行网点成为了处理这类业务的首选地点。其次，特定客群的依赖性也十分明显。特别是老年客户或对数字技术不太熟悉的人群，他们更偏好传统的面对面服务模式。这类客户群体可能对使用数字渠道缺乏信心或技能，因此更倾向于在实体网点寻求帮助。银行网点通过提供个性化的服务和支持，帮助这些客户顺利完成各种交易，从而建立起信任关系。最后，增值服务的重要性日益凸显。为了满足特定客群的需求，银行网点往往提供一系列增值服务，如财务规划、投资咨询、金融知识教育等。这些服务不仅能够帮助客户更好地管理他们的资金，还能加深银行与客户之间的联系，提高客户满意度。实践中，增值服务有助于提升客户忠诚度，为银行创造更多的商业机会。

四、到店客流量步入低位区间

随着金融科技的快速发展，银行业务的数字化渠道得到了普及，这不仅极大地方便了客户，也显著改变着人们的日常生活方式与习惯。越来越多的银行业务可以通过手机银行、网上银行等数字渠道轻松完成，使得亲自前往银行网点办理业务的需求大幅减少。这种趋势背后的原因主要包括数字化渠道的普及、自助服务设施的完善以及生活方式的变化。首先，数字化渠道的普及使得客户可以随时随地通过智能手机或电脑进行日常银行业务的处理，如账户查询、转账汇款、贷款申请等。随着移动互联网技术的进步和智能手机的广泛使用，客户越来越习惯于利用这些便捷的工具进行金融交易，不再需要亲自到访银行网点。这种转变不仅节省了客户的时间和精力，也为银行节省了运营成本，提高了服务效率。其次，自助服务设施的完善进一步推动了到店客流量的下降。以智能柜员机为代表的自助设备得以广泛应用，使得客户可以方便快捷地完成现金存取、缴费充值、余额查询等简单业务。这些设备不仅为客户提供24小时不间断的服务，还能够在非营业时间内满足客户的紧急需求。此外，快节奏的生活方式促使人们更加重视高效便捷的服务方式。在忙碌的工作和生活中，人们希望能够以最短的时间完成必要的事务，而数字化服务正好满足了这一需求。无论是手机银行还是网上银行都拓展了商业银行金融服务的时空边界，这不仅提升了客户的满意度，也为银行创造了更多的价值。

五、网点员工的岗位适配性相对偏低

在数字化转型的过程中，银行网点员工面临着业务能力提升的压力。随着银行业务的不断更新和发展，客户对于服务质量和效率的期望也在不断提高。在这种背景下，银行网点员工面临着技能结构单一、知识更新滞后和服务意识不足等岗位适配性偏低的问题，这些是制约银行网点阵地服务质量提升的重要因素。首先，技能结构单一是一个普遍存在的问题。长期以来，许多银行网点员工习惯于传统的服务模式，即面对面的客户服务和简单的交易处理。然而，随着银行业务的数字化转型，员工需要掌握更多与数字技术相关的技能，如使用移动银行应用、智能客服系统以及数据分析工具等。对于那些缺乏这方面培训的员工而言，他们可能会发现自己在处理复杂业务时力不从心，无法有效地利用新技术来提高工作效率和服务质量。其次，知识更新滞后也是一个不容忽视的问题。随着银行业务的不断更新和发展，新的产品和服务层出不穷，如数字货币、区块链技术的应用等。如果员工不能及时跟进这些新的知识和技术，他们将难以满足客户的需求，甚至可能会错失为客户提供最佳服务的机会。最后，服务意识不足也是影响银行服务质量的一个重要因素。在快速变化的市场环境中，客户对于银行服务的要求越来越高，不仅仅限于完成交易，还包括个性化的咨询、高效的响应以及良好的客户体验。员工的服务态度和服务质量直接影响客户的满意度和忠诚度。

第三节　网点阵地服务的逻辑策略

作为商业银行直接接触客户、展示品牌形象、提供个性化服务并推动业务增长的关键渠道，银行网点阵地服务对于商业银行增强客户黏性、提升市场份额、加强风险管理、助力可持续发展具有重要意义。从实践来看，网点阵地营销的本质，就是要从定位与布局的合理性、客群与服务的匹配性、减负与赋能的协同性以及员工与考核的成长性方面来不断完善网点的营销职能，同时持续弱化网点的非营销性职

能，从而实现网点阵地服务中的轻装上阵。网点阵地服务的逻辑策略如图6-1所示。

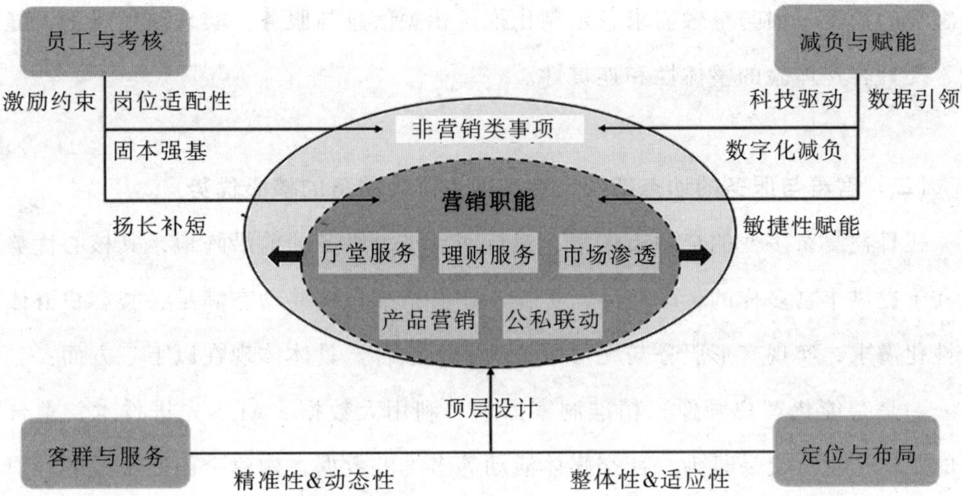

图6-1 网点阵地服务的逻辑策略

一、内在逻辑梳理

（一）定位与布局的合理性，夯实网点阵地服务的顶层设计

在商业银行的网点布局中，定位不仅要基于客户群体的细分，还需深入考量网点所在区域的经济发展状况、产业结构、人口特征以及竞争对手分布等市场资源。网点应成为连接银行与周边市场的桥梁，通过深入了解区域特色与市场需求，制定与之相匹配的金融服务策略。例如，位于科技园区的网点可专注于为初创企业和科技人才提供融资咨询、股权激励计划等特色服务；位于商业繁华地段的网点则可能更侧重于高端零售银行业务，如私人银行服务、奢侈品融资等。通过精准定位，网点能够有效整合周边市场资源，形成差异化竞争优势。在物理布局上，网点应巧妙融入周边市场的文化元素与商业氛围，打造具有地方特色的服务环境。物理空间上，除了人性化设计外，还可设置反映当地历史、文化或产业特色的装饰，增强客

户的归属感和亲切感。同时，加强与周边商户的合作，如设置联合优惠活动、共享客户资源等，提升网点的市场影响力。在线上布局方面，要利用大数据分析周边市场客户的消费习惯与金融需求，定制化推送相关信息与服务，实现线上线下无缝衔接，提升客户体验的整体性和连贯性。

（二）客群与服务的动态匹配，夯实网点阵地服务的核心优势

在日益复杂多变的金融市场中，银行网点作为服务的前沿阵地，其核心优势不仅在于提供丰富多样的金融产品，更在于能够精准识别并动态满足各类客户群体的个性化需求，实现有形服务与无形服务的完美融合。具体体现在以下三方面：

一是智能化客户画像，精准洞察需求。利用大数据、AI等先进技术，整合客户的基本信息、交易行为、社交媒体活动等多维度数据，构建全面而细致的客户画像。这不仅包括金融交易数据，还包括客户的消费习惯、兴趣爱好、生活阶段等，以便更深刻地理解客户需求。同时，通过实时监测客户行为数据，可以快速识别出客户需求的微妙变化，如消费偏好的转移、投资风险的调整等。这种即时反馈机制能够确保网点在第一时间捕捉到市场机会。

二是动态服务策略，灵活应对变化。一方面，要在上级行的指引下强化前瞻性产品布局，即基于数据挖掘与分析的结果，预测客户未来的金融需求趋势，提前研发并推出符合市场需求的金融产品与服务。比如，针对即将步入退休阶段的客户，提前准备养老规划、遗产传承等综合性金融服务方案。另一方面，分行—支行—网点要建立起快速响应机制，面对市场热点或突发事件，如利率调整、政策变动、自然灾害等，需迅速调整服务策略，制订应急服务方案，确保客户利益不受影响。同时，通过线上线下多渠道联动，确保信息传递的及时性和准确性。

三是关怀式服务体验，提升客户忠诚度。在提供金融服务的同时，注重客户的情感需求，通过生日祝福、节日问候、专属客户经理服务等形式，增强客户的归属感和满意度。针对不同客户群体，设计差异化的关怀方案，如为年轻客户提供便捷的移动金融服务，为老年客户提供贴心的上门服务。此外，要建立高效的客户反馈

机制，鼓励客户提出意见和建议。通过定期的客户满意度调查、一对一访谈等方式，收集客户反馈意见，不断优化服务流程和产品组合。同时，将客户反馈作为服务改进的重要依据，形成持续优化的服务闭环。

（三）减负与赋能的高效协同，助力网点阵地服务“轻装上阵”

在减负方面上，网点需深度拥抱数字化转型，将标准化替代作为核心策略，全面优化运营生态。具体而言，通过引入RPA（机器人流程自动化）和AI（人工智能）等前沿技术，不仅能实现日常业务操作的智能化、自动化处理，如自动审核、智能客服等，还能大幅减少人工干预，显著提升工作效率与准确性，让员工从重复性劳动中解脱出来，专注于更高价值的任务。同时，利用大数据与机器学习技术，对网点运营数据进行深度挖掘与分析，精准识别并剥离非核心、低效能的营销任务，探索并实施高效的外包策略或开发定制化自动化工具，实现非营销职能的集约化、数字化管理，确保资源的最优配置与高效利用，为网点“轻装上阵”奠定坚实基础。整体来看，在保持运营效能与服务质量的前提下，网点要坚决剥离与营销无直接关联或低效的职能，通过流程再造与岗位优化，减少不必要的行政流程与重复劳动，使资源更加集中于核心营销任务与服务创新领域。

在赋能领域，网点应聚焦于营销效能提升，构建全方位、多层次的数字化营销生态。首先，打造以数据为驱动的学习与发展平台，该平台不仅提供丰富的在线课程资源，还能结合员工个性化需求，推送定制化的学习路径与实战案例，强化员工的数据分析、市场洞察及策略制定能力。通过模拟演练、数据分析竞赛等形式，激发员工的学习热情与创新能力，培养出一支既懂业务又精通数据的复合型人才队伍。其次，在精准营销方面，利用大数据与AI技术，实现客户画像的精细化构建与动态调整，基于客户行为、偏好及潜在需求，推送个性化、高价值的营销信息与产品服务，提升营销活动的精准度与转化率。同时，引入数字识别技术，如人脸识别、行为轨迹分析等，优化客户体验，增强客户黏性，为网点带来持续的业务增长动力。

风险防控作为赋能战略中的关键领域，其重要性在数字经济时代显得尤为重要。要实现数据—科技—业务的“煲汤式”融合，网点应全面升级其风险管理体系，以智能风控为核心，打造全方位、智能化的风险防控网络。实践中，银行网点作为全行构建智能风控体系的重要战略支撑，还需要注重技术与人力的有机结合。一方面，加强员工的风险意识教育与技能培训，不能只普及风险管理的基本知识与原则，还需结合实际操作案例，提升员工识别与应对风险的能力。通过模拟演练、案例分析、经验分享等多种形式，让员工在实战中积累经验，提高风险敏感度与应急处理能力。另一方面，鼓励员工积极参与智能风控系统的建设与应用，将他们的专业知识与实战经验融入系统优化与算法改进中，形成良性循环。同时，建立健全风险报告与反馈机制，确保员工在发现风险隐患时能够迅速上报，并得到及时响应与处理，共同构建一个安全、稳健、高效的运营环境。

（四）员工与考核的双向奔赴，打造价值共创的内生动力

在商业银行竞争日益激烈的今天，员工与考核之间的双向奔赴不仅是提升网点活力与竞争力的关键策略，更是实现商业银行可持续发展的根本保障。这一过程深刻体现了“以人为本”的发展理念，将员工个人成长与组织长远发展紧密结合，共同构建一个价值共创、互利共赢的内生动力体系。

要充分认识到考核体系作为网点发展的“指挥棒”，其设计需兼具前瞻性与科学性，既要精准反映短期业绩的达成情况，又要深刻洞察员工个人成长与组织长期发展的内在需求。科学合理的KPI指标体系，如客户满意度、服务效率、产品创新等，不仅全面衡量了网点的运营效果，更以其导向性作用，引领网点向提升服务质量、优化运营效率、激发创新活力的方向迈进。这些指标的设置，既是对网点当前业绩的客观评价，也是对未来发展潜力的深度挖掘，为网点的持续健康发展提供了明确的方向指引。

在员工成长与考核体系中，激励与约束是不可或缺的两个方面。只有建立科学合理的激励机制，才能充分激发员工的内在动力与创造力，让他们在实现个人价值

的同时，也为网点的发展贡献自己的力量。同时，严格的约束机制也是必不可少的，其能够有效规范员工的行为，确保网点运营的合规性与稳定性。

二、厅堂服务是核心内容

随着金融科技的迅猛发展，商业银行的经营模式正经历着深刻变革。随着线上业务蓬勃兴起，手机银行、网上银行等数字化渠道为客户提供了便捷的金融服务。然而，这并不意味着实体网点的衰落。相反，在商业银行的整体战略布局中，网点作为阵地服务的重要载体，依旧发挥着不可替代的作用。网点厅堂服务作为客户在实体网点直接接触到的服务环节，更是成为了阵地服务的核心所在。理解并重视厅堂服务的核心地位，对于商业银行在数字化转型过程中提升综合竞争力、满足客户多元化需求具有重要意义。

（一）网点厅堂服务是客户体验的关键触点

1.塑造第一印象

客户踏入银行网点的瞬间，厅堂服务便开始发挥作用。从大堂经理的热情迎接，到厅堂环境的整洁舒适，每一个细节都在塑造着客户对银行的第一印象。一个温馨、有序且专业的厅堂氛围，能够让客户感受到银行对他们的重视，从而建立起初步的信任。例如，当客户走进一家网点，大堂经理面带微笑，主动询问客户需求，并迅速将其引导至相应区域，这种贴心的服务会让客户在一开始就对银行产生好感。反之，如果大堂无人引导，环境杂乱，客户很可能会对银行的服务质量产生质疑，进而影响其后续的业务办理心情。

2.提供个性化服务

在厅堂服务中，工作人员有机会与客户进行面对面的深入交流，这使得个性化服务成为可能。通过与客户的沟通，了解他们的财务状况、金融需求和目标，银行可以为客户提供更加精准、个性化的金融解决方案。比如，对于一位即将退休的客户，厅堂工作人员可以根据其资金储备和养老规划需求，推荐合适的理财产品和养老保障计划。这种个性化服务不仅满足了客户的特定需求，还能增强客户对银行的认同感和忠诚度。与线上服务相比，网点厅堂服务能够给予客户更加人性化、有温度的关怀，这是数字化服务难以完全替代的。

3.响应及时性事项

在业务办理过程中，客户难免会遇到各种问题和疑惑。网点厅堂服务的优势在于能够及时为客户解决这些问题。当客户对某项业务规定不理解或者在操作过程中遇到困难时，厅堂工作人员可以当场进行详细解答和指导。同时，客户在厅堂服务中所反馈的意见和建议，也能够被银行迅速收集和处理。这种及时性不仅能够提高客户的满意度，还能帮助银行及时发现服务和产品存在的问题，从而不断优化和改进。例如，客户在办理贷款业务时，对利率计算方式存在疑问，厅堂工作人员可以通过详细的解释和演示，让客户清楚了解相关内容，确保业务顺利进行。

（二）网点厅堂服务是营销转化的前沿阵地

1.洞察客户需求

厅堂是银行与客户直接接触的场所，工作人员能够通过观察客户的行为、表情以及与客户的交流，敏锐地洞察客户的潜在金融需求。例如，当一位客户频繁咨询理财产品，但对当前推荐的产品收益不太满意时，工作人员可以进一步了解客户的风险承受能力和投资期限，从而为其推荐更符合需求的产品。这种基于现场观察和沟通的需求洞察，为精准营销提供了有力依据。相比之下，线上渠道虽然能够获取大量客户数据，但对于客户当下的实际需求和情绪变化的捕捉能力相对较弱。

2.展示与推荐产品

在网点厅堂，银行可以通过多种方式展示各类金融产品，如宣传展板、电子显示屏、产品手册等。厅堂工作人员可以结合客户需求，有针对性地向客户介绍和推荐产品。同时，对于一些较为复杂的金融产品，工作人员可以进行现场演示和讲解，帮助客户更好地理解产品的特点和优势。例如，在推广一款新的基金产品时，工作人员可以通过分析市场趋势、基金经理的投资策略以及过往业绩等方面，向客户详细介绍产品的投资价值，激发客户的购买兴趣。这种面对面的产品展示和推荐方式，能够更加直观地让客户了解产品信息，提高营销效果。

3.促成交易的优势

在网点厅堂的营销过程中，工作人员与客户建立起的信任关系以及现场的氛围营造，都有助于促成交易。当客户对某一金融产品产生兴趣后，工作人员可以及时为客户办理相关手续，提供一站式服务。而且，在现场交流过程中，工作人员可以根据客户的反馈和疑问，及时调整营销策略，解决客户的顾虑，从而提高交易的成功率。例如，客户在考虑购买一款大额理财产品时，可能会对风险和收益存在担忧。工作人员可以通过专业的分析和解答，消除客户的顾虑，并结合银行的信誉和实力，增强客户的购买信心，最终促成交易。

（三）网点厅堂服务是品牌形象的展示窗口

1.呈现专业形象

银行网点厅堂的工作人员通过专业的服务态度、扎实的业务知识和规范的操作流程，向客户展示银行的专业形象。当客户咨询业务时，工作人员能够准确、清晰地回答问题，为客户提供合理的建议和解决方案，这体现了银行员工的专业素养。同时，厅堂内的业务办理区域布局合理、设施先进，工作人员操作熟练，这些都传递出银行的专业性和规范性。例如，在办理外汇业务时，工作人员能够熟练运用各种汇率计算工具，准确为客户办理兑换手续，让客户感受到银行在国际业务领域的专业能力。这种专业形象的呈现，有助于提升银行在客户心目中的品牌价值。

2.传递服务理念

网点厅堂服务是银行服务理念的直接体现。通过热情、周到、耐心的服务，银行向客户传递出以客户为中心的服务理念。无论是大堂经理的引导服务，还是柜员的业务办理服务，都应始终围绕客户需求展开，关注客户体验。例如，银行推行的“首问负责制”，要求第一个接待客户的工作人员必须负责到底，直到客户的问题得到解决。这种服务理念的贯彻落实，能够让客户切实感受到银行对他们的关心和重视，从而增强客户对银行品牌的认同感和好感度。

3.彰显社会责任

在网点厅堂，银行可以通过开展各类公益活动和金融知识普及活动，彰显其社会责任。例如，设置金融知识宣传栏，定期举办金融知识讲座，向客户和周边社区居民普及防范金融诈骗、理财知识等。同时，银行还可以在厅堂内为特殊群体提供便利设施和服务，如无障碍通道、爱心专座、手语服务等。这些举措不仅能够提升银行的社会形象，还能赢得社会各界的广泛赞誉，进一步提升银行的品牌影响力。

（四）网点厅堂服务是连接线上线下服务的桥梁

1.引导线上服务

随着数字化服务的普及，越来越多的客户开始使用线上渠道办理业务。然而，部分客户在使用线上服务时可能会遇到困难或者对线上功能不熟悉。网点厅堂服务可以发挥引导作用，帮助客户了解和使用线上服务。大堂经理可以在厅堂内指导客户下载和使用手机银行、网上银行等应用程序，向客户介绍线上服务的便捷性和优势。同时，对于一些线上业务办理过程中的常见问题，工作人员可以进行现场解答和指导，让客户能够顺利使用线上服务。例如，当客户对手机银行的转账功能操作不熟悉时，大堂经理可以通过现场演示，帮助客户掌握操作方法，提高客户对线上服务的接受度和使用频率。

2.融合线上线下业务

网点厅堂服务可以实现线上线下业务的有机融合。对于一些复杂的金融业务，客户可以先通过线上渠道进行初步了解和预约，然后到网点厅堂进行详细咨询和办理。在办理过程中，工作人员可以结合线上获取的信息，为客户提供更加精准的服务。同时，对于一些线上办理的业务，客户在网点厅堂也可以得到后续的跟踪和服务支持。例如，客户通过网上银行申请了一笔贷款，在审批过程中，客户可以到网点厅堂与客户经理进一步沟通贷款细节和需求。这种线上线下业务的融合，能够为客户提供更加全面、便捷的金融服务体验。

3.整合与分析数据

网点厅堂服务在连接线上线下服务的过程中，能够实现客户数据的整合与分析。通过客户在厅堂内的业务办理记录、咨询内容以及与工作人员的互动信息，结合线上渠道获取的客户交易数据、浏览记录等，银行可以对客户进行更加全面、深入的画像分析。这些数据能够帮助银行更好地了解客户需求和行为习惯，为精准营销、产品创新和服务优化提供有力支持。例如，通过分析客户在网点厅堂和线上渠道的理财咨询记录，银行发现客户对某类新兴理财产品的关注度较高，从而有针对性地加大该产品的研发和推广力度。

从实践来看，在商业银行数字化转型的进程中，虽然线上业务发展迅速，但实体网点的厅堂服务依然重要。商业银行应充分认识到网点厅堂服务的核心价值，加大在人员培训、设施建设、服务流程优化等方面的投入，不断提升网点厅堂服务质量。只有这样，才能在激烈的市场竞争中脱颖而出，满足客户日益多元化的金融需求，实现可持续发展。未来，随着金融科技的不断发展和客户需求的持续变化，商业银行网点厅堂服务也需要不断创新和升级，发挥其核心作用，为银行业的发展注入新的活力。

三、岗位适配是重要前提

在商业银行数字化转型的大背景下，网点阵地服务的质量和效率对于银行的竞争力和客户满意度至关重要。网点岗位适配性作为影响阵地服务的关键因素，直接关系到各个岗位能否充分发挥其作用，进而提升整体服务水平。下文聚焦于网点大堂经理、网点副职、网点客户经理、网点柜员和网点负责人这几个岗位，深入探讨岗位适配性在商业银行阵地服务中的重要性及其具体体现。

（一）网点大堂经理的岗位适配性

大堂经理是客户进入银行网点后接触到的第一个关键人物，其岗位适配性对阵地服务有着深远影响。

1.沟通与协调能力的适配

大堂经理需要具备出色的沟通技巧，能够与各类客户进行有效交流，迅速了解客户需求并提供准确的引导和帮助。例如，面对老年客户，大堂经理要耐心细致地解释业务流程，使用通俗易懂的语言；而对于年轻客户，要能快速理解他们对数字化服务的需求和疑问，并给予专业的指导。同时，大堂经理还需协调网点内各岗位之间的工作，确保业务办理流程顺畅。出现客户流量高峰时，要合理安排客户分流，避免出现客户长时间等待和混乱的局面。这种沟通与协调能力的适配，是大堂经理胜任岗位的基础，也是提升客户体验的关键。

2.服务意识与应变能力的适配

大堂经理应始终保持高度的服务意识，将客户满意度放在首位，在日常工作中，要主动关注客户的需求和情绪变化，及时提供贴心的服务，如为等待的客户递上一杯水，为行动不便的客户提供帮助等。此外，大堂经理还需具备较强的应变能力，能够灵活处理各种突发情况。比如，当自助设备出现故障导致客户无法正常办理业务时，大堂经理要迅速安抚客户情绪，提供替代解决方案，如引导客户到柜台办理或协助客户使用其他自助设备。

3.业务知识与营销能力的适配

虽然大堂经理的主要职责是服务和引导客户，但也需要具备一定的业务知识和营销能力。他们要熟悉银行的各类业务和产品，以便在与客户交流过程中，能够准确地解答客户关于业务的疑问，并适时进行简单的产品营销。例如，当客户询问存款利率时，大堂经理不仅要清楚地告知客户当前的利率情况，还应根据客户的资金状况和需求，推荐合适的存款产品或理财产品。然而，大堂经理的营销要适度，不能让客户有过度推销的感觉，这就需要在业务知识与营销能力之间找到平衡点，实现岗位适配，从而在服务客户的同时，为银行创造潜在的业务机会。

（二）网点副职的岗位适配性

网点副职在网点运营中扮演着重要的辅助和管理角色，其岗位适配性对于保障阵地服务的顺利开展不可或缺。

1.业务精通与指导能力的适配

网点副职应熟悉银行的各项业务，包括但不限于存贷款业务、中间业务、风险管理等。只有对业务了如指掌，才能在日常工作中对柜员和客户经理等一线员工进行有效的业务指导。例如，当柜员在办理复杂业务时遇到疑难问题，网点副职能够迅速提供准确的解决方案，确保业务办理的准确性和高效性。同时，网点副职还要能够根据业务发展趋势和员工的实际情况，制订有针对性的培训计划，帮助员工提升业务水平，以适应不断变化的市场环境和客户需求。这种业务精通与指导能力的适配，是网点副职发挥其管理职能的重要保障，有助于提升整个网点的业务处理能力和服务质量。

2.团队管理与协调能力的适配

网点副职需要具备较强的团队管理能力，能够有效地组织和激励网点员工，营造良好的工作氛围。其要了解每个员工的特点和优势，合理安排工作任务，做到人尽其才。例如，对于营销能力较强的员工，可以安排其参与一些重点客户的营销工作；对于业务操作熟练的员工，可以让其负责一些复杂业务的办理和新员工的带教工作。此外，网点副职还需协调好网点内不同岗位之间的关系，促进各岗位之间的协作与沟通。当出现岗位之间的矛盾或工作衔接不畅时，要及时进行调解和协调，确保网点运营的顺畅。这种团队管理与协调能力的适配，能够充分发挥团队的整体优势，提高网点的工作效率和服务水平。

3.风险防控与合规意识的适配

在银行业务中，风险防控和合规经营是至关重要的。网点副职作为网点的重要管理人员，必须具备强烈的风险防控意识和扎实的合规知识。其要负责监督网点的各项业务操作，确保员工严格遵守银行的规章制度和操作流程，防范各类风险的发生。例如，在信贷业务中，网点副职要审核贷款资料的完整性和真实性，监督贷款审批流程的合规性，防止出现信贷风险。同时，网点副职还要定期组织员工进行风险防控和合规培训，提高员工的风险意识和合规意识。这种风险防控与合规意识的适配，是网点稳健运营的基石，能够保障客户资金安全，维护银行的声誉和形象。

（三）网点客户经理的岗位适配性

网点客户经理是银行与客户之间的桥梁，其岗位适配性直接关系到银行的营销效果和客户关系维护。

1.客户关系管理能力的适配

客户经理的核心职责之一是维护和拓展客户关系，因此需要具备出色的客户关系管理能力。其要善于与客户建立长期、稳定的信任关系，通过定期回访、节日问候、举办客户活动等方式，增强客户的黏性和忠诚度。例如，客户经理可以根据客户的喜好和需求，为客户提供个性化的金融服务方案，如为企业客户提供定制化的现金管理服务，为高端个人客户提供专属的财富管理规划等。同时，客户经理还要及时了解客户的动态和需求变化，以便调整服务策略和产品推荐。这种客户关系管理能力的适配，能够使客户经理更好地满足客户需求，提高客户满意度，为银行带来更多的业务机会和收益。

2.金融专业知识与市场洞察力的适配

客户经理需要具备深厚的金融专业知识，包括但不限于各类金融产品的特点、风险收益特征、市场行情等，以便为客户提供专业的金融咨询和投资建议。例如，在为客户推荐理财产品时，客户经理要能够根据客户的风险承受能力、投资目标和期限等因素，精准匹配适合的产品，并向客户详细解释产品的运作机制和风险点。此外，客户经理还需具备敏锐的市场洞察力，能够及时把握金融市场的动态和趋势，为客户提供前瞻性的投资建议。比如，当市场利率出现波动时，客户经理要能够迅速分析其对客户资产配置的影响，并及时调整客户的投资组合。这种金融专业知识与市场洞察力的适配，是客户经理赢得客户信任和认可的关键，也是提升银行营销业绩的重要保障。

3.营销技巧与沟通能力的适配

客户经理工作的重要组成部分是营销，其需要具有相关的营销技巧和沟通能力。在与客户沟通时，客户经理要能够清晰地表达产品的优势和价值，激发客户的兴趣和购买欲望。例如，在介绍一款新的信用卡产品时，客户经理可以突出该卡的特色权益、优惠活动以及与客户生活场景的契合度，让客户感受到产品的吸引力。同时，客户经理还要善于倾听客户的意见和反馈，根据客户的反应及时调整营销话术和策略。此外，客户经理还需要具备一定的谈判技巧，在与客户协商业务条款和价格时，能够在维护银行利益的前提下，达成双方都满意的合作。这种营销技巧与沟通能力的适配，能够提高客户经理的营销成功率，为银行拓展业务市场，提升市场份额。

（四）网点柜员的岗位适配性

网点柜员是银行网点业务办理的一线操作人员，其岗位适配性对阵地服务的效率和质量有着直接的影响。

1.业务操作技能的适配

柜员的首要任务是准确、高效地为客户办理各类业务，因此必须具备熟练的业务操作技能。其要熟悉银行的业务操作系统和操作流程，能够快速、准确地完成存取款、转账、开户、销户等常规业务操作，减少客户的等待时间。例如，在业务高峰期，柜员要能够保持高效的工作节奏，确保每笔业务都能在最短的时间内完成，同时保证业务办理的准确性，避免出现差错。此外，柜员还需要不断学习和掌握新业务、新系统的操作方法，以适应银行业务的不断创新和发展。这种业务操作技能的适配，是柜员胜任岗位的基本要求，也是提升客户服务体验的重要保障。

2.服务态度与耐心的适配

柜员在与客户面对面交流的过程中，服务态度和耐心至关重要。柜员要始终保持热情、礼貌、耐心的服务态度，让客户感受到银行的关怀和尊重。即使面对客户的抱怨和不满，柜员也要能够保持冷静，耐心倾听客户的诉求，并积极寻求解决方案。例如，当客户因业务办理不顺利而情绪激动时，柜员要先安抚客户情绪，然后认真查找问题所在，尽快为客户解决问题。良好的服务态度和耐心能够缓解客户的焦虑情绪，提高客户对银行服务的满意度，树立银行的良好形象。

3.风险意识与合规操作的适配

在业务办理过程中，柜员要时刻保持风险意识，严格遵守银行的规章制度和操作流程，确保业务合规。柜员要认真审核客户提供的资料和证件，防范欺诈风险和操作风险。例如，在办理大额取款业务时，柜员要仔细核对客户的身份信息和取款凭证，确保资金安全。同时，柜员还要积极参与银行组织的风险防控和合规培训，不断提高自身的风险识别和防范能力。这种风险意识与合规操作的适配，是银行稳健运营的基础，能够保障客户和银行的利益。

（五）网点负责人的岗位适配性

网点负责人作为网点的领导者，其岗位适配性对整个网点的发展和阵地服务水平起着决定性的作用。

1.战略眼光与决策能力的适配

网点负责人需要具备长远的战略眼光，能够根据银行的整体战略和市场环境制定网点的发展规划和业务策略。例如，在数字化转型的趋势下，网点负责人要思考如何将线上线下服务有机结合，提升网点的竞争力；在当地经济发展的不同阶段，及时调整网点的业务重点和客户定位。同时，网点负责人还需具备果断的决策能力，在面对复杂多变的市场情况和内部管理问题时，能够迅速作出正确的决策。比如，当网点面临客户流失的风险时，网点负责人要能够快速分析原因，采取针对性的挽留措施和客户拓展计划。这种战略眼光与决策能力的适配，能够引领网点朝着正确的方向发展，提升网点在市场中的地位和影响力。

2.团队领导与激励能力的适配

网点负责人要善于领导和激励团队，打造一支高效、团结、有战斗力的员工队伍。其要了解每个员工的职业发展需求和工作动力，通过合理的激励机制，如绩效考核、晋升机会、培训发展等，激发员工的工作积极性和创造力。例如，对于业绩突出的员工，网点负责人要及时给予表彰和奖励，树立榜样；对于工作表现不佳的员工，要进行耐心辅导和帮助，鼓励其改进。同时，网点负责人还要注重团队文化建设，营造积极向上、团结协作的工作氛围，增强团队的凝聚力和向心力。这种团队领导与激励能力的适配，能够充分发挥员工的潜力，提高网点的整体服务水平和业务绩效。

3.资源整合与协调能力的适配

网点负责人需要具备较强的资源整合与协调能力，能够有效地整合网点内外部的各种资源，为网点的发展和服务提供支持。在内部，要协调好各岗位之间的工作，合理分配人力、物力和财力资源，确保网点运营的高效性。例如，根据业务量的变化，合理安排柜员和客户经理的工作时间和任务；根据客户需求，合理配置网点的设备和设施。在外部，要积极与当地政府、企业、社区等建立良好的合作关系，拓展业务渠道和客户资源。比如，与当地企业合作开展代发工资业务，与社区联合举办金融知识普及活动等。这种资源整合与协调能力的适配，能够为网点创造更好的发展环境和服务条件，提升网点的综合竞争力。

综上所述，大堂经理、网点副职、网点客户经理、网点柜员和网点负责人这五个岗位角色，各自承担着不同的职责和任务，其岗位适配性的高低直接影响着网点阵地服务的质量和效率。商业银行应充分认识到岗位适配性的重要性，在人员招聘、培训、考核和晋升等方面，注重员工能力与岗位要求的匹配，不断优化人力资源配置，提升员工的岗位胜任能力。只有这样，才能充分发挥每个岗位的优势，打造一支高素质的网点服务团队，为客户提供优质、高效、个性化的金融服务，在激烈的市场竞争中脱颖而出，实现商业银行的可持续发展。

四、科技驱动是关键变量

随着金融科技的飞速发展，商业银行正处于深刻变革的浪潮之中。在这场变革里，网点虽面临线上业务的冲击，但作为银行与客户直接接触的重要场所，网点阵地服务始终是银行竞争力提升的根基所在。如何在新时代背景下强化网点阵地服务成为商业银行亟待解决的重要问题。科技驱动的出现为这一问题提供了解决方案，其正逐渐成为提升网点运营效能、夯实网点阵地服务基石的关键变量。深入探究科技驱动在网点阵地服务中的作用，对商业银行适应市场变化、满足客户需求、提升市场竞争力具有深远意义。

（一）科技驱动下的运营一体化

1.打破业务流程壁垒，实现高效协同

传统银行网点的业务流程往往存在诸多环节，不同部门之间的信息流通不畅，导致业务办理效率低下。以企业开户为例，过去企业需要准备大量材料，到银行排队，填大量表格，盖众多公章，整个过程往往耗时一整天。然而，科技的介入改变了这一局面。例如，客户在线上提交开户申请后，系统便自动将相关信息传递给各个需要的部门，各部门能够同步进行资料审核等工作，大大缩短了业务办理的时间，提升了整体运营效率。

2.优化资源配置，提升运营效能

在科技驱动下，银行网点能够实现对各类资源的精准配置。通过大数据分析，银行可以了解不同时间段、不同区域网点的业务量情况，从而合理安排人力、物力资源。例如，在业务高峰期，银行网点可以将更多的工作人员调配到业务繁忙的区域，或者通过智能设备如自助柜员机等，分担部分常规业务，减轻人工窗口的压力。同时，对于网点的设备设施，可以根据数据分析结果进行优化布局。科技使得银行能够实时监控设备的使用情况和运行状态，及时对出现故障的设备进行维修或更换，确保网点的正常运营。这种基于科技的资源优化配置方式，避免了资源的浪费，提高了资源的利用效率，进而提升了网点的整体运营效能。

3.促进线上线下融合，构建一体化运营模式

线上业务的快速发展，为银行网点带来了新的机遇与挑战。科技驱动使得线上业务与线下网点能够优势互补、融合发展。线上业务可以对以往网点的标准化业务实现有效分流，使网点人力能够投入到更具专业性、更加个性化的服务中。以中国银行推出的外币智取通为例，客户可选择手机银行、微银行等线上渠道预约支取外币现钞，后台金库即时收到订单信息后根据客户需求配置外币现钞，封入标准信封，送达预约网点。客户线下到店后，无须排队取号，可直接到智能柜台自助办理业务。这种线上线下协同的模式，既提高了业务办理的效率，又为客户提供了更加便捷的服务体验。同时，通过线上线下的数据共享，银行能够构建更加完整的客户画像，更好地了解客户需求，为客户提供更贴合其需求的金融产品和服务，实现线上线下一体化的运营模式，提升网点的综合竞争力。

（二）科技驱动下的服务数字化

1.拓展服务渠道，满足客户多元化需求

科技的发展为银行网点服务带来了更多的渠道和方式。除了传统的柜台服务，客户现在可以通过手机银行、网上银行、智能客服等多种数字化渠道获取银行服务。这些渠道不受时间和空间的限制，客户可以随时随地办理业务、查询账户信息、了解金融产品等。例如，在开具收入证明、资产证明等材料时，客户可以根据自身需求灵活选择办理方式。如果没有时间前往银行网点办理，可线上申请开具证明后寄给客户；如果急需使用或者需要现场印章，客户也可到网点快速办理、当场领取。这种多元化的服务渠道，满足了不同客户群体的多样化需求，无论是忙碌的上班族，还是行动不便的老年客户，都能找到适合自己的服务方式，大大提高了客户对银行服务的满意度。

2.实现个性化服务，提升客户体验

借助大数据、人工智能等技术，银行能够对客户数据进行深入分析，了解客户

的消费习惯、理财偏好、风险承受能力等信息，从而为客户提供个性化的金融服务。在网点服务中，工作人员可以根据客户画像，推荐更符合其需求的金融产品和服务方案。例如，对于一位经常进行股票投资的客户，银行可以为其推荐相关的证券投资咨询服务，或者根据其投资风格，推荐适合的理财产品。这种个性化服务能够让客户感受到银行对他们的关注和重视，提升客户与银行之间的黏性，增强客户对银行的忠诚度。与传统的标准化服务相比，科技驱动下的个性化服务更能满足客户日益多样化和个性化的需求，提升客户的服务体验。

3.提升服务效率，增强客户满意度

数字化服务手段的应用，大大缩短了业务办理的时间，提高了服务效率。智能客服的出现，能够快速回答客户的常见问题，解决客户的疑惑，无须客户等待人工客服的接入。在办理业务时，线上业务流程的简化和自动化，使得客户能够快速完成交易。例如，在一些线上贷款申请业务中，客户只需填写相关信息，系统便会自动进行信用评估和额度审批，大大缩短了贷款审批的时间。这种高效的服务能够减少客户的等待时间，降低客户的时间成本，让客户感受到银行服务的便捷性和高效性，从而提高客户对银行的满意度。

（三）科技驱动下的风控智能化

1.实时风险监测，及时预警风险

在金融行业，风险防控至关重要。科技驱动下的风控智能化系统能够对银行网点的业务进行实时监测，及时发现潜在的风险。通过大数据分析和人工智能算法，系统可以对客户的交易行为、资金流向等进行分析，判断是否存在异常情况。例如，如果发现某个账户在短时间内有大量资金进出，且交易对象较为可疑，系统会立即发出预警信息。银行工作人员可以根据预警信息，及时对相关业务进行核实和处理，采取相应的风险防控措施，如冻结账户、进一步调查等，有效防范金融风险的发生。这种实时风险监测和预警机制，能够在风险发生的初期就进行干预，降低风险带来的损失。

2.精准风险评估，优化风险防控策略

传统的风险评估方式往往依赖人工经验和有限的数据，存在一定的局限性。而科技驱动的风控智能化系统能够利用大数据和先进的算法，对客户和业务进行更精准的风险评估。系统可以综合考虑客户的信用记录、资产状况、收入稳定性、行业风险等多方面因素，给出更为准确的风险评估结果。基于这些精准的评估结果，银行可以制定更加科学合理的风险防控策略。对于风险较高的客户和业务，采取更为严格的审批流程和风险控制措施；对于风险较低的客户和业务，则可以适当简化流程，提高业务办理效率。这种精准的风险评估和优化的风险防控策略，既能有效控制风险，又能保证银行在风险可控的前提下开展业务，实现风险与收益的平衡。

3.强化合规管理，保障业务合法合规

在金融监管日益严格的背景下，银行网点必须确保各项业务的合法合规开展。科技驱动的风控智能化系统能够帮助银行强化合规管理。系统可以将监管要求和银行内部的规章制度进行数字化编码，嵌入到业务流程中。在业务办理过程中，系统会自动对业务操作进行合规性检查，确保每一个环节都符合相关规定。例如，在客户开户环节，系统会自动检查客户提交的资料是否完整、合规，是否进行了必要的身份验证等。如果发现业务操作存在不合规的情况，系统会立即提示工作人员进行纠正，避免违规行为的发生。这种智能化的合规管理方式，能够有效降低银行的合规风险，保障银行网点业务的健康、稳定发展。

综上所述，科技驱动在商业银行网点阵地服务中扮演着至关重要的角色，已成为提升网点运营效能、夯实网点阵地服务基石的关键变量。在运营一体化方面，科技打破了业务流程壁垒，优化了资源配置，促进了线上线下融合，构建了高效协同的运营模式；在服务数字化方面，科技拓展了服务渠道，实现了个性化服务，提升了服务效率，满足了客户多元化需求，提升了客户体验；在风控智能化方面，科技实现了实时风险监测和精准风险评估，强化了合规管理，有效防控了金融风险，保障了业务的合法合规开展。

在未来的发展中，商业银行应充分认识到科技驱动的重要性，持续加大在科技领域的投入，不断推动科技与网点阵地服务的深度融合。通过科技的力量，进一步提升网点的竞争力，为客户提供更加优质、高效、安全的金融服务，在激烈的市场竞争中立于不败之地，实现可持续发展。同时，随着科技的不断进步，商业银行也需要不断探索科技在网点服务中的新应用、新模式，以适应金融市场的动态变化和客户日益增长的金融需求，为银行业的发展注入新的活力。

第四节 网点阵地服务优化的路径选择

一、提升员工专业素质与服务能力

开展针对性培训。根据不同岗位需求定制培训内容。对于大堂经理，着重加强沟通技巧、应急处理以及数字化服务引导培训，使其能更好地与各类客户交流，应对突发状况，并有效指导客户使用线上服务。柜员则应强化业务操作熟练度、新业务知识以及合规操作培训，确保高效准确办理业务。客户经理需深入学习金融市场动态、复杂金融产品知识和客户关系管理技巧，为客户提供专业的投资建议和优质服务。

建立学习激励机制。鼓励员工自主学习，对取得相关金融证书、在业务知识竞赛中表现优异的员工给予奖励，如奖金、晋升机会等。定期组织内部经验分享会，让员工相互交流成功案例和服务心得，共同提升业务水平。

培养综合服务意识。通过企业文化宣传、服务案例分析等方式，让员工深刻理解以客户为中心的服务理念。要求员工在服务过程中关注细节，主动为客户提供帮助，将客户满意度放在首位。

二、优化服务流程与物理布局

简化业务流程。全面梳理网点业务流程，去除烦琐不必要的环节。例如，进一步优化企业开户流程，利用科技手段实现更多信息的自动获取和验证功能，减少人工填写和审核的工作量。对于常规业务，制定标准化操作流程，提高办理效率。

合理布局物理空间。根据客户流量和业务类型，合理划分网点功能区域。设置专门的自助服务区，集中摆放各类自助设备，并安排专人指导使用；将理财咨询区设置在相对安静私密的位置，方便客户经理与客户深入沟通；优化排队等候区的布局，提供舒适的座椅、免费的饮品和读物，缓解客户等待时的焦虑情绪。

优化线上线下服务衔接。建立线上线下一体化的服务体系，客户在线上预约业务后，网点能提前做好准备，客户到店后可快速办理。线上渠道及时推送业务办理进度、产品推荐等信息，线下网点则为线上业务提供必要的支持和补充，如为线上申请贷款的客户提供面对面的资料审核和答疑服务。

三、深化科技应用与创新

加强智能设备应用。加大对智能柜员机、智能引导机器人等设备的投入，实现更多业务的自助办理。智能引导机器人可在厅堂内主动引导客户，解答常见问题，提高服务效率和趣味性。利用大数据分析客户在智能设备上的操作行为，可优化设备功能和业务流程。

推进数字化营销。基于大数据和人工智能技术，实现精准营销。通过分析客户的交易数据、浏览记录等，了解客户需求和偏好，为客户推送个性化的金融产品和服务信息，如线上理财讲座、优惠活动推送等，吸引客户参与。

完善客户数据分析系统。整合线上线下客户数据，建立全面的客户画像。通过数据分析客户的金融需求变化趋势、消费习惯等，为产品研发、服务优化和营销决策提供有力支持。例如，根据客户对某类理财产品的关注度，及时调整产品策略和推广力度。

四、强化风险管理与合规运营

升级风控智能化系统。利用大数据分析和人工智能算法，实时监测客户交易行为和业务操作流程，及时发现潜在风险。例如，对异常资金流动、频繁的大额交易等情况进行预警，以便及时采取风险防控措施。

加强合规培训与监督。定期组织员工进行合规培训，确保员工熟悉最新的监管要求和内部规章制度。建立内部监督机制，对业务操作进行定期检查和抽查，发现违规行为严肃处理。同时，鼓励员工举报违规行为，营造良好的合规氛围。

建立风险应急处理机制。制定完善的风险应急处理预案，针对可能出现的风险事件，如系统故障、客户投诉升级等，明确处理流程和责任分工。定期进行应急演练，提高员工应对风险的能力，确保在风险发生时能够迅速、有效地进行处理。

五、拓展服务边界与多元化服务

融入社区金融服务。加强与周边社区的合作，开展金融知识普及活动，如防范金融诈骗讲座、理财知识培训等。为社区居民提供专属的金融服务方案，如社区居民专属理财产品、优惠的信贷政策等。参与社区公益活动，提升银行在社区的知名度和美誉度。

丰富增值服务内容。在网点内设置便民服务区域，提供如免费充电设备、打印复印等服务。为高端客户提供专属的增值服务，如机场贵宾厅服务、健康体检等。结合当地特色和客户需求，开展特色增值服务，如在旅游景区附近的网点为游客提供旅游咨询、票务预订等服务。

开展异业合作。与周边商户、企业开展合作，实现资源共享和互利共赢。例如，与商场合作推出联名信用卡，为持卡人提供购物优惠；与企业合作开展员工金融服务，为企业员工提供工资代发、个人理财等一站式服务。通过异业合作，拓展客户群体，提升网点的综合竞争力。

第七章　商业银行网点非阵地服务优化路径研究

在数字经济蓬勃发展的浪潮中，商业银行的经营模式正经历着深刻变革。传统的以物理网点为核心的阵地服务模式，已无法满足日益增长的客户需求和激烈的市场竞争。非阵地服务作为数字化转型的重要产物，正逐渐成为商业银行拓展业务、提升竞争力的关键。深入研究网点非阵地服务，对于推动银行网点数字化转型、提升网点竞争力具有深远意义。

第一节　深化对非阵地服务的新认识

一、非阵地服务的内涵与重要性

（一）内涵

网点非阵地服务主要指商业银行借助线上渠道，如手机银行、网上银行、社交媒体平台以及各类数字化通信工具等，为未亲临银行物理网点的客户提供的一系列金融服务及营销活动。其打破了金融服务的时空限制，同时也拓展了服务边界，使银行服务能够及时触达客户。

从服务范畴看，网点非阵地服务主要有四类：一是线上金融产品销售，即通过线上平台向客户推荐并销售各类理财产品、基金、保险、信用卡等。银行利用大数据分析客户的资产状况、消费习惯和投资偏好，精准推送符合客户需求的产品。二是线上账户服务，涵盖账户开户、账户查询、转账汇款、资金管理等基础账户服务。实践中，客户无须前往网点，即可在线完成账户的各类操作，方便快捷。三是线上客户咨询与服务，即借助在线客服、智能客服等工具，为客户解答各类金融问题，提供业务指导；同时，通过线上渠道收集客户反馈意见，及时改进服务质量。四是个性化金融解决方案定制，即根据客户的财务状况和目标，利用数字化手段为客户量身定制个性化的金融规划，如退休规划、子女教育金规划等。

银行网点的阵地服务和非阵地服务的区别有三点：一是服务场景。传统阵地服务依赖物理网点，客户需亲自前往网点办理业务；非阵地服务则基于线上虚拟场景，客户可通过电子设备随时随地享受服务。二是服务方式。阵地服务以面对面交流为主，能提供更直观、个性化的服务体验；非阵地服务多通过电子界面和远程通信进行，服务效率较高，但在情感沟通上相对薄弱。三是营销手段。阵地营销主要依靠网点布置、人员推荐等方式；非阵地服务则借助大数据分析、精准推送、社交媒体营销等数字化手段。

（二）重要性

1.拓展客户群体

一方面，非阵地服务能够有效突破地域限制。传统物理网点的服务范围有限，而非阵地服务通过互联网可以覆盖全球各地的潜在客户。无论是偏远地区的居民，还是身处海外的华人，只要接入网络，就能接触到银行的服务和产品，极大地拓宽了银行的客户辐射范围。另一方面，非阵地服务有助于吸引年轻客群。年轻客户对数字化服务的接受度高，更倾向于使用线上渠道进行金融交易。银行通过优化非阵地服务，提供便捷、时尚的线上体验，能够吸引这部分年轻客群，为银行的可持续发展注入新的活力。

2.提升客户体验

一方面，服务便捷性得以改善。非阵地服务允许客户随时随地办理业务，无须排队等待，节省了客户的时间和精力。客户可以在上班途中、午休时间或晚上在家中轻松完成转账、理财产品购买等操作，满足了现代快节奏生活下客户对便捷金融服务的需求。另一方面，个性化服务更具操作空间。借助大数据和人工智能技术，银行能够深入了解客户的需求和偏好，为客户提供个性化的产品推荐和服务。例如，根据客户的消费习惯为其推荐合适的信用卡优惠活动，或根据客户的投资目标为其定制专属的理财方案，从而提升客户的满意度和忠诚度。

3.增强竞争力

非阵地服务是银行网点提升差异化竞争力的重要手段。通过提供独特、优质的线上服务体验，银行能够在众多竞争对手中脱颖而出，吸引更多客户。例如，某银行推出的手机银行特色功能，通过人脸识别登录、语音转账等方式，为客户带来了便捷、新颖的体验，赢得了客户的青睐。此外，相比传统阵地服务，非阵地服务减少了对物理网点建设和运营的投入，降低了人力成本和租金成本。同时，线上服务的自动化处理能够提高业务处理效率，降低操作风险，从而提高银行的整体运营效率。这使得银行能够将更多资源投入到产品创新和服务优化中，进一步提升竞争力。

4.赋能银行整体数字化转型

一方面，非阵地服务为银行开展多元化业务提供了广阔的平台。银行可以通过线上渠道推出创新型金融产品和服务，如供应链金融、消费金融等，满足不同客户群体的多样化需求，实现业务的多元化发展，降低对传统存贷业务的依赖。另一方面，线上业务流程的自动化和数字化，大大缩短了业务办理时间，提高了服务效率。例如，在线贷款审批系统能够在短时间内完成对客户的信用评估和贷款审批，快速满足客户的资金需求。这不仅提升了客户体验，也有助于银行在市场中抢占先机，提高市场响应速度。

二、网点非阵地服务现状

（一）服务触达难

信息过载是导致服务触达难的重要原因。在信息爆炸的时代，客户每天接收的信息量呈指数级增长。微信、微博、抖音等社交媒体平台及电子邮箱充斥着各类广告和促销信息。以微信朋友圈为例，平均每位用户每天会浏览几条甚至上百条广告，内容涉及品牌推广、产品促销等。长期处于这样的信息环境中，客户对营销信息逐渐产生免疫。银行的非阵地服务信息极易淹没在海量信息中，难以引起客户关注。一项针对消费者的调研显示，超70%的受访者会忽略社交媒体上的大部分广告，银行营销信息也不例外。这使得银行在非阵地服务中，面临客户注意力难以聚焦的问题，增加了营销信息精准触达目标客户的难度。

服务渠道分散也是导致服务触达难的原因之一。从实践来看，银行构建了多样化的非阵地服务渠道，包括手机银行、网上银行、社交媒体账号及短信推送服务等。然而，这些渠道缺乏有效的整合与协同机制。各渠道数据相互独立，无法实现互联互通。例如，客户在手机银行浏览理财产品，在社交媒体关注信用卡优惠活动，但银行无法整合这些数据进行分析，难以全面了解客户需求与偏好，从而无法制定精准统一的触达策略。这不仅造成营销资源浪费，还导致大量潜在营销机会流失。相关研究表明，因渠道分散，银行营销效果不佳，营销成本增加30%以上。

（二）精准营销难

一方面，数据是精准营销的基础，但银行收集的客户数据存在诸多问题。实践中，部分客户出于隐私保护或对信息填写的不重视，填写信息时有所保留甚至提供虚假信息。例如，客户注册银行账户时，随意填写职业、收入等信息，导致数据真实性降低。同时，数据录入过程中，人为操作失误或系统漏洞也会导致数据不完整、不准确。这些有质量问题的数据严重影响大数据分析的准确性与有效性。基于此类数据构建的客户画像无法真实反映客户实际情况，使银行在推荐产品和服务时难以精准满足客户需求。

另一方面，尽管银行积累了大量客户数据，但在数据分析与挖掘方面能力不足，导致数据—科技—业务三者的融合受阻。比如，专业的数据科学家和分析师数量有限，难以满足大数据深度分析的需求；先进的数据分析工具和技术在银行内部的应用不够广泛，进而导致面对海量数据银行难以从中提取有价值的信息。以分析客户金融消费行为与偏好为例，由于缺乏有效工具，银行只能进行简单统计分析，无法深入挖掘客户潜在需求与消费趋势，这使得银行在精准营销中难以把握客户需求，营销效果不佳。

（三）客户流失率高

金融市场竞争日益激烈，客户有了更多选择。若银行非阵地服务无法满足客户需求，客户极易转向竞争对手。以手机银行操作界面为例，若设计复杂、功能布局不合理，客户在进行转账、查询余额、购买理财产品等日常操作时，需花费大量时间摸索，体验感会较差。相关调查结果显示，约60%的客户表示，若手机银行操作体验不佳，会考虑更换银行。激烈的竞争环境使银行面临较大的客户流失压力。

除竞争因素外，金融产品或服务同质化也是导致客户流失率高的重要原因。当前，各银行非阵地服务在产品和服务内容上同质化严重，比如理财产品收益率、信用卡优惠活动及线上服务功能设置等方面，缺乏独特竞争优势。由于客户在不同银行间转换成本较低，一旦其他银行推出更具吸引力的优惠活动或提供更优质服务，客户就可能流失。例如，在理财产品领域，多数银行产品类型和收益率相近，客户难以抉择。此时，若有银行推出高收益产品或有吸引力的营销活动，就可能吸引大量客户。

（四）跨界冲击不容忽视

以支付宝和微信支付为代表的第三方支付平台，通过便捷的扫码支付、丰富的支付场景及与众多商家的合作，改变了人们的支付习惯。在小额贷款领域，金融科技公司利用大数据风控技术，快速评估客户信用状况，简化贷款流程，实现快速审批放款，满足了小微企业和个人的短期资金需求，抢占了银行小额贷款市场份额。在理财方面，金融科技公司推出的创新理财产品，如余额宝等，以高流动性和相对稳定的收益吸引了大量投资者，分流了银行理财客户。

除金融科技公司外，其他行业巨头也涉足金融领域，加剧了市场竞争。电商平台凭借庞大的用户基础和丰富的交易数据，不断推出消费金融产品，如京东白条、蚂蚁花呗等，为消费者提供便捷的购物信贷服务。电商平台通过与商家合作，打造专属消费场景，使消费者在购物时更倾向于使用其消费金融产品，这与银行信用卡业务形成直接竞争。例如，在电商购物节期间，京东白条和蚂蚁花呗推出免息分期、满减优惠等活动，吸引大量消费者使用，对银行信用卡在电商场景下的使用造成较大冲击。

（五）服务质量参差不齐

线上客服是银行与客户沟通的重要渠道，其服务质量影响客户对银行的印象。部分银行在线客服人员配备不足，在理财产品发售日、信用卡还款日前夕等业务高峰期，客户咨询量大幅增加，客服人员无法满足需求。客户咨询时需长时间等待回复。有关调查结果显示，业务高峰期部分银行客户平均等待时间超过5分钟，部分客户等待时间超过10分钟。长时间等待严重影响客户体验，易引发客户不满。客户不满情绪积累到一定程度，会降低对银行的信任度，甚至导致客户流失。

此外，银行线上服务系统稳定性不足，也是影响服务触达感知的原因之一。从实践来看，客户进行大额转账、购买高价值理财产品等关键操作时，系统偶尔会出现故障或卡顿。例如，客户转账时系统崩溃，不仅导致转账失败，还可能引发客户对资金安全的担忧。这种情况给客户带来极大不便，降低了客户对银行的信任。据统计，因系统稳定性问题导致的客户投诉率每年为10%~15%。在科技快速发展的当下，银行若不能解决服务质量问题，将难以在市场竞争中赢得客户的信任与支持。

第二节　构建网点非阵地服务的内在逻辑

从实践和趋势来看，银行网点对非到店客户开展的非阵地服务是提升竞争力的关键领域。这一创新服务模式打破了传统物理网点的限制，为客户提供了更为便捷、高效的金融服务体验。以下将从客群定位、模式选择和价值主张三个核心方面，对银行网点非阵地服务进行深入探讨与丰富完善，并在此基础上提出银行网点开展非阵地服务的逻辑架构。

一、客群定位

（一）对公中低端客群

对公中低端客群涵盖众多小微企业以及处于成长阶段的中小企业。这类客群数量庞大，广泛分布于各个行业，构成了市场经济的重要基础。它们通常具有如下特点：规模相对较小，在市场竞争中抗风险能力较弱，财务管理体系不够完善，专业金融人才相对匮乏，但同时也体现出对银行网点的依赖性较大、信任度较高。从产品渗透看，主要还是以结算类金融服务为主，其中以基本结算账户为主，一般结算账户次之，很少涉及其他结算账户类型。尽管这类企业在融资上希望获得灵活、快速审批的小额贷款，以应对短期资金周转或业务拓展的需要，但实践中这类企业成功获取信贷支持的占比仍然较低。在行为模式上，对公中低端客群受成本因素驱动，更倾向于选择操作简便、费用低廉的金融服务。因此，其希望通过线上平台快速办理业务，减少烦琐的线下流程和时间成本。

（二）零售重点客群

从群体的个体特征看，零售重点客群主要包括高净值个人客户、年轻一代消费者、特定行业的从业者和银发客群等。高净值个人客户拥有丰富的资产，注重资产的保值增值，对财富管理服务有着较高要求，期望银行提供定制化的投资组合方案、高端的金融咨询服务以及专属的增值服务，如家族信托、跨境金融服务等。年轻一代消费者成长于数字时代，对新技术接受度高，消费观念超前，金融需求呈现出多元化和个性化。他们偏好便捷的线上金融服务，如移动支付、线上理财等，并且对金融产品的创新性和趣味性有较高期望。特定行业从业者，如医护人员、教师等，工作稳定，收入中等偏上，具有特定的金融需求，如专属的储蓄计划等。从群体的产品渗透看，代发工资客群和商贸客群无疑也是银行网点提升综合竞争力的重要方向。后文有重点论述，在此不赘述。

二、模式选择

（一）数字化技术赋能服务模式创新

利用大数据分析技术，银行能够对客群的海量数据进行深度挖掘，包括客户的交易记录、消费习惯、资产状况等信息。通过这些数据进行分析，能实现对客户需求的精准洞察，为客户提供个性化的产品推荐和服务方案。例如，根据客户的消费行为和理财偏好，为其推荐合适的理财产品或信用卡优惠活动。

以人工智能技术为例，该应用在非阵地服务中发挥着重要作用。智能客服通过自然语言处理技术，能够快速准确地回答客户的咨询，解决常见问题，提供24小时不间断的服务。智能投顾则可以根据客户的风险承受能力、投资目标等，为客户制定个性化的投资组合建议，并实时跟踪市场动态进行调整。此外，在跨境支付、供应链金融等领域，区块链技术的应用也是重要的实践场景，有助于增强金融服务的安全性和透明度。

（二）构建多渠道、一体化服务平台

搭建集手机银行、网上银行、微信公众号、小程序等多种线上渠道于一体的综合服务平台，实现各渠道之间的信息共享和业务协同。客户可以在不同渠道之间自

由切换，享受无缝衔接的服务体验。例如，客户在手机银行上发起贷款申请，后续可以通过网上银行查询申请进度，并且能够在微信公众号上接收服务提醒和金融资讯。可以优化线上服务界面设计，提高用户体验。比如，采用简洁明了的界面布局，简化操作流程，提高服务的便捷性；针对不同客群的特点，设计个性化的界面和功能模块；为老年客户提供大字体、简洁操作的版本，为年轻客户提供丰富多样的个性化定制选项。

三、价值主张

首先，为客户提供随时随地的服务。非阵地服务打破了时间和空间的限制，使客户能够随时随地享受便捷的金融服务。这不仅提升了客户的服务体验，也增强了银行的客户黏性。其次，满足多样化的金融需求。通过提供丰富多样的金融产品和服务，非阵地服务能够满足客户在不同场景下的金融需求。再次，提升客户满意度和忠诚度。非阵地服务注重个性化、便捷性和互动性，能够为客户提供更加贴心、专业的服务体验。这有助于提升客户的满意度和忠诚度，为银行赢得良好的口碑和品牌形象。最后，实现银行与客户的共赢。非阵地服务通过提升服务效率、降低运营成本、增强客户黏性等方式，为银行带来了显著的经济效益。同时，其也满足了客户对便捷、高效、个性化金融服务的需求，实现了银行与客户的共赢。这种共赢的局面有助于推动银行业的可持续发展，提升整个行业的竞争力。

四、逻辑架构

银行网点非阵地服务能力提升是商业银行数字化转型中的关键一环，对于增强银行竞争力、满足客户多样化需求具有重要意义。其服务逻辑应该聚焦特定的目标成效、精准的客群定位、完善的业务要素和强大的支撑体系四个方面，共同形成一个有机整体，推动银行服务模式的创新与升级（如图7–1所示）。

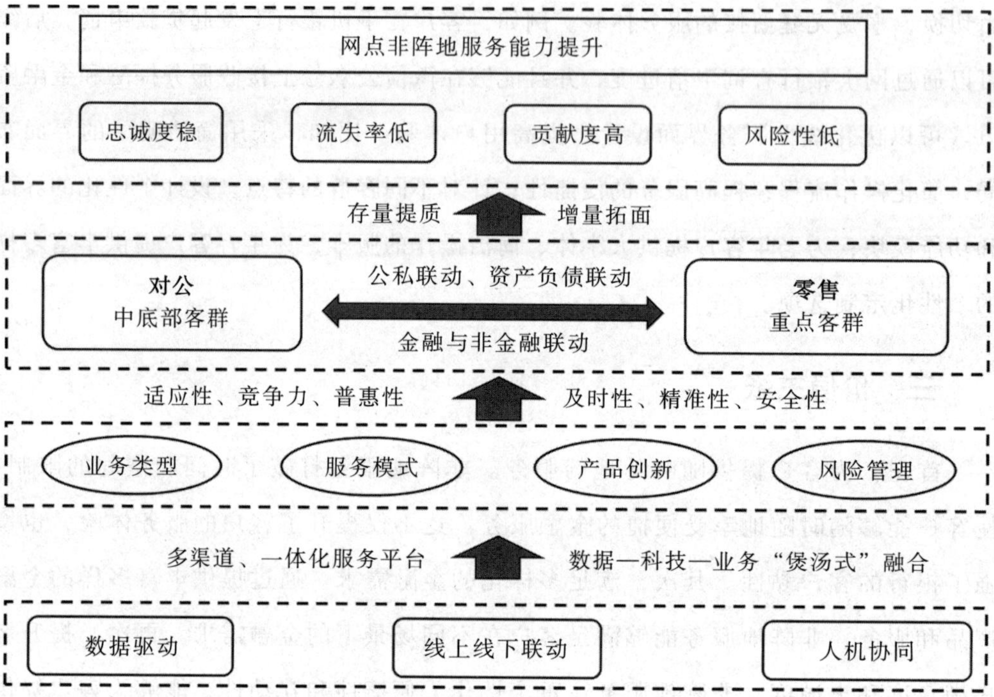

图7-1 银行网点非阵地服务的逻辑框架

（一）目标成效

银行网点非阵地服务能力提升旨在达成客户忠诚度稳、流失率低、贡献度高、风险性低的目标，进而构建稳固的客户关系与价值增长体系。高忠诚度的客户是银行稳定的业务来源，他们对银行的产品和服务具有较高的认同感和依赖度。低流失率保障了客户群体的规模稳定，减少了银行因客户流失而产生的成本。贡献度高意味着客户不仅在业务量上为银行带来收益，还可能通过口碑传播为银行拓展新客户。低风险性则确保银行在复杂多变的市场环境中稳健运营。通过实现存量提质与增量拓面，银行能够在稳固现有客户关系的基础上，不断扩大客户群体，实现可持续的价值增长。

（二）客群定位

对公中底部客群涵盖众多小微企业和成长型企业，其对便捷的支付结算、灵活的融资服务以及专业的财务咨询有强烈需求。零售重点客群包括高净值个人、年轻消费者和特定行业从业者等，他们追求个性化、多元化的金融服务。通过对公中底部客群和零售重点客群的联动进行分析，银行可以整合资源，为不同客群提供一站式金融解决方案。例如，为企业客户提供供应链金融服务的同时，为其员工定制专属的零售金融产品，实现客户资源的深度挖掘和价值最大化。

（三）业务要素

银行为适应快速变化的市场和客户需求，要提供多样化的金融服务。服务模式要突出差异化和竞争力，借助数字化手段提升服务效率和体验。产品创新应注重普惠性，让更多客户能够受益于创新成果，如推出针对小微企业的线上信贷产品。风险管理要做到及时识别、精准评估和有效防控风险，保障业务的安全稳健运行。通过优化业务类型、革新服务模式、推动产品创新和强化风险管理，全方位提升服务品质，提高客户满意度和市场竞争力。

（四）支撑体系

科技赋能驱动服务升级离不开数据挖掘、渠道融合、人机协同等方面的要素支撑。数据驱动是基础，银行通过收集、分析客户数据，洞察客户需求，实现精准营销和个性化服务推荐。线上线下联动打破了物理空间的限制，客户可以在不同渠道间自由切换，享受无缝衔接的服务体验。人机协同充分发挥人工智能的高效处理能力和人工服务的情感关怀优势。智能客服解决常见问题，人工客服处理复杂业务。多渠道、一体化服务平台整合了线上线下资源，实现服务的统一管理和高效运作。数据—科技—业务的“煲汤式”融合，使银行能够将科技与业务深度结合，不断推出创新服务和产品，满足客户日益复杂的金融需求，推动银行网点非阵地服务能力的持续提升。

第三节　银行网点非阵地服务的案例借鉴

一、国内外的实践案例

（一）国内案例

1.招商银行的“云端银行”服务模式

招商银行打造了“云端银行”服务模式，借助强大的数字化技术与线上平台，为非到店客户提供全面且个性化的金融服务。在客户服务方面，智能客服机器人“小招”可以7×24小时通过自然语言处理技术精准理解客户问题并提供专业回复，极大提升了服务响应速度。同时，依据客户的交易数据、资产状况、风险偏好等多维度信息进行精准画像，为客户定制专属的理财产品推荐和财富规划方案。例如，对于有一定闲置资金且风险承受能力适中的年轻客户，推荐货币基金、债券基金等稳健型产品组合，并通过手机银行App定期推送投资报告和市场分析报告，方便客户及时了解资产动态，实现了对非到店客户的高效触达与精准服务。

2.中国工商银行的“工银e生活”综合服务平台

中国工商银行推出“工银e生活”综合服务平台，该平台整合了信用卡、消费金融、生活服务等多项功能，拓展了对非到店客户的服务触达边界。除了提供信用卡申请、还款、账单查询等基础金融服务外，还与众多商家合作，为客户提供丰富的生活场景服务，如餐饮美食、电影娱乐、酒店预订等优惠活动。以餐饮服务为例，客户在平台上可查看周边合作餐厅的优惠信息并直接在线预订，支付时还能享受专属的信用卡优惠，实现了金融服务与生活场景的深度融合。此外，通过大数据分析客户的消费行为和偏好，精准推送个性化的营销活动和权益信息，吸引客户持续使用平台服务，有效提升了客户黏性和活跃度。

3.平安银行的口袋银行智能投顾服务

平安银行在口袋银行App上推出智能投顾服务，针对非到店的个人理财客户提供创新服务触达模式。该服务利用人工智能和大数据技术，根据客户输入的财务状况、投资目标、风险承受能力等信息，在短时间内生成个性化的投资组合方案。投资组合涵盖股票、基金、债券等多种资产类别，并且会根据市场行情动态调整。客户无须到银行网点，通过手机即可随时随地查看投资组合的收益情况和资产配置建议。同时，平安银行还为客户提供线上投顾客服，当客户对投资方案有疑问或需要调整时，可实时与客服人员沟通，获取专业的投资建议和指导，满足了客户便捷、智能的理财需求。

4.中国银行的线上跨境金融服务专区

中国银行针对有跨境金融需求的非到店客户，设立了线上跨境金融服务专区。在这个专区，客户可以在线办理跨境汇款、结售汇、外币兑换预约等业务，无须前往网点排队等候。例如，留学生家长可以通过该专区便捷地向在境外的子女汇款，实时查询汇率信息并选择合适的时机进行结售汇操作。同时，专区还提供丰富的跨境金融资讯，包括各国的外汇政策、留学金融指南、境外投资风险提示等内容，帮助客户更好地了解跨境金融市场。此外，中国银行通过线上客服和智能答疑系统，及时解答客户在跨境业务办理过程中遇到的问题，为非到店客户提供了一站式、全方位的跨境金融服务触达体验。

（二）国外案例

1.摩根大通银行的数字化企业金融服务平台

摩根大通银行推出了先进的数字化企业金融服务平台，为非到店的企业客户提供了全方位、定制化的金融服务。该平台整合了账户管理、支付结算、现金管理、供应链金融等多项功能。企业客户可通过该平台实时监控账户资金动态，进行全球范围内的资金调拨和支付结算操作。例如，跨国企业客户可以在平台上轻松管理不同国家和地区的账户，根据业务需求灵活调配资金，大大提高了资金使用效率。同时，平台利用大数据分析技术，深入了解企业客户的业务模式和资金需求，为其提供个性化的金融解决方案，如定制化的供应链金融服务，帮助企业优化供应链管理，降低运营成本。通过这个数字化平台，摩根大通银行实现了对全球范围内非到店企业客户的高效触达和精准服务。

2.星展银行的多渠道数字化服务生态系统

星展银行构建了多渠道的数字化服务生态系统，以满足非到店客户多样化的金融需求。除了传统的网上银行和手机银行渠道外，星展银行还积极与第三方平台合作，将金融服务嵌入到各种生活场景中。比如，在东南亚地区，星展银行与当地知名的电商平台合作，为平台上的商家和消费者提供便捷的支付结算、融资贷款等金融服务。商家可以通过电商平台直接申请贷款，用于扩大业务规模，贷款审批借助数字化技术快速高效。消费者可以享受安全便捷的支付体验，如一键支付、分期付款等。此外，星展银行还利用社交媒体平台与客户互动，发布金融知识和优惠活动信息，增强客户黏性。通过这种多渠道的数字化服务生态系统，星展银行拓宽了对非到店客户的服务触达范围，提升了客户体验和市场竞争力。

3.荷兰国际集团旗下的纯线上银行ING DIRECT

ING DIRECT是荷兰国际集团旗下的纯线上银行，专注于为非到店客户提供简洁、高效的金融服务。ING DIRECT以其创新的服务模式和数字化技术吸引了大量客户。在储蓄业务方面，ING DIRECT通过线上平台提供具有竞争力的储蓄利率，吸引客户将闲置资金存入。客户可以通过手机银行或网上银行轻松管理自己的储蓄账户，进行存款、取款等操作。在贷款业务上，ING DIRECT利用大数据和人工智能技术简化贷款审批流程，快速评估客户的信用状况，为符合条件的客户提供快速贷款服务。例如，客户可以在几分钟内完成贷款申请并获得审批结果。此外，ING DIRECT注重客户体验，其线上平台界面简洁易用，操作流程便捷，同时提供24小时在线客服，及时解答客户的疑问。ING DIRECT以纯线上的服务模式，成功实现了对非到店客户的精准触达和优质服务。

4.花旗银行的数字化财富管理服务

花旗银行针对非到店的高净值客户和零售客户，推出了数字化财富管理服务。通过其先进的数字化平台，客户可以享受到个性化的财富规划和投资管理服务。平台利用大数据和人工智能技术，对客户的资产状况、投资目标、风险偏好等进行深入分析，为客户制订专属的投资组合方案。例如，对于高净值客户，花旗银行的数字化财富管理平台会根据其全球资产配置需求，提供包括股票、债券、基金、另类投资等多元化的投资选择，并实时跟踪市场动态，及时调整投资组合。同时，客户可以通过手机银行或网上银行随时查看自己的资产状况和投资收益情况，与专业的财富管理顾问进行线上沟通和咨询。花旗银行的数字化财富管理服务实现了对非到店客户的高效触达，为客户提供了便捷、专业的财富管理体验。

第四节　银行网点非阵地服务的路径选择

非阵地服务作为商业银行数字化转型的重要产物，正逐渐成为提升网点竞争力和适应数字化时代需求的关键。通过网点运营改革、网点经营一体化、网点服务数字化和网点风险管理智能化等方面的路径优化，银行网点可以提高对非到店客户的适应性、竞争力和普惠性，进而解决当前面临的服务触达难、忠诚度低、流失率高、风险大、贡献不足和服务水平参差不齐等问题。

一、深化网点运营改革，重塑服务流程，提升服务效率

一方面，银行网点应重塑服务流程，打破线上线下的界限，实现服务的无缝衔接。例如，通过构建全渠道服务平台，整合手机银行、网上银行、社交媒体及线下网点资源，使客户能够在不同渠道间自由切换，享受一致性的服务体验。同时，优化业务办理流程，简化操作步骤，减少客户等待时间，提升服务效率。另一方面，网点要强化客户数据管理工作，提升精准营销能力。数据是银行开展非阵地服务的基础。网点应加强对客户数据的收集、整理和分析工作，构建全面的客户画像。通

过大数据分析技术，深入挖掘客户需求和偏好，实现精准营销和个性化服务推荐。同时，注重数据质量和数据安全，确保客户信息的准确性和保密性。

智能客服是实现非阵地服务的重要工具，从实践趋势看，银行网点应加大智能客服的投入力度，引入自然语言处理、机器学习等先进技术，提升智能客服的识别能力和解决问题的能力。通过智能客服，实现7×24小时不间断服务，快速响应客户需求，提升客户满意度。

二、深耕网点经营一体化，整合内外资源，打造综合服务体系

一方面，网点要深化公私联动，挖掘客户价值。银行网点应深化对公中低端客群和零售重点客群的公私联动，通过资产负债联动、金融与非金融联动等方式，深度挖掘客户价值。例如，针对小微企业客户，提供包括账户管理、支付结算、融资贷款等在内的综合金融服务；针对个人客户，提供包括理财、保险、信用卡等在内的个性化金融产品。通过综合服务体系，增强客户黏性，提升客户贡献度。另一方面，网点要拓展服务场景，丰富服务内容。银行网点应积极拓展服务场景，将金融服务嵌入到客户的日常生活中。例如，与餐饮、娱乐、旅游等行业合作，提供优惠活动、消费分期等金融服务；与电商平台合作，提供便捷的支付结算、融资贷款等金融服务。通过丰富服务内容，满足客户的多样化需求，提升客户满意度。

同时，网点要强化品牌建设，提升品牌形象。品牌建设是提升网点竞争力的关键。银行网点应注重品牌形象的塑造和传播，通过线上线下的渠道宣传和推广，提升品牌知名度和美誉度。同时，注重服务质量和客户体验的提升，通过优质的服务赢得客户的口碑和信任。

三、推进网点服务数字化，利用科技手段，提升服务质量和效率

一方面，网点要引入先进科技，提升服务智能化水平。银行网点应积极引入人工智能、区块链、大数据等先进技术，提升服务的智能化水平。例如，利用人工智能技术实现智能客服、智能投顾等功能；利用区块链技术提升跨境支付、供应链金

融等领域的安全性和透明度；利用大数据技术实现精准营销和个性化服务推荐。通过先进科技的应用，提升服务质量和效率。另一方面，网点要优化移动应用，提升用户体验。移动应用是银行开展非阵地服务的重要平台。网点应优化移动应用的功能和界面设计，提升用户体验。例如，提供便捷的账户查询、转账汇款、理财购买等功能；提供个性化的产品推荐和服务；提供安全的身份验证和支付功能。同时，注重移动应用的安全性和稳定性，确保客户资金和信息的安全。

同时，网点要构建数字化营销体系，提升营销效果。数字化营销是提升非阵地服务效果的重要手段。网点应构建数字化营销体系，通过社交媒体、电子邮件、短信推送等渠道，实现营销信息的精准触达。同时，注重营销内容的创新和个性化设计，提升营销信息的吸引力和转化率。通过数字化营销体系的建设，提升营销效果和客户忠诚度。

四、网点风险管理智能化，加强风险防控，保障业务安全

一方面，银行应强化风险评估和监测，通过大数据分析和人工智能技术，实现对风险的实时预警和精准识别。例如，通过大数据分析客户的交易行为和资金流动情况，及时发现异常交易和潜在风险；通过人工智能技术实现对风险事件的智能识别和预警；通过强化风险评估和监测，提升风险防控的及时性和准确性。另一方面，银行网点应完善风险管理制度和流程，明确风险管理的职责和权限，规范风险管理的操作流程。同时，加强对风险管理制度和流程的培训和教育，提升员工的风险意识和防控能力。通过完善风险管理制度和流程，提升风险管理的规范性和有效性。同时，银行网点应加强风险应对和处置能力，制定完善的风险应对预案和处置流程。在风险事件发生时，能够迅速启动预案，采取有效措施进行处置和应对。同时，注重对风险事件的总结和反思，不断优化风险管理制度和流程，提升风险管理的水平。

第八章　银行网点运营改革的整体思路与路径选择

当前，数字化浪潮愈演愈烈，金融市场竞争日益激烈，银行网点运营改革成为商业银行谋求发展的关键之举。这一改革不仅是适应市场变化的必然选择，更是提升银行综合竞争力的内在需求。随着金融科技的飞速发展，客户的金融需求愈发多元化、个性化，传统的银行网点运营模式渐显疲态。在此背景下，银行网点运营改革应运而生，其核心目标在于通过一系列创新举措，提升网点的一体化经营能力，以更好地满足客户需求，提高银行在市场中的竞争优势。深入探究银行网点运营改革，对推动商业银行数字化转型、实现可持续发展具有重要的现实意义。

第一节　银行网点运营改革的背景意义

一、适应市场变化，满足客户多元化需求

当前，金融市场环境瞬息万变，客户群体日益多样化，其金融需求也呈现出多元化的特点。从简单的储蓄、支付业务，逐渐拓展到涵盖财富管理、投资咨询、个性化金融方案定制等复杂领域。年轻客群对数字化金融服务的便捷性和创新性要求极高，他们期望能够通过手机银行、线上平台等随时随地办理各类金融业务，享受智能化的投资建议和个性化的服务体验；而老年客群在注重金融服务安全性的同时，也开始追求一定程度的便捷性和个性化。例如，老年客户对智能设备的接受度逐渐提高，希望能够通过简单操作完成养老金领取、日常缴费等业务。银行网点运营改革正是为了适应这些市场变化，通过提升一体化经营能力，整合各类金融产品

和服务，为不同客群提供定制化的金融解决方案，满足客户多元化需求。

中国工商银行为满足老年客群的需求，推出了手机银行“幸福生活版”，该版本具有超大字体、语音助手等功能，方便老年客户操作。同时，针对老年客户风险偏好较低的特点，提供了多种稳健型的理财产品，如定期存款、国债等，并配备专业的理财经理为他们提供咨询服务。对于年轻客群，中国工商银行则加强了线上渠道的建设，推出了一系列创新的金融产品，如基于大数据分析的个性化投资组合推荐服务，满足年轻客户对便捷性和个性化的追求。

二、应对金融科技挑战，增强银行竞争力

金融科技的崛起，给传统银行业带来了前所未有的挑战。互联网金融公司凭借先进的技术和创新的业务模式，迅速抢占市场份额，对传统银行的业务造成了冲击。这些金融科技公司利用大数据、人工智能等技术，能够精准地分析客户需求，提供高效、便捷的金融服务，如线上借贷、智能理财等。在这样的竞争压力下，银行网点必须进行运营改革，提升一体化经营能力。通过加强数字化建设，引入先进的技术手段，优化业务流程，提高服务效率和质量，增强客户体验，从而提升自身在金融市场中的竞争力。

余额宝让用户可以用闲置资金进行理财，操作简单且收益相对稳定，对银行的储蓄业务造成了一定的冲击。为了应对这一挑战，银行网点加快了数字化转型的步伐，如中国建设银行推出了“龙支付”，整合了多种支付方式，提供了便捷的支付体验；同时，加强了智能理财服务的研发，利用人工智能算法为客户提供个性化的理财建议，提升了自身的竞争力。

三、优化资源配置，提升银行运营效率

传统银行网点在运营过程中，存在资源配置不合理、运营效率低下等问题。不同业务板块之间缺乏有效的协同，导致资源浪费和服务质量不高。银行网点运营改革旨在打破部门壁垒，实现资源的优化配置。通过提升一体化经营能力，整合人

力、物力和财力资源，实现各业务板块之间的协同发展。

具体来看，在人员配置方面，培养复合型人才，使员工具备综合服务能力，能够同时为客户提供对公和对私业务服务，提高工作效率；在业务流程上，简化烦琐的操作环节，实现业务的集中处理和快速响应，降低运营成本，提升银行的整体运营效率。以招商银行为例，其通过推行“一体化运营”模式，将对公业务和对私业务的流程进行整合，实现了客户信息的共享和业务的协同处理。

第二节 网点运营改革的主要思路

一、客户至上，需求导向

网点运营改革必须紧紧围绕客户需求展开，将提升客户体验作为一切工作的出发点和落脚点。银行网点需深入探究不同客户群体的多样化需求，运用大数据分析、客户调研、客户反馈收集等多种方式，精准洞察客户在金融服务中的痛点与期望。例如，年轻客户群体热衷于数字化服务，期望通过手机银行等线上平台便捷地办理各类金融业务，享受智能化的投资建议；老年客户群体则更倾向于传统的面对面服务，注重服务的安全性和便捷性，在使用智能设备时需要更多的指导。

基于对客户需求的深刻理解，银行应全面优化网点的服务流程和产品设计。在服务流程方面，简化烦琐的手续和复杂的操作环节，推行一站式服务模式，减少客户等待时间。以账户开户流程为例，可借助数字化技术实现信息的自动采集与共享，客户无须再填写大量重复的纸质表格，大大提高了开户效率。

二、协同联动，整合资源

银行网点运营改革并非单个部门的孤立行动，而是需要银行内部各部门紧密协同、打破壁垒，整合各方资源，形成强大的合力。在银行内部，网点应与后台部门、线上渠道建立高效的协同合作机制。网点作为直接接触客户的前沿阵地，能够及时获取客户需求信息，而后台部门拥有强大的技术支持、风险管控和业务处理能力，线上渠道则具备广泛的客户覆盖和便捷的服务优势，通过加强沟通协作，能实现信息实时共享。比如，客户在网点办理业务时遇到问题，后台部门可借助线上渠道迅速提供远程支持，共同为客户提供优质服务；客户办理复杂的信贷业务时，网点客户经理负责与客户沟通需求、收集资料，后台审批部门利用大数据和风险评估模型快速进行审批，线上渠道则为客户提供贷款进度查询等便捷服务，各部门协同作业，大大缩短了业务办理周期。

三、创新驱动，科技赋能

科技是推动银行业务发展和变革的核心力量。网点运营改革必须紧紧抓住科技发展的机遇，积极引入大数据、人工智能、云计算等先进技术，推动业务流程的智能化、自动化改造。大数据技术能够帮助银行收集和分析海量的客户数据，深入了解客户的行为模式、消费习惯和金融需求，从而实现精准营销和个性化服务。例如，通过分析客户的交易记录和偏好，为客户精准推荐合适的金融产品，提高营销效果和客户满意度。

从实践来看，人工智能技术在银行网点的应用十分广泛，如智能客服能够通过自然语言处理技术快速准确地回答客户的咨询，解决常见问题，减轻人工客服的压力；智能营销系统可以根据客户数据进行智能分析，为客户经理提供精准的营销建议，提高营销效率。

四、分步实施，稳步推进

网点运营改革是一项复杂的系统工程，需要分步实施，稳步推进。银行应根据自身的实际情况，制订详细且切实可行的改革方案，明确改革的目标、任务和时间表，确保改革有序推进。

在改革初期，银行需进行全面深入的自我评估，梳理现有的业务流程、人员架构、技术水平以及面临的市场竞争态势。基于评估结果，结合行业发展趋势和自身战略规划，确定符合实际的阶段性改革目标①。明确目标后，要将改革任务细化分解为具体的工作任务，并合理安排时间节点。此外，在改革推进过程中，加强监督和评估至关重要，要建立专门的监督机制，实时跟踪改革任务的执行情况，确保各项任务按计划推进。

在改革过程中，要充分考虑可能出现的风险和挑战。例如，技术系统升级可能导致的业务中断风险、员工对新流程和新技术的适应问题、客户对改革的接受程度等。针对这些潜在风险，制定相应的风险应对预案，提前做好准备，确保在遇到问题时能够迅速响应，保障改革的顺利进行，最终实现改革的预期目标。

第三节　网点一体化经营

一、网点一体化经营是网点运营改革的重要组成部分

（一）两者的整体思路具有一致性

网点运营改革的核心是以客户需求为导向，这与网点一体化经营能力的提升紧密相联。通过一体化经营，网点能够更全面地了解客户的多元化需求，从而提供更加个性化、综合化的金融服务。例如，对私对公一体化经营能力的提升，使得网点能够同时满足个人客户和企业客户的金融需求，通过公私联动，为企业主提供个人财富管理服务的同时，也能为企业提供对公结算、融资等服务，这种综合服务能力的提升正是网点运营改革的目标之一。

网点一体化经营能力的提升是网点运营改革的重要手段。通过整合网点内部的对私、对公、普惠金融等业务资源，打破部门壁垒，实现业务协同和资源共享，能

① 例如，短期目标可设定为优化部分关键业务流程，提升客户在特定业务上的服务体验；中期目标则聚焦于构建初步的数字化服务体系，实现线上线下业务的初步融合；长期目标是全面完成网点运营模式的转型，打造智能化、高效化的现代金融服务网点。

够有效提升网点的运营效率和服务质量。例如，资产负债表一体化经营能力的提升，使得网点能够更好地优化资金配置，通过资产业务的拓展带动负债业务的增长，同时通过负债业务的优化促进资产业务的发展，这种协同效应是网点运营改革追求高效运营模式的体现。

网点运营改革依赖科技赋能，而一体化经营能力的提升则是科技赋能的重要方向。通过数字化技术的应用，网点能够实现对私对公业务的线上化、智能化处理，提升服务效率和客户体验。例如，借助数字化平台和智能系统，网点可以更高效地处理外汇业务，同时实现本外币业务的联动营销和服务。科技赋能不仅提升了网点的运营效率，也增强了网点一体化经营能力，使其能够更好地适应数字化时代的需求。

（二）两者的具体举措具有协同性

网点一体化经营能力的提升是网点运营改革的重要目标之一。通过整合对私和对公业务资源，网点能够实现资源共享、协同发展，从而提升整体经营能力。例如，客户分层维护与综合开发的举措，使得网点能够根据客户的资产规模和业务需求提供差异化的服务，这种精准的服务模式正是网点运营改革所倡导的客户至上理念的体现。同时，通过公私联动和资源整合，能够有效提升网点的市场竞争力，这也是网点运营改革追求的资源整合和协同联动的重要体现。

网点一体化经营能力的提升与网点运营改革的目标高度一致。通过优化资产负债结构，网点能够提升资金配置效率和盈利能力，这与网点运营改革中强调的创新驱动和科技赋能紧密相联。例如，资产业务下沉与营销职能强化的举措使得网点能够更好地拓展资产业务市场，提升资产业务的投放量和收益水平。这种业务拓展能力的提升，正是网点运营改革中通过科技赋能和创新驱动实现高效运营的重要体现。同时，通过提供多样化的存款产品和服务，提升存款业务的吸引力，也是网点运营改革中以客户为中心、优化服务体验的重要内容。

网点一体化经营能力的提升是网点运营改革的重要方向之一。通过整合本外币业务资源，网点能够实现本外币业务的协同发展，提升国际化经营能力。例如，外汇业务拓展与服务能力提升的举措，使得网点能够更好地满足客户在外汇业务方面的需求，提升外汇业务的专业化水平和服务质量。这种服务能力的提升，正是网点运营改革中通过科技赋能和创新驱动实现高效运营的重要体现。同时，本外币业务联动与协同营销的策略通过联合营销活动和产品组合推荐，提升了客户对银行的综合贡献度，这也是网点运营改革中追求的资源整合和协同联动的重要内容。

二、网点一体化经营能力提升的路径选择

网点一体化经营能力是银行数字化转型的重要支撑。通过打造全谱系投资理财产品货架、实现客户分层维护与业务分类加载、建设营销服务生态场景等措施，银行可以提升对私对公一体化经营能力；通过加强存量客户接触式营销、提升网点个贷营销服务能力、推动资产业务下沉网点等措施，银行可以提升资产负债表一体化经营能力；通过实施网点外汇业务分级准入、加强外汇业务旗舰机构建设、推动外汇业务协同运营能力等措施，银行可以提升本外币一体化经营能力；通过完善线上触客模式、推动线下精准触达、强化线上线下一体化协同等措施，银行可以提升线上线下一体化经营能力。这些措施的实施将有助于银行网点在数字化转型的道路上迈出坚实的步伐。

（一）提升对私对公一体化经营能力

打造全谱系投资理财产品是满足客户多元化财富管理需求的关键举措。不同客群的风险偏好、财务状况和投资目标差异显著，例如商友客群资金流动性需求高，对短期理财和资金周转服务需求大；代发客群收入稳定，更关注长期稳健的财富增值；长辈客群则倾向于风险较低的储蓄和养老型产品。因此，银行应基于这些差异，运用大数据和人工智能技术，为各客群量身定制资产配置策略。同时，组建专业投资顾问团队，他们不仅要具备扎实的金融知识，还要深入了解各类投资产品的特点和市场动态，为客户提供精准、专业的投资咨询服务，帮助客户实现财富的保

值增值。

实现客户分层维护与业务分类加载是挖掘客户价值、促进公私联动的重要途径。借助大数据分析技术，银行能够对客户进行精准画像，根据客户的资产规模、交易行为、业务需求等维度，将客户划分为不同层次。针对高端客户，提供专属的财富管理服务、个性化的金融产品以及一对一的专业服务；对于普通客户，提供标准化但便捷的基础金融服务和符合其需求的产品。通过这种方式，实现不同层次客户与相应业务、产品的精准匹配，促进公私业务的协同发展，实现资源的高效共享。

建设营销服务生态场景，整合周边的政务、税务、社保等G端场景，企业经营、支付、投资等B端场景，以及居民消费、交通出行等C端场景。以中国工商银行为例，其在工行驿站内设置政务服务代办点，方便客户办理社保、税务等业务的同时，推广相关金融产品；与周边商户合作，推出消费优惠活动，吸引客户使用银行的支付工具和信用卡。通过构建多元化的营销服务生态，满足客户在不同场景下的金融与非金融需求，增强客户黏性，提升银行的市场竞争力。

（二）提升资产负债表一体化经营能力

资产负债表一体化经营能力的提升，是银行网点在数字化转型中优化资源配置、提升盈利能力的关键。加强存量客户接触式营销，要求银行主动出击，深入挖掘客户的潜在需求。通过定期回访，银行能够及时了解客户的财务状况和金融需求，提供个性化的产品推荐。从传统的“借钱”场景，即单纯的贷款业务营销，拓展到“管钱、赚钱、花钱”的全方位个人金融业务一体化营销。例如，对于有住房贷款的客户，可以根据其还款和闲置资金情况，推荐合适的理财产品，实现资产的合理配置。同时，结合客户的消费习惯，推荐相应的信用卡优惠活动，增加客户在日常消费中的金融服务使用频率。

提升网点个贷营销服务能力，需要加快渠道建设进度。一方面，优化个贷业务流程，减少烦琐的审批手续和审批环节，利用数字化技术实现资料的快速审核和审批，提高个贷审批效率，为客户提供更快捷的服务体验。另一方面，加强个贷客户的风险管理至关重要。通过大数据分析客户的信用状况、收入稳定性等因素，建立完善的风险评估体系，确保资产质量。例如，利用信用评分模型对客户进行风险评估，对高风险客户采取更严格的审批标准和风险控制措施。

推动资产业务下沉到网点，将财富管理、个人贷款、信用卡等业务分类下沉，能够增强网点的服务功能和市场竞争力。但这需要网点员工具备相应的专业知识和技能。因此，银行应加强对网点员工的培训，定期组织内部培训课程，邀请专家讲座，提升员工对各类资产业务的理解和操作能力，使他们能够更好地为客户提供专业服务，满足客户多样化的金融需求。

（三）提升本外币一体化经营能力

在全球化进程加速和金融市场不断开放的背景下，银行网点提升本外币一体化经营能力具有重要的现实意义，能科学合理地确定每个网点的外汇服务范围及功能场景。通过这种分层分类管理，能够充分发挥各网点的优势，避免资源浪费，统筹推进全行网点本外币一体化服务能力的提升。

加强外汇业务旗舰机构建设，是提升银行外汇业务整体水平的重要举措。可以打造一批外汇业务旗舰网点，在这些网点配备专业的外汇业务人才、先进的交易设备和丰富的外汇产品，提升其外汇业务开办能力，这样不仅能够满足客户多样化的外汇需求，如外汇买卖、跨境汇款、贸易融资等，还能提供高质量的服务，如专业的汇率风险管理咨询服务。这些旗舰网点可以作为示范标杆，通过经验分享、业务指导等方式，带动其他网点外汇业务的发展，形成良好的业务发展氛围，能提升全行在外汇市场的竞争力。

推动外汇业务协同运营能力，关键在于统一全行外汇业务受理审核标准。这能确保无论客户在哪个网点办理外汇业务，都能享受到一致的服务规范和高效的办理流程。加强后台中心外汇专业化团队建设，依托总行集约运营中心的强大专业化能力，为线上线下渠道提供全流程的运营支持。线上渠道方面，客户通过手机银行或网上银行提交外汇业务申请后，后台团队能迅速进行业务审核和账户处理，并及时跟踪服务进度，确保客户体验顺畅；线下渠道则可借助后台支持，快速解决复杂业务问题，提升服务效率和质量。通过这种协同运营模式，提升全行外汇业务的处理效率和风险防控能力，为客户提供更加便捷、安全的外汇服务。

（四）提升线上线下一体化经营能力

线上线下一体化经营能力的提升，是银行网点数字化转型的核心方向之一。完善线上触客模式，要充分利用手机银行、微信公众号等多样化的线上工具，借助人机协同服务，实现智能化与人性化的有机结合。智能客服可以快速响应客户的常见问题，提供标准化的解答；而人工客服则能在客户遇到复杂问题时，及时介入提供专业的帮助。同时，开展精细化运营，基于大数据分析对客户进行精准细分，根据不同客群的特点和需求，为其精准匹配产品服务和权益优惠。比如，为年轻客群推荐创新型金融产品和线上专属优惠活动，为老年客群推荐简洁易用的服务界面和贴心的养老金融产品。

推动线下精准触达要以智慧大脑为中枢，根据不同的触客场景和网点人员特点提供差异化的工具组合。在厅堂服务场景中，工作人员借助智能设备和客户关系管理系统，快速识别客户身份和需求，为客户提供个性化的服务；对于外拓营销场景，为工作人员配备便捷的移动设备和专业的营销资料，保证外拓营销的效果。打造网点多元生态场景，结合网点的地理位置和周边客群特征，构建政务、生活、财富等特色生态服务场景。例如，在社区网点设置政务服务自助办理区，方便居民办理政务事项，同时推广相关金融产品；在商业区网点打造财富管理体验区，吸引高净值客户，提供高端的金融服务体验，从而扩展获客引流新入口。

强化线上线下一体化协同，构建“集中决策+分散执行”的经营方式和“数字智能+人工服务”的服务方式。通过集中决策，能够从全局角度制定统一的战略和策略，确保线上线下业务的一致性和协调性；分散执行则赋予各网点根据实际情况灵活应对客户需求的能力。推动线上线下系统打通与信息共享，实现客户在线上渠道进行的操作和咨询记录，线下网点能够实时获取，反之亦然。这样一来，无论客户通过线上还是线下渠道办理业务，都能享受到全渠道、多触点、无缝衔接的服务，提升客户的满意度和忠诚度，为银行的可持续发展奠定坚实基础。

（五）夯实网点一体化经营的保障能力

1.营销支持

在网点一体化经营能力的提升中，营销支持至关重要。银行应构建全方位、多渠道的营销体系，充分利用大数据分析客户行为，实现精准营销。通过线上线下融合，打造个性化、场景化的营销方案，提升客户体验。同时，加强与第三方平台的合作，拓宽营销渠道，提高品牌知名度和影响力。此外，要建立客户反馈机制，及时调整营销策略，确保营销活动的有效性和针对性。

2.人员支持

人员是网点一体化经营能力提升的关键。银行应加大对员工的培训力度，提升员工的专业素养和服务技能。通过内部培训、外部交流等方式，让员工掌握最新的金融知识和营销技巧。同时，建立激励机制，激发员工的工作积极性和创造力。鼓励员工创新服务模式，提升客户满意度。此外，要加强团队建设，增强团队凝聚力和协作能力，共同推动网点一体化经营能力的提升。

3.管理支持

管理支持是网点一体化经营能力提升的保障。银行应优化管理流程，提高管理效率。通过引入先进的管理理念和工具，实现管理的智能化和精细化。同时，加强风险管理，确保网点业务的稳健发展。建立绩效考核机制，对网点一体化经营能力的提升效果进行量化评估，及时发现问题并采取措施加以改进。此外，要加强与总行的沟通协作，形成上下联动、协同发展的良好局面，共同推动网点数字化转型。

第四节　集约运营业务受理模式转型

一、集约运营模式下网点传统业务受理的现状与展望

（一）网点业务受理是集约业务办理的起点与挑战

网点业务受理作为银行业务流程中的首要环节，其重要性不言而喻。它是集约业务办理的入口，是客户与银行之间信任与效率的桥梁。柜员（客服经理）在这一环节扮演着至关重要的角色，其不仅需要对客户提交的资料进行详尽的人工检查，还要通过扫描凭证信息、核对凭证要素等步骤，确保信息的准确无误。在定位业务场景、选择业务类型以及补充录入必要信息的过程中，柜员往往需要耗费大量的时间和精力。这不仅是因为业务种类繁多、流程复杂，更是因为在每一步操作中都需要柜员具备高度的专业素养和丰富的经验。这种对人工的高度依赖使得整个业务受理流程显得尤为烦琐和耗时。

（二）信息核对与业务分析的困境

在网点业务受理的过程中，信息核对和业务分析是两个尤为关键的环节。然而，这两个环节却也是柜面操作风险频发的重点场景。在核对客户信息和凭证信息时，柜员需要针对每一个具体要素进行逐项检查，这种烦琐的操作不仅耗时耗力，更极易因为人为因素而导致错误。在业务分析阶段，柜员需要根据客户的业务需求和凭证资料，进行凭证组合扫描、设置业务主凭证以及选择业务场景等一系列操作。这些操作不仅专业性强，上手难度大，更依赖柜员个人的经验和判断。因此，在实际操作中，柜员往往需要花费大量的时间和精力去熟悉和掌握这些技能，这无疑增加了他们的学习成本和工作压力。网点传统业务受理流程及痛点如图 8-1 所示。

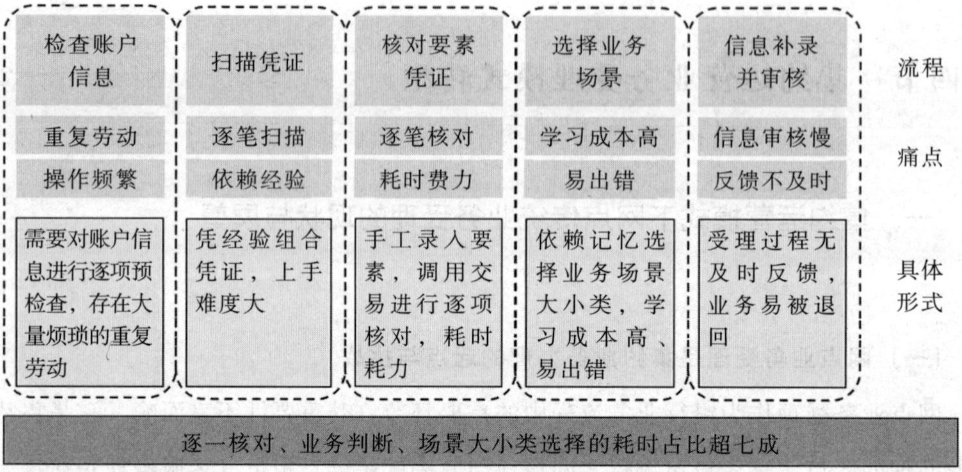

图 8-1　网点传统业务受理流程及痛点

（三）优化流程是提升效率与体验的关键

面对网点业务受理流程中的种种挑战，优化流程成为提升效率和改善客户体验的关键所在。一方面，银行可以通过引入先进的科技手段，如自动化扫描、人工智能识别等，减少人工操作的时间和成本，提高信息核对的准确性和效率。另一方面，银行还可以通过构建标准化的业务场景库和流程规范，来降低柜员的学习成本和工作压力，提升业务处理的标准化和规范化水平。同时，建立及时有效的错误反馈机制也是至关重要的。只有当柜员在受理过程中能够及时发现并纠正错误，才能避免将问题带入后续环节，从而确保整个业务流程的顺畅和高效。只有这样，银行才能在激烈的市场竞争中立于不败之地，为客户提供更加优质、便捷的服务。

二、新型集约运营业务受理模式建设

（一）能力建设

1.凭证要素智能识别提取能力

凭证要素识别是金融业务流程的核心环节，其效率与准确性直接影响业务处理的整体质量。借助智能识别技术构建专业模块，可以通过图像预处理、特征提取、神经网络分析等一系列操作，实现对凭证图像的高效解析与关键要素的精准提取，是提升业务效率的关键所在。

（1）图像预处理。图像预处理是确保识别效果的前置关键步骤。在图像进入识别系统前，对其进行全方位优化旨在提升图像质量、降低噪声干扰，为后续的识别分析创造有利条件。首先，将彩色的凭证图像转化为灰度图像，这一操作能够简化图像信息，减少数据处理量，降低模型运行的复杂度。接着进行处理，通过调整像素值的分布，增强图像中关键信息与背景的对比度，使文字、数字等内容更加清晰可辨。最后，针对每张凭证的特征，运用专门的算法进行降噪和校正处理，为每张图像量身定制最佳处理参数，确保图像预处理效果达到最优。

（2）凭证图像区域划分。一张完整的凭证包含多个不同功能的区域，若直接对整张凭证进行文本识别，很难精准区分各个要素。因此，运用基于目标检测的先进技术，从凭证中精准截取用户信息、金额、签名、印章、条形码或二维码、序列号或编号、日期和时间戳等关键区域的图像片段，可以为后续的精确识别奠定基础。

（3）要素特征提取。在完成区域划分后，要从各个子图像中提取具有代表性的字段特征信息。这些特征信息涵盖用户身份特征、凭证编号特征、金额数据特征等，它们是后续识别和业务处理的核心数据依据，为实现业务的自动化处理提供了有力支持。

（4）云计算平台融合处理神经网络识别结果。单一神经网络在识别过程中容易出现误差，影响识别结果的准确性。为解决这一问题，可将识别任务上传至云计算平台，借助云平台强大的计算能力，同时调用多个神经网络进行协同识别。通过设定科学合理的融合结果参数和阈值，对多个神经网络的识别结果进行综合分析与筛选，可以获取更加准确可靠的识别结果，有效提升了识别的准确率。

（5）结构化返回数据。根据不同的业务需求和使用场景，将识别结果进行结构化处理。无论是后台技术处理所需的凭证 json 格式化报文，还是业务导出的表格化数据、CVS 文件，抑或是图像数据，都能以规范、有序的格式呈现，方便后续的业务操作与数据管理。

2.凭证版式智能分析能力

凭证版式与业务类型之间存在紧密的内在联系，是判断业务场景的重要依据。通过构建基于凭证版式的知识图谱，利用区域划分结果进行业务类型判断和场景定位，并对凭证要素识别结果进行辅助校验，能够极大地提升业务处理的智能化水平。凭证版式智能分析如图8-2所示。

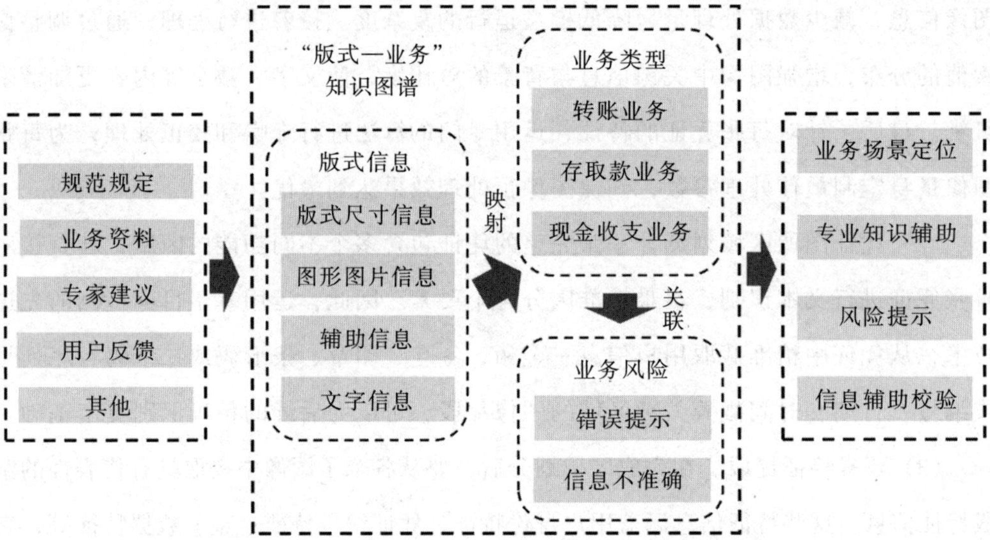

图8-2 凭证版式智能分析

（1）收集和整理数据。广泛收集存量业务资料，充分听取专家的专业意见，对凭证的版式设计展开深入剖析。研究内容包括凭证的布局结构、信息组织方式、安全防伪特征等多个方面，要精准识别其中的关键要素，分析不同版式设计对信息提取、验证和处理的影响机制。同时，深入挖掘凭证版式与各类业务类型之间的关联规律，明确不同版式在特定业务场景中的适用性。

（2）构建凭证版式—业务知识图谱。依据版式尺寸、文字信息、图形图像信息、辅助信息等多维度版式数据，对不同版式的凭证进行预先定义，并建立起版式与业务类型之间的精准映射关系。当系统获取到某一凭证的版式信息时，能够迅速自动匹配对应的业务类型，并根据凭证中的文字信息，及时提示潜在的业务风险。

（3）凭证版式智能识别匹配。凭借版式尺寸、文字、图片、辅助信息等综合数据，准确判断凭证所属的业务类型，为柜员录入信息提供实时校验支持。同时，针对不同业务类型中可能存在的风险点，及时给出场景提示和预警信息，实现业务场景的智能定位、风险防控和专业知识辅助等多个功能。

（4）推动凭证版式调优。持续跟踪监控凭证在实际业务中的使用情况，广泛收集用户反馈意见和最新业务数据，定期评估版式设计的实际效果。根据反馈信息和业务需求的动态变化，及时对版式设计进行优化调整，确保其始终适应不断变化的业务环境和风险防控要求。

（二）新型集约运营业务受理方案与实践

传统的业务受理流程存在诸多痛点，如柜员操作烦琐、业务处理效率低下、风险防控滞后等。为实现网点减负增效、提升柜员工作体验、优化业务流程、提前防范风险等目标，创新的业务受理流程应充分融合凭证要素智能识别提取能力与凭证版式智能分析能力，将账户信息检查、凭证要素核对、业务场景选择等操作整合为智能识别预处理环节，实现全流程自动化处理，并根据校验结果进行综合反馈，全面提升业务受理的质量与效率。

1.智能预检预审

智能预检预审是利用凭证要素智能识别提取技术，针对账户信息检查和凭证要素核对等关键环节，进行身份信息、用户余额等的智能预检，以及对凭证号码、委托信息等凭证要素的智能预审。这一创新举措将原本依赖人工的烦琐操作转变为自动化处理流程，有效解决了柜员重复劳动量大、业务受理耗时长的问题。新流程实施后，节省业务办理耗时超过50%，大幅提升了业务受理的效率和质量，显著减轻了柜员的工作负担。

2.智能定位业务场景

借助凭证版式智能分析，结合凭证版式的组合规则，系统能够快速、准确地识别当前办理业务的具体场景，并实时提示潜在的业务风险。这一功能打破了以往高度依赖柜员个人经验划分业务类型的局限性，实现了业务场景的智能定位，有效解决了柜员在业务类型选择上的困扰，降低了系统操作难度。较低的培训成本和业务经验要求让新员工能够更快上手，更好地应对柜员培训成本高和人员流动性大的行业难题。智能定位业务场景如图 8-3 所示。

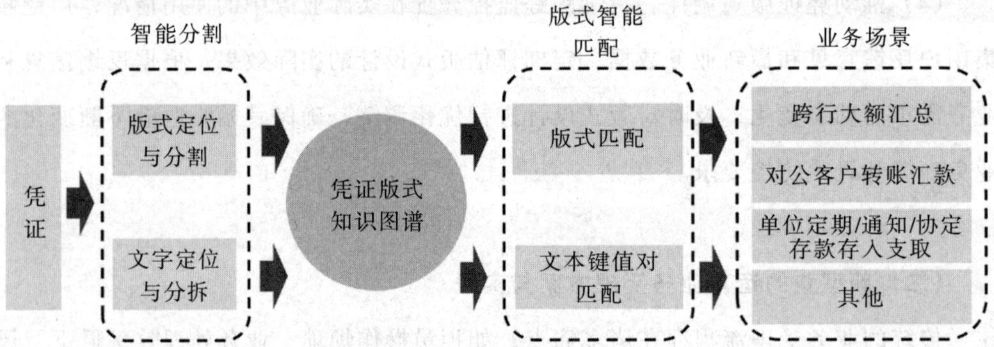

图 8-3　智能定位业务场景

3.校验结果实时整合反馈

校验结果实时整合反馈是将校验结果进行整合，并实时反馈给柜员。与传统业务模式相比，新流程在业务集中处理前就完成调整，避免了传统模式下业务集中处理发现问题退回后柜员才收到反馈的滞后性（传统模式平均反馈耗时30分钟）。新流程不仅使业务退回率降低了 36.7%，还显著提升了业务处理效率，有效降低了业务出错风险。

4.识别模型专项训练

识别模型专项训练是对各业务场景的关键数据进行深度分析，归纳总结出识别效果较差的指标，并针对这些指标对识别模型进行专项训练。通过不断优化识别模型，提高预审、预检信息的识别准确率和业务直通率，形成数据驱动的迭代优化循环，持续提升业务受理流程的智能化水平。

实践证明，在集约运营模式下，创新的网点智能业务受理新模式取得了显著成效，不仅降低了网点对人工操作的依赖程度，推动了网点人员结构的优化和营销模式的转型，还大幅提升了网点业务办理的效率和安全性，有效改善了客户服务体验，是现代金融服务与数字化转型深度融合的成功范例。深入探讨智能技术在集约运营管理领域的创新应用，能对金融行业以新技术驱动网点转型运营改革提供有益思路。展望未来，随着智能技术的持续迭代升级，智能化业务处理模式将在业务集约运营的更广泛领域发挥重要作用，为用户带来更加优质、高效、便捷的金融服务体验。

第九章　银行网点中底部对公客群营销模式重构

在商业银行数字化转型的进程中，银行网点对于客户群体的精准把握至关重要。中底部对公客群作为银行网点客户体系的重要组成部分，其规模庞大、特征复杂，蕴含着巨大的开发潜力。深入剖析这一客群的特征，构建科学的动态评估模型，并实施差异化营销策略，对于提升银行网点的竞争力、推动数字化转型具有深远意义。

第一节　中底部对公客群的划分逻辑

一、规模划分

规模维度是衡量客户基础体量的重要指标，包括注册资本、员工数量和营业规模三个方面。

（一）注册资本

注册资本是衡量企业规模的重要指标之一。通过对银行大量样本分析后可以看出，在中底部对公客群中，注册资本在50万~500万元区间的企业占据主体地位。其中，注册资本在50万~200万元的企业占比62%，这部分企业大多由个体工商户转型而来。它们在转型过程中，虽然在法律形式上转变为企业，但在经营管理、资金运作等方面仍带有个体工商户的特点，规模相对较小，经营稳定性有待提高。注册资本在200万~500万元的企业占比28%，主要以小微制造企业为主。这些企业在生产设备、技术研发等方面有一定投入，但与大型制造企业相比，仍存在较大差距。

进一步研究发现，83%的企业实缴资本不足注册资本的50%。这一现象反映出企业在资金投入方面的实际情况，也意味着企业的实际运营能力可能与注册资本所显示的规模存在差异。为了更准确地评估企业的经营实力，需要结合纳税数据进行交叉验证。经验数据显示，实缴资本与纳税额的比值≤2时，可视为企业在资金投入和经营规模方面较为合规。银行网点应建立"注册资本动态评估机制"，对于连续两年实缴资本未达30%的企业，需启动风险排查程序。通过定期跟踪企业的实缴资本变化情况，结合纳税数据等多维度信息，能及时发现潜在风险，保障银行信贷资金的安全。

（二）员工数量

员工数量是衡量企业规模和运营状况的另一个重要维度。在中底部对公客群中，员工数量为5~20人的企业较为常见。这类企业的人员结构呈现出明显的家族式特征，核心岗位大多由亲属担任。这种人员结构在一定程度上有助于企业的内部管理和决策执行，但也可能存在管理不规范、人才引入受限等问题。

从社保缴纳情况来看，相关部门的抽样数据显示，社保缴纳完整率仅为58%。这反映出部分企业在劳动合规方面存在不足，也可能暗示企业在财务状况或经营理念上存在一定问题。此外，这类企业的用工波动性较大，尤其是季节性用工波动幅度达40%~200%。以食品加工企业为例，在生产旺季，临时工占比可能超过50%。这种用工特点为银行网点提供了服务切入点，可以开发"灵活用工薪资代发系统"，并嵌入临时工保险自动投保功能。这不仅能够满足企业灵活用工的薪资发放需求，还能帮助企业规范用工管理，降低用工风险，同时增加银行的中间业务收入。

（三）营业规模

营业规模直接反映了企业的经营成果和市场影响力。在中底部对公客群中，年营业额在200万~2 000万元的企业分布在不同行业领域，呈现出不同的经营特点。

年营业额在200万~500万元的企业主要以社区服务类企业为主，如物业公司、社区零售店等。这些企业的经营与社区居民生活紧密相关，客户群体相对固定，但市场竞争也较为激烈。年营业额在500万~1 000万元的轻型制造企业，如包装企业、零部件制造企业等，在生产过程中对原材料采购、生产设备更新等方面有一定的资金需求。年营业额在1 000万~2 000万元的商贸流通企业多为区域代理商，它们在商品采购、库存管理、市场拓展等方面需要大量资金支持，同时也面临着市场波动和供应链风险。从现金流特征来看，这部分企业普遍存在账期管理混乱的问题，应收账款周转天数平均达87天，较行业均值多21天。这意味着企业的资金回笼速度较慢，资金使用效率较低，容易出现资金紧张的情况。银行网点在为这类企业提供金融服务时，应重点关注其现金流状况，通过提供应收账款融资、资金管理咨询等服务，帮助企业优化现金流管理，提高资金使用效率。

二、价值划分

价值维度是衡量客户对银行现实贡献度的重要指标，包括账户月均存款余额、产品渗透数量和资金归集率三个方面。

（一）账户月均存款余额

账户月均存款余额是衡量客户对银行现实贡献度的重要指标之一。在中底部对公客群中，账户月均存款余额在5万~50万元的企业较为常见。不同行业的企业在资金沉淀规律上存在差异。服务类企业的账户月均存款余额多在5万~20万元区间，这类企业的资金流动特点是快进快出，资金主要用于日常运营成本的支付和业务周转。制造类企业的账户月均存款余额在20万~50万元区间，由于其生产经营过程中需要进行原材料备货等活动，资金会出现周期性沉淀。

针对这种资金沉淀规律，银行网点可以设计“智能资金归集工具”。通过设定一定的规则，自动将企业账户中的超额资金转入理财账户，实现资金的增值。某城商行在试点过程中，通过使用该工具，使户均收益提升了1.2万元/年。

（二）产品渗透数量

产品渗透数量反映了银行产品在客户中的覆盖程度和客户对银行服务的依赖程度。在中底部对公客群中，企业的产品持有图谱主要呈现出以下几种类型：基础账户+收单服务的企业占比49%，这类企业主要使用银行的基本结算服务；账户+贷款的企业占比33%，表明部分企业在经营过程中有融资需求；账户+理财+保险的企业占比18%，显示出这部分企业对综合金融服务有一定的需求。

然而，在交叉销售过程中，73%的客户经理存在“产品选择困难征”。这主要是由于缺乏科学的产品推荐方法，难以根据客户的行业特点、企业规模和生命周期等因素为客户提供合适的产品。为了解决这一问题，银行需要建立“产品适配矩阵”，基于大数据分析和人工智能算法，根据客户的不同特征智能推荐产品，提高交叉销售的成功率。

（三）资金归集率

资金归集率是衡量企业资金集中管理程度和银行对企业资金掌控能力的重要指标。在中底部对公客群中，资金归集率在10%~30%的企业较为常见。通过分析发现，连锁企业分店自主开户率高达65%，这使得资金归集面临较大困难。同时，38%的企业仍然使用人工转账的方式进行资金归集，缺乏高效的归集工具。

为了解决这些问题，银行网点可以推广“虚拟账簿系统”。该系统可以实现分店资金的“T+0自动归集+按需下拨”，提高资金归集效率，降低企业资金管理成本。通过推广这一系统，银行不仅可以提高客户的资金归集率，还能增加客户对银行的依赖度，为进一步拓展业务奠定基础。

三、潜力划分

（一）纳税增长率

纳税增长率是衡量企业经营状况和发展潜力的重要指标之一。在中底部对公客群中，纳税增长率在5%~15%的企业较为常见。通过对纳税增长率的分析，可以评估企业的增长质量。当营收增速与纳税增速的比值≥1时，可视为企业处于健康增长状态，表明企业的经营业绩与纳税情况相匹配。当企业连续两年纳税增幅超过30%但营收未增长时，可能涉及虚开发票等违法违规行为，需要银行重点关注。

某农商行通过建立“纳税增长指数”预授信模型，利用纳税增长率等多维度数据对企业进行预授信评估，将不良贷款率控制在0.8%以下。这一模型为银行在信贷审批过程中提供了科学的依据，有助于银行筛选出具有潜力的优质客户，降低了信贷风险。

（二）上下游企业数量

上下游企业数量反映了企业在供应链中的地位和影响力，也在一定程度上预示着企业的发展潜力。在中底部对公客群中，上下游企业数量在3~10家的企业较为常见。当企业的上下游企业数量在3~5家时，其供应链体系呈现出本地化供应的特征，供应半径通常在50千米内。这种本地化供应链体系虽然具有一定的稳定性，但也可能限制企业的市场拓展工作。当上下游企业数量在6~10家时，企业可构建跨区域协作网络，从而具有更大的发展空间。

银行网点可以开发“供应链健康度诊断报告”，通过分析相关企业的交易频率、交易金额等数据，识别核心交易对手，并构建融资闭环。这不仅可以帮助企业优化供应链管理，还能为银行开展供应链金融业务提供支持，实现银企共赢。

（三）数字化应用能力

在数字化时代，企业的数字化应用能力对于其发展至关重要。通过建立能力评估模型，对中底部对公客群的数字化应用能力进行评估后发现，企业的数字化应用能力得分在20~60分之间。其中，基础级（20~35分）的企业仅使用电子支付但无管理系统，这类企业在数字化转型方面处于起步阶段；成长级（36~50分）的企业部署了单机版财务软件，能够实现基本的财务管理数字化；进阶级（51~60分）的企业接入了云 ERP 系统，实现了企业资源的全面数字化管理。

针对不同数字化应用能力的企业，银行网点可以提供“数字化能力提升套餐”，该套餐包含银企直连、电子发票等6大模块。通过为企业提供数字化赋能服务，帮助企业提升数字化应用能力，同时也能增加银行与企业之间的合作深度和广度。

四、不同划分依据下的动态评估与应用

（一）客户分群雷达图

为了更直观地对中底部对公客群进行分类和评估，可以构建客户分群雷达图。通过客户分群雷达图，银行网点可以清晰地看到不同客户在规模、价值和潜力三个维度上的表现，从而对客户进行精准分群。具体评估指标包括规模指数、价值指数和潜力指数。

规模指数综合反映了企业的基础体量规模，通过对注册资本、员工数和营收三个指标进行加权计算得出。计算公式为：注册资本×0.3+员工数×0.2+营收×0.5。

价值指数用于衡量客户对银行的现实贡献度，由存款、产品渗透数量和资金归集率三个指标加权计算得出。计算公式为：存款×0.4+产品渗透数量×0.3+归集率×0.3。

潜力指数用于预判客户的成长潜力，根据纳税增长、供应链上下游企业数量和

数字化应用能力计算得出。计算公式为：纳税增长×0.5+供应链上下游企业数量×0.3+数字化应用能力×0.2。

（二）差异化策略匹配

根据客户在雷达图中的表现，可将客户分为不同类型，并实施差异化营销策略。

价值深耕型（高价值-低潜力）客户目前对银行的贡献度较高，但成长潜力有限。银行可以为其提供现金管理+资产保值服务，帮助客户优化资金管理，实现资产的保值增值，进一步提高客户的满意度和忠诚度。

潜力培育型（低价值-高潜力）客户虽然目前对银行的贡献度较低，但具有较大的发展潜力。银行可以为其配套“成长贷款+数字化赋能”服务，助力企业发展壮大，也为未来的业务增长奠定基础。

风险观察型（价值和潜力双低）客户在规模、价值和潜力方面表现均不佳。银行可以设置6个月观察期，在观察期内密切关注客户的经营状况和财务变化，一旦触发预警指标，如纳税异常、现金流断裂等，应及时退出合作，降低风险。

（三）持续迭代机制

为了确保动态评估模型的有效性和适应性，需要建立持续迭代机制。银行应每季度更新评估数据，根据企业的最新经营数据和市场变化，动态调整客户分群。同时，开发类似的“动态评估看板”，通过可视化方式实现客户经理对客户的实时监测。客户经理可以根据看板上的数据，及时了解客户的变化，调整营销策略，提高服务效率。

从实践来看，某股份制银行在试点应用后，取得了显著成效。中底部客群户均产品持有量从1.8提升至3.2，客户流失率下降22%。其通过精准识别15%的“隐形优质客户”，额外创造了年均800万元的中间业务收入。这充分证明了动态评估模型在银行网点客户管理和业务拓展中的重要作用。

第二节　银行网点中底部对公客群的金融需求特征与痛点剖析

一、行业分布概况

银行网点对公中底部客群在行业分布上呈现出多元化特点，主要集中在制造业配套企业、服务业微型商户以及新经济初创企业等领域。

制造业配套企业的典型代表如汽车零部件二级供应商。这类企业处于制造业产业链的中间环节，为核心汽车制造企业提供零部件配套服务。它们的发展高度依赖核心企业的订单，业务规模相对有限，在资金、技术和市场渠道等方面面临诸多挑战。由于处于供应链下游，在与核心企业的合作中往往处于弱势地位，议价能力较弱，账款回收周期较长，这对企业的资金周转造成较大压力。例如，汽车零部件二级供应商需要按照核心企业的标准进行生产，前期投入大量资金用于设备购置和技术研发，但在货款结算时却可能面临较长账期，导致企业资金紧张。

服务业微型商户涵盖社区超市、餐饮连锁加盟店等。社区超市作为居民日常生活购物的重要场所，运营受周边居民消费习惯和市场竞争影响较大。它们通常面临库存管理、资金周转和市场推广等问题。餐饮连锁加盟店虽然有品牌优势，但在运营过程中也面临原材料成本波动、人力成本上升以及市场竞争加剧等挑战。例如，社区超市在节假日等销售旺季需要大量资金采购货物，但由于门店规模较小，抵押物有限，难以从银行获得足够的融资支持；餐饮连锁加盟店在原材料价格上涨时，资金压力增大，而其融资需求往往因缺乏有效抵押物难以得到满足。

新经济初创企业在中底部客群中占比同样较高。这类企业具有创新性强、发展速度快的特点，但同时也面临较高的风险和不确定性。以MCN机构[①]为例，其主要依赖内容创作和流量变现，在发展初期需要大量资金投入用于签约和培养网红、制

---

① MCN，即多频道网络（Multi-Channel Network，MCN），是一种多渠道网络服务，随着YouTube等平台上内容的爆发式增长，多渠道网络开始整合众多专业生成内容，从而打造规模化、组织化的竞争优势。

作优质内容以及市场推广。然而，其收入来源不稳定，盈利模式尚未完全成熟，这使得银行在评估其信用风险时面临较大困难。跨境电商工作室则面临跨境物流、海外市场政策法规变化、汇率波动等诸多风险，在融资和资金管理方面的需求迫切。

二、金融行为特征

（一）交易频率呈现“月初集中爆发”的特点

对公中底部客群的交易频率呈现出明显的“月初集中爆发”特点，这主要与工资代发、税款缴纳等业务集中在月初进行有关。在月初，企业需要为员工发放工资，同时完成税款缴纳义务，导致银行账户资金流动频繁。这种集中性的交易行为对银行的系统处理能力和服务效率提出了较高要求。如果银行系统在月初无法及时处理大量交易，可能会导致工资发放延迟、税款缴纳逾期等问题，影响企业的正常运营和员工的满意度。此外，对于银行网点而言，月初业务量的剧增也需要合理安排人力资源，确保客户能够得到及时、高效的服务。

（二）融资需求具有“短小频急”的特点

该客群的融资需求呈现“短小频急”的特点，这与企业的经营特点密切相关。制造业配套企业可能因核心企业的订单突然增加，需要短期资金采购原材料以满足生产需求；服务业微型商户在节假日等销售旺季来临前，为了增加库存、扩大经营规模，也会产生临时性的资金需求；新经济初创企业由于业务发展迅速，在关键节点需要快速获得资金支持以抓住市场机遇。然而，这种“短小频急”的融资需求对银行的审批效率和风险评估能力提出了挑战。传统的信贷审批流程往往较为烦琐，审批周期较长，难以满足企业的紧急资金需求。银行需要借助数字化技术，优化审批流程，提高审批效率，同时建立更加精准的风险评估模型，以应对这类融资需求。

（三）服务渠道偏好“线下 + 移动端”混合模式

在服务渠道选择上，中底部对公客群偏好“线下+移动端”混合模式。尽管数字化服务日益普及，但仍有相当一部分企业习惯通过网点临柜办理业务，这是因为部分复杂业务，如账户开户、大额资金转账等，企业更倾向于在银行工作人员的指导下完成，以确保业务的准确性和安全性。同时，手机银行因其便捷性，成为企业日常查询账户信息、进行小额转账等操作的重要渠道。银行网点应充分考虑客户的这一渠道偏好，加强线上线下服务的融合。一方面，优化手机银行功能，提高其稳定性和易用性，满足企业多样化的业务需求；另一方面，提升网点服务质量，打造智能化网点，为客户提供更加便捷、高效的线下服务体验。

三、痛点需求的场景化拆解

（一）融资场景

在融资场景中，订单质押融资是制造业配套企业常用的融资方式，但面临核心企业确权率不足40%的难题。核心企业作为供应链的主导者，对订单的确认是银行评估质押物价值和企业还款能力的重要依据。然而，核心企业业务繁忙、内部流程复杂，往往无法及时对订单进行确权，导致银行对企业的融资支持受到限制。这使得企业即使手中有大量订单，也难以获得足够的资金用于生产和运营。例如，某汽车零部件二级供应商获得了一笔大额订单，但由于核心汽车制造企业未能及时确权，银行无法基于该订单为其提供足额贷款，企业不得不放弃部分订单生产，影响了业务发展。

此外，设备融资也是企业常见的融资需求，但对于中底部对公客群中的企业来说，设备融资面临二手市场价格体系缺失的问题。企业在以设备作为抵押物向银行申请融资时，银行需要准确评估设备的价值，以确定贷款额度。然而，由于缺乏统一、规范的二手设备市场价格体系，银行难以准确判断设备的真实价值。设备的品牌、型号、使用年限、维护情况等因素都会影响其价值，而市场上缺乏权威的价格参考标准，这增加了银行的风险评估难度，导致企业设备融资困难。例如，一家小型制造业企业希望以生产设备进行融资，但银行在评估设备价值时，因缺乏可靠的价格依据，无法确定合理的贷款额度，最终企业的融资申请未能通过。

（二）结算场景

由于网点中底部对公客群以中小微企业为主，在结算类金融需求中，通常面临着支付结算、资金归集、跨境交易和票据结算类风险，主要表现如下：

支付结算成本较高。由于企业业务规模相对较小，在支付结算过程中往往面临较高的成本压力。对于使用第三方支付平台的企业，虽然操作便捷，但每笔交易可能需要支付一定比例的手续费，对于小额、高频交易的企业来说，累计成本不容小觑。在跨境结算方面，由于涉及国际金融市场的交易成本和货币兑换成本，费用更为高昂。银行转账也存在手续费、电报费等相关费用，这对于利润微薄的中小微服务业企业来说，增加了经营成本，压缩了利润空间。

资金归集效率低下。以连锁门店为例，资金归集面临诸多挑战，导致效率低下。一方面，不同门店通常使用不同的结算账户，这使得资金归集需要通过多个系统进行操作，流程烦琐。例如，某连锁便利店在不同城市的门店分别开设了当地银行的账户，总部进行资金归集时，需要与多个银行进行对接，增加了操作的复杂性和时间成本。另一方面，银行间的清算系统存在差异，资金到账时间不一致，导致企业无法及时掌握资金动态，影响资金的统一管理和调配效率。此外，部分银行的资金归集服务可能需要企业支付额外费用，进一步增加了企业成本。

跨境结算具有风险与复杂性。涉及跨境业务的中小微服务业企业在跨境结算中面临多种风险和复杂问题。汇率波动是主要风险之一，由于国际外汇市场波动频繁，企业在跨境交易中可能因汇率变化遭受损失。例如，一家跨境电商企业在收到海外货款时，若本币升值，兑换后的本币金额会减少，直接影响企业利润。此外，不同国家的金融法规和监管政策差异较大，企业需要花费大量时间和精力了解并遵守相关规定，否则可能面临合规风险。跨境支付的安全性也是企业关注的重点，国际支付网络面临网络攻击、欺诈等风险，一旦发生安全问题，企业的资金安全将受到威胁。

票据结算存在风险。商业汇票的承兑和贴现存在信用风险，若出票企业信用状况不佳，可能导致汇票到期无法兑付，企业资金无法收回。例如，某中小微服务企业持有一张商业汇票，到期后出票企业因经营不善无法兑付，该企业的资金周转受到严重影响。支票结算也存在风险，如支票填写错误、空头支票等问题，可能导致支付失败，影响企业的正常交易。此外，票据的流通和管理也需要企业具备一定的专业知识和经验，对于财务人员配备不足的中小微企业来说，增加了管理难度。

（三）增值服务场景

在增值服务场景方面，调研中获悉，83%的中底部对公客群企业使用Excel手工记账，缺乏专业的财务管理系统。手工记账不仅效率低下，容易出现人为错误，而且难以对企业的财务数据进行深入分析和挖掘。企业无法及时准确地掌握自身的财务状况，难以作出科学的经营决策。例如，企业在制定预算、进行成本控制时，缺乏准确的财务数据支持，往往只能凭借经验进行决策，导致决策失误的风险增加。同时，手工记账也不利于企业与银行等金融机构进行数据对接，影响了金融服务的效率和质量。

此外，政策红利获取困难是中底部对公客群面临的又一痛点。实践中，政府出台了一系列扶持中小企业发展的政策，包括税收优惠、财政补贴等，但由于企业对政策了解不充分、申请流程复杂等原因，大部分企业未能享受到这些政策红利。例如，一些新经济初创企业由于不熟悉政府补贴政策的申请条件和流程，或者在准备申请材料时遇到困难，导致无法成功申请补贴，错失了发展机遇。这在一定程度上限制了企业的发展壮大，也影响了政府政策的实施效果。

第三节 数字技术驱动的营销模式重构

数字技术正以前所未有的深度和广度重塑银行网点的营销模式。通过智能识别系统、全渠道触达体系以及数据驱动的需求预测等方面的创新与应用，银行能够更精准地洞察客户需求，提升服务质量和营销效率，实现与客户的深度连接和价值共创。本节将深入探讨数字技术在银行网点对公业务营销模式重构中的关键作用与具体实践。

一、智能识别系统的技术突破

（一）动态标签体系

动态标签体系是智能识别系统的核心组成部分，它通过对客户多维度数据的收集、分析和整合，为客户贴上具有实时性和针对性的标签，帮助银行全面了解客户特征和需求，从而实现精准营销和风险管控。

1.基础标签

基础标签主要涵盖客户的工商信息和股权结构等基本资料。工商信息包括企业的注册名称、注册地址、经营范围、注册资本等，这些信息是银行了解企业基本经营状况和业务领域的重要依据。例如，通过企业的经营范围，银行可以初步判断其所属行业，进而分析该行业的市场趋势、竞争格局以及潜在风险，为后续的业务拓展和风险评估提供基础数据。股权结构则反映了企业的所有权和控制权分布情况，帮助银行了解企业的决策机制和背后的利益相关者。对于股权结构复杂的企业，银行在开展业务时需要更加谨慎地评估其决策的稳定性和潜在的关联交易风险。

2.行为标签

行为标签聚焦于客户的账户交易图谱和电子渠道使用轨迹。账户交易图谱记录了企业资金的流入和流出情况，包括交易对手、交易金额、交易时间等关键信息。通过对交易图谱的深入分析，银行可以洞察企业的资金运作模式、上下游合作伙伴关系以及资金周转效率。例如，如果发现某企业与特定供应商的交易频繁且金额较大，银行可以推测该企业与供应商之间可能存在紧密的合作关系，进而为其提供针对供应链金融的服务方案，如应收账款融资、存货质押融资等。电子渠道使用轨迹则反映了客户对银行数字化服务的接受程度和使用习惯。通过分析客户在手机银行、网上银行等电子渠道的登录频率、操作行为以及使用功能模块的偏好，银行可以优化电子渠道的界面设计和功能布局，提升客户体验，同时根据客户的使用习惯推送个性化的产品和服务信息。

3.预测标签

预测标签是基于大数据分析和人工智能算法对客户未来行为和风险状况进行预测而生成的标签。现金流断裂预警是预测标签中的重要一项。银行通过整合企业的财务数据、交易数据以及行业数据等多源信息，建立现金流预测模型。当模型预测企业在未来某个时间段内可能出现现金流断裂风险时，及时为企业贴上预警标签，并通知银行的客户经理和风险管理部门。这有助于银行提前与企业沟通，制定风险应对策略，如调整贷款额度、提供短期资金支持等，避免企业因现金流问题陷入经营困境，同时也降低了银行的信贷风险。扩张可能性评分则用于评估企业未来扩张的可能性和潜力。银行通过分析企业的市场份额增长趋势、新产品研发投入、行业竞争地位等因素，运用机器学习算法计算出企业的扩张可能性评分。对于评分较高的企业，银行可以提前布局，为其提供包括项目贷款、并购融资等在内的金融支持，助力企业实现规模扩张。

（二）AI分群实践

AI分群是利用人工智能技术对客户进行细分，以实现精准营销和差异化服务的重要手段。传统的RFM模型（Recency——最近一次消费、Frequency——消费频率、Monetary——消费金额）在客户细分方面存在一定的局限性，难以全面反映客户的价值和潜力。而CLV-ABC模型（客户生命周期价值—活跃度—绑定度）则对传统模型进行了升级。

1.聚类算法优化

CLV-ABC模型中的客户生命周期价值（CLV）综合考虑了客户在与银行建立业务关系的整个生命周期内为银行带来的潜在利润。它不仅关注客户当前的交易金额和频率，还预测客户未来可能的业务增长和价值贡献。活跃度指标衡量客户与银行的互动程度，包括账户交易活跃度、电子渠道使用频率、参与银行营销活动的积极性等。绑定度则反映了客户与银行之间业务关联的紧密程度，例如客户持有银行产品的种类、是否与银行签订长期合作协议等。通过将这三个维度的指标纳入聚类算法，银行可以更全面、准确地对客户进行分类。例如，对于高CLV、高活跃度、高绑定度的客户，银行将其划分为优质核心客户，为其提供定制化的高端金融服务，包括专属理财顾问、私人银行服务等；对于低CLV、低活跃度、低绑定度的客户，银行则通过优化服务流程、提供基础金融产品等方式，逐步提升其价值和活跃度。

2.某城商行案例

某城商行在运用CLV-ABC模型进行客户分群的实践中取得了显著成效。通过对大量客户交易流水数据的分析，该行成功识别出18%的“隐形优质客户”。这些客户在传统的评估体系下可能未被充分重视，但通过CLV-ABC模型的综合评估发现其虽然当前的业务规模和交易频率并不突出，但具有较高的客户生命周期价值潜力。例如，一些新成立的科技型企业，由于处于创业初期，业务量相对较小，但研发投入大，市场前景广阔。该城商行针对这些“隐形优质客户”制定了专门的营销策略，为其提供创业贷款、知识产权质押融资等特色金融服务，并安排专业的客户经理提供一对一的金融咨询服务。经过一段时间的培育，这些客户的业务规模和活跃度得到了显著提升，为该城商行带来了可观的收益增长。

二、全渠道触达体系搭建

（一）OMO（线上线下融合）触点矩阵

OMO模式强调线上线下渠道的有机融合，通过构建多元化的触点矩阵，为客户提供无缝的金融服务体验。

1.物理网点

物理网点作为银行与客户面对面沟通的重要场所，在数字化转型过程中进行了创新改造。银行对物理网点的对公服务区进行重新布局，设置“数字货架”。“数字货架”类似于一个智能展示终端，上面陈列着各种金融产品和服务的信息。客户可以通过扫描货架上的二维码，获取定制化的金融服务方案。例如，对于一家有融资需求的企业，当客户扫描二维码后，系统会根据其企业类型、经营规模、财务状况等信息，自动生成适合该企业的贷款产品、融资额度、利率方案以及还款方式等详细信息，并以图文并茂的形式展示在客户的手机上。同时，银行工作人员可以在现场为客户进行讲解和答疑，帮助客户更好地理解和选择适合自己的金融产品。

2.移动终端

移动终端成为银行与客户连接的重要桥梁。某银行开发了“企明星”App，集成了智能诊断工具。该App为企业客户提供了便捷的移动金融服务入口，企业可以随时随地通过App办理账户查询、转账汇款、理财购买等常规业务。智能诊断工具则是“企明星”App的一大亮点。它通过收集和分析企业的财务数据、经营数据以及行业数据，为企业提供财务健康状况评估、风险预警、业务发展建议等功能。例如，智能诊断工具可以根据企业的财务报表数据，分析其偿债能力、盈利能力和运营能力，并与同行业企业进行对比，为企业提供针对性的财务优化建议。此外，该App还会根据企业的业务特点和使用习惯，推送个性化的金融产品和服务信息，如为有短期资金闲置的企业推荐合适的理财产品，为有跨境业务需求的企业推送跨境结算和外汇交易服务。

3.产业平台

银行积极与各类产业平台合作，将金融服务嵌入到企业的生产经营场景中。例如，银行与电子采购系统合作，为企业提供实时授信服务。在企业进行电子采购时，企业提交采购订单后银行系统会根据企业的交易历史、信用状况以及供应商信息等，实时评估企业的信用额度，并为其提供相应的采购融资服务。这种嵌入式的金融服务模式，不仅满足了企业在实际业务场景中的资金需求，提高了企业的采购效率，还增强了银行与企业之间的业务黏性。

（二）智能外呼系统

智能外呼系统是全渠道触达体系的重要补充，它通过自动化的外呼流程和智能的话术交互，提高了银行与客户的沟通效率和营销效果。

1.话术知识库

智能外呼系统的话术知识库包含了237个常见场景，涵盖了产品推广、客户回访、业务提醒等多个方面。这些话术都是经过精心设计和优化的，根据不同的客户群体、业务场景和沟通目的，制定了相应的话术内容。例如，在推广一款新的理财产品时，针对不同风险偏好的客户，话术会有所不同。对于风险偏好较低的客户，话术会重点强调产品的稳定性和安全性；对于风险偏好较高的客户，话术会突出产品的潜在收益和投资机会。同时，话术知识库还会根据市场动态、客户反馈等信息进行实时更新和优化，确保话术的有效性和针对性。

2.情绪识别准确率与转化率提升

智能外呼系统运用先进的语音识别和情绪分析技术，能够准确识别客户在通话过程中的情绪状态，情绪识别准确率达89%。当系统识别到客户情绪较为积极时，可以进一步深入介绍产品和服务的优势；当客户出现负面情绪时，系统会及时调整话术，安抚客户情绪，避免客户产生抵触心理。与传统的人工外呼方式相比，智能外呼系统的转化率提升了3倍。这主要得益于其精准的话术匹配、高效的沟通效率以及对客户情绪的有效把控。例如，在进行信用卡还款提醒时，智能外呼系统可以根据客户的还款历史和信用记录，采用不同的提醒方式和话术，对于经常按时还款的优质客户，提醒话术会更加温和礼貌；对于偶尔逾期的客户，系统会在提醒还款的同时，提供一些避免逾期的建议和优惠活动信息，提高客户的还款意愿和积极性。

三、数据驱动的需求预测

（一）需求预测模型

银行建立的12个月资金流模拟器是基于企业的合同金额、账期等关键信息，对企业未来12个月的资金流入和流出情况进行模拟预测的重要工具。在实际操作中，企业将其签订的合同信息，包括合同金额、收款账期、付款账期等录入系统，模拟器会根据这些信息，结合历史数据和行业规律，运用数学模型和算法，预测企业在未来12个月内每个月的资金余额变化情况。例如，对于一家建筑企业，它与甲方签订了一份金额为1 000万元的建筑合同，合同约定分三期收款，第一期在合同签订后1个月支付300万元，第二期在工程进度达到50%时支付400万元，第三期在工程竣工验收合格后支付300万元，同时企业在施工过程中需要按照一定的账期支付原材料采购款、员工工资等费用。12个月资金流模拟器会根据这些信息，准确预测企业在每个月的资金流入和流出情况，帮助银行提前了解企业的资金需求，为企业提供相应的融资产品和资金管理建议，如在企业资金紧张的月份提供短期流动资金贷款，在资金闲置的月份推荐合适的理财产品。

供应链波动预警系统通过监测上下游企业的异常交易情况，及时发现企业所在供应链的潜在风险，为银行的风险管控和营销决策提供支持。该系统利用大数据技术，收集和分析企业上下游合作伙伴的交易数据，包括交易金额、交易频率、交易时间等。当系统发现上下游企业之间出现交易金额大幅波动、交易频率突然下降或出现异常的交易时间间隔等情况时，会及时发出预警信号。例如，一家制造业企业的主要原材料供应商突然减少了与该企业的交易金额，或者交易频率从每周一次变为每月一次，供应链波动预警系统会将此视为异常交易情况，并通知银行。银行可以根据预警信息，进一步调查原因，评估该企业可能面临的供应链风险，如原材料供应中断风险、成本上升风险等。同时，银行可以根据风险情况，调整对该企业的信贷政策，或者为企业提供供应链金融解决方案，如帮助企业寻找替代供应商、提供应收账款保理服务等，以降低企业的供应链风险。

（二）实战案例

1.某股份制银行通过水电用量数据预测餐饮企业融资需求

某股份制银行在数据驱动的需求预测方面进行了积极探索，通过收集餐饮企业的水电用量数据，成功预测了企业的融资需求，并大幅缩短了响应时间。水电用量数据作为反映企业经营状况的重要指标，与餐饮企业的营业收入密切相关。该银行通过与水电部门合作，获取餐饮企业的水电用量数据，并建立了水电用量数据与融资需求之间的预测模型。当该银行发现某餐饮企业的水电用量突然大幅增加，且持续一段时间时，结合其他经营数据和市场情况，其判断该企业可能正在进行店面扩张或业务升级，从而产生融资需求。基于此预测，该银行主动与企业取得联系，了解企业的实际需求，并在2小时内为企业提供了相应的融资方案，如装修贷款、设备采购贷款等。这种基于数据的精准预测和快速响应，不仅满足了企业的资金需求，提高了企业的满意度，还增强了该银行在餐饮行业的市场竞争力。

2.运用自然语言处理技术解析招标文件，自动触发投标保函服务

在招投标业务中，银行运用自然语言处理技术解析招标文件，实现了投标保函服务的自动触发。当企业参与招投标项目时，需要向招标方提供投标保函作为投标的担保。银行利用自然语言处理技术，对招标文件中的关键信息，如投标截止时间、投标金额、保函格式要求等进行自动识别和提取。当系统识别到企业参与的项目符合银行的投标保函服务条件时，会自动触发投标保函服务流程，并将相关信息通知企业。例如，企业在网上提交了一份招标文件，银行系统在接收到文件后，通过自然语言处理技术快速解析文件内容，如果判断该项目的投标截止时间、投标金

额等信息符合银行的投标保函服务标准，系统会立即向企业发送投标保函服务的申请链接和相关说明，指导企业在线完成投标保函的申请流程。这一创新举措大大提高了投标保函服务的效率，减少了企业的操作成本，同时也提升了银行的业务处理能力和客户服务水平。

第十章　普惠业务下沉与银行网点竞争力提升

在金融“五篇大文章”中，普惠金融最早被提及，配套支持政策亦最早出台，但要解决小微企业和低收入人群“融资难、融资贵”的问题，仍任重道远。本章聚焦普惠业务中资产业务下沉现象，深入剖析其对银行网点竞争力的多方面影响。通过阐述资产业务下沉内涵，结合实际案例与市场调研数据，探讨其在拓展客户、优化结构、强化区域影响力等方面的积极作用，同时分析网点面临的风险，提出加强风险管控、优化成本、培养引进人才及科技赋能等方面的策略，助力网点提升竞争力，更好服务普惠金融市场。

第一节　普惠类资产业务下沉网点的背景意义

在金融行业不断演进的进程中，普惠金融已从概念倡导逐步转化为切实的行动实践，成为推动经济均衡发展、促进社会公平的关键力量。其核心在于跨越金融服务的门槛，确保社会各阶层，尤其是以往被传统金融边缘化的群体，都能公平、便捷地获取金融服务。

资产业务下沉作为普惠金融落地的重要路径，正在重塑金融机构的业务版图。传统金融服务模式下，大型企业凭借雄厚的资产规模、规范的财务体系和良好的信用记录，成为金融机构竞相追逐的优质客户。中小企业、小微企业、个体工商户以及农村地区的经营者和居民，由于资产规模有限、财务信息透明度低、缺乏有效抵押物等因素，在获取金融支持时面临重重困难。资产业务下沉打破了这种传统格局，引导金融机构将服务触角延伸至这些长尾客户群体。这一转变不仅是金融服务对象的拓展，更是金融服务理念与模式的深刻变革。对于银行网点而言，资产业务下沉既是机遇，也是挑战。从机遇层面看，它为网点开辟了新的市场空间，有望通过服务长尾客户实现业务规模的扩张与经营结构的优化；从挑战角度而言，网点需在风险识别与管控、成本控制、人才储备等多方面进行调整与升级，以适应新的业务需求。

从网点竞争力提升视角出发的普惠类资产业务下沉，不仅有助于银行网点在当前竞争激烈的金融市场中找准定位、提升自身实力，还对推动普惠金融全面、深入发展具有重要的理论与实践价值。通过剖析普惠类资产业务下沉的内涵、影响、挑战及应对策略，能够为银行网点提供切实可行的操作指南，助力其在普惠金融领域稳健前行，实现经济效益与社会效益的双赢。

第二节 普惠类资产业务下沉的内涵

普惠金融由联合国命名并向全球推广。目前，普惠金融被赋予三大使命：服务中小微企业和民营企业，服务乡村振兴，服务寻常百姓。

一、政策依据

近年来，国家高度重视普惠金融的发展，通过一系列政策文件为商业银行的业务转型指明了方向。国家层面的相关政策不仅强调了金融服务下沉的重要性，还明确了数字化转型与普惠金融融合发展的路径。这些政策给银行网点的竞争力提升带来了深远影响。

一方面，政策的推动使银行网点在数字化转型中不断优化服务流程，丰富业务结构。通过下沉服务重心，银行网点能够更精准地满足小微企业、“三农”等普惠金融群体的需求，提升金融服务的可得性和便利性。同时，网点借助数字技术实现智能化改造，进一步增强了客户体验，拓展了业务边界，为银行网点的可持续发展注入了新动力。另一方面，普惠业务下沉也为银行网点带来了新的挑战。网点需要在专业化服务、风险管理以及客户关系维护等方面不断提升能力，以适应普惠金融业务的复杂性和多样性。此外，网点还要在数字化转型过程中平衡好线上与线下的服务模式，确保普惠金融服务的高效性和安全性。

总体而言，国家层面的政策为银行网点的业务发展提供了广阔空间，同时也促使网点在数字化转型中不断优化服务模式，提升竞争力，以更好地适应普惠金融发展的新要求。近年来普惠业务下沉的政策梳理见表10-1。

表10-1 **近年来普惠业务下沉的政策梳理**

年度	发布机构	文件名	相关核心内容
2015年	国务院	《推进普惠金融发展规划（2016—2020年）》	（1）明确将发展普惠金融确立为国家战略，推动金融服务下沉，扩大金融服务覆盖面 （2）缓解小微企业融资难题，支持金融机构下沉服务重心
2022年	中国银保监会	《关于银行业保险业数字化转型的指导意见》	（1）推动金融机构加快数字化转型，优化内部资金转移定价和绩效考核机制 （2）培育普惠金融专业化经营团队，建立敢贷、愿贷、能贷、会贷的长效机制
2023年	国务院	《国务院关于推进普惠金融高质量发展的实施意见》	（1）深化普惠金融供给侧结构性改革，推动金融服务下沉，提升金融服务覆盖率和可得性 （2）完善普惠金融考核机制，引导金融机构加大对小微企业、“三农”等重点领域的支持力度
2024年	中国人民银行等七部门	《推动数字金融高质量发展行动方案》	（1）系统推进金融机构数字化转型，强化数字技术支撑能力，夯实数据治理与融合应用能力基础 （2）推动数字技术在普惠金融等领域的应用，创新金融产品和服务模式，提升金融服务质效 （3）支持金融机构通过数字技术下沉金融服务，拓展金融服务覆盖面
2025年	中国人民银行普惠金融工作小组	《中国普惠金融指标分析报告（2023—2024年）》	（1）推动金融机构深化数字化转型，运用数字技术下沉金融服务，扩大金融服务覆盖面 （2）鼓励金融机构创新金融产品和服务模式，增加首贷、信用贷投放，推广无还本续贷等服务 （3）支持网点和服务机构更新及智能化改造，推动移动支付向县域乡村下沉

资料来源：作者根据相关资料整理。

二、内涵界定

普惠类资产业务下沉，本质上是金融资源分配的一种调整与优化。它打破了以往金融机构对大型企业和优质客户的过度集中投放模式，将资源有针对性地向中小企业、小微企业、个体工商户以及农村地区等长尾客户群体倾斜。因此，普惠业务下沉的内涵可以理解如下：金融机构打破传统资源投放模式，将资源向长尾客户倾斜，从产品设计、服务模式到风险评估体系进行系统性变革，以满足多元金融需求，填补服务空白，推动实体经济均衡且可持续发展。

这种下沉并非简单的业务范围扩展，而是涉及金融产品设计、服务模式创新、风险评估体系重构等多个层面的系统性变革。在产品设计上，不再局限于传统的大额、长期贷款产品，而是根据长尾客户的资金需求特点，开发出小额、短期、灵活还款的信贷产品。例如，为满足个体工商户日常经营中的资金周转需求，推出随借随还的小额信用贷款；针对农村地区季节性农业生产资金需求，设计与农作物生长周期相匹配的农业生产贷款。

在服务模式方面，普惠业务下沉更加注重贴近客户、便捷高效。金融机构通过设立社区金融服务点、开展农村金融巡回服务等方式，缩短了与客户的物理距离，提高了服务的可及性。同时，借助互联网技术，搭建线上金融服务平台，实现贷款申请、审批、发放的全流程线上化，让客户足不出户就能享受到金融服务。与此同时，风险评估体系也发生了重大转变。传统的以财务报表分析和抵押物评估为主的风险评估方式难以适应长尾客户信息不完整、财务不规范的特点。因此，金融机构开始引入大数据、人工智能等技术手段，整合客户的多维度信息，如交易流水、纳税记录、水电费缴纳情况、社交媒体行为等，构建更加全面、精准的风险评估模型。通过对客户行为数据的深度挖掘，分析其经营稳定性、信用状况和还款能力，从而更准确地评估风险，为信贷决策提供依据。

这种下沉趋势体现了金融机构对市场的深度洞察与细分，是对普惠金融理念的深度践行。其目标在于填补金融服务的空白区域，促进实体经济的均衡发展，让金融资源能够更加公平、有效地惠及社会各阶层和群体，推动经济社会的可持续发展。

第三节 普惠业务下沉对银行网点经营管理的影响

一、对网点经营管理的积极影响

（一）拓展客户群体，扩大市场份额

在传统资产业务模式下，大型企业和优质客户虽然单个业务规模大，但数量有限且竞争激烈。众多金融机构为争夺这些优质客户，往往需要付出高额的营销成本和优惠条件，导致业务利润率不断被压缩。

中小企业、小微企业和个体工商户等长尾客户群体数量庞大且分布广泛。市场调研机构的统计数据显示，我国中小企业和个体工商户数量已超过1亿户。然而，长期以来，由于信息不对称、风险评估难度大等原因，这些客户群体的金融需求未能得到充分满足。银行网点通过资产业务下沉，能够精准对接这部分客户的需求。通过创新金融产品和服务模式，降低信贷门槛，为长尾客户提供便捷、高效的融资服务。例如，某股份制银行在社区设立金融服务站，针对周边个体工商户推出“商户贷”产品，无需抵押物，仅凭商户的经营流水和信用记录即可申请贷款。该产品一经推出，便受到了商户的广泛欢迎，短短几个月内，就吸引了数百位商户前来办理业务，不仅增加了银行的贷款业务量，还带动了储蓄存款、支付结算等其他业务的增长。随着客户数量的不断增加，其市场份额逐步扩大，在当地金融市场中的知名度和影响力也随之提升，形成了良好的品牌效应。越来越多的客户因为银行网点能够提供符合自身需求的金融服务而选择将其作为主要的金融合作伙伴，进一步推动了网点业务的发展。

（二）优化业务结构，分散经营风险

过度依赖大型企业和少数优质客户的资产业务结构，使得银行网点面临较高的

系统性风险。一方面，大型企业往往集中在某些特定行业，如房地产业、制造业等，一旦这些行业受到宏观经济形势、政策调整或市场波动的影响，企业经营出现困难，银行网点的资产质量将受到严重冲击。例如，在房地产市场调控政策收紧时，部分房地产企业资金紧张，导致银行的房地产开发贷款和个人住房贷款不良率上升。另一方面，少数优质客户的业务占比过高，使得银行网点的风险过于集中。如果某几个大客户出现违约情况，可能会对网点的财务状况造成巨大压力。

同时，资产业务下沉有助于银行网点优化业务结构，实现资产的多元化配置。通过向不同行业、不同规模的长尾客户提供融资服务，网点的风险得以分散。以某国有银行网点为例，在开展资产业务下沉之前，其贷款业务主要集中在大型制造业企业和国有企业，行业集中度较高。在推进资产业务下沉后，该网点加大了对小微企业、个体工商户以及农业领域的信贷投放力度。如今，其贷款业务涵盖了制造业、服务业、批发零售业、农业等多个行业，每个行业的贷款占比相对均衡。

这种多元化的业务结构，使得网点在面对外部经济环境变化时，具有更强的抗风险能力。即使某个行业出现下滑，其他行业的业务仍能保持相对稳定，从而保障了网点整体的资产质量和经营稳定性。

（三）强化区域影响力，提升品牌形象

银行网点作为金融服务的基层触角，与当地社区、企业和居民有着紧密的联系。积极开展资产业务下沉，为当地中小企业、小微企业和居民提供及时、有效的金融支持，能够促进地方经济的发展。

在一些经济欠发达地区或农村地区，中小企业和个体工商户是当地经济的重要支柱，但由于缺乏资金支持，发展受到限制。银行网点通过提供小额贷款、创业贷款等金融服务，帮助这些企业扩大生产规模、更新设备、拓展市场，从而带动当地就业和经济增长。例如，某农村商业银行在当地开展“助农贷”项目，为农户提供农业生产贷款，支持他们发展特色种植和养殖产业。许多农户在获得贷款后，成功扩大了种植养殖规模，增加了收入。

这种对地方经济的积极贡献，不仅能够赢得当地政府和企业的认可与支持，还能在社区和民众中树立良好的口碑。随着网点在区域内的影响力不断增强，其品牌形象也得到显著提升。一个在当地积极践行普惠金融的银行网点，更容易获得客户的信任和青睐。客户会因为银行网点对当地经济的支持和贡献，而更愿意选择在该网点办理业务，形成一种良性循环。例如，某城市商业银行在当地开展普惠金融服务多年，通过为中小企业提供融资支持，助力了众多企业的成长和发展。这些企业在自身发展壮大的同时，也成为了银行网点的忠实客户，并向其他企业和个人推荐该银行网点。这种口碑传播效应使得该银行网点在当地的市场份额不断扩大，品牌形象深入人心。

二、对网点经营管理的潜在挑战

（一）风险识别与管控难度增加

1.信息不对称问题突出

长尾客户群体由于自身规模和管理水平的限制，普遍存在信息透明度低的问题。许多中小企业和小微企业没有完善的财务制度，财务报表不规范甚至缺失，难以通过传统的财务分析方法评估其经营状况和偿债能力。同时，个体工商户和农户的经营活动往往较为分散，收入来源多样且不稳定，银行网点难以全面准确地掌握其真实收入情况。

例如，某个体工商户主要从事电商销售业务，其收入主要通过多个电商平台实现，资金流水分散在不同的支付账户中，且部分交易采用现金结算，银行网点在获取其准确的经营收入信息时面临较大困难。这种信息不对称使得银行网点在进行风险评估时缺乏足够的依据，增加了误判风险的可能性。

2.经营稳定性较差

与大型企业相比，中小企业和小微企业在市场竞争中处于相对弱势地位，抗风险能力较弱。它们往往受到宏观经济形势、行业竞争、原材料价格波动等多种因素的影响，经营稳定性较差。例如，在经济下行周期，市场需求萎缩，中小企业和小微企业由于缺乏足够的资金储备和市场渠道，更容易出现订单减少、资金链紧张等问题，导致还款能力下降。

此外，一些小微企业和个体工商户的经营模式较为单一，对特定客户或市场的依赖程度较高，一旦主要客户流失或市场出现变化，可能会面临生存危机。例如，某小微企业专门为一家大型企业提供零部件配套生产，当该大型企业因自身经营问题减少订单时，这家小微企业的经营立即陷入困境，无法按时偿还银行贷款。

3.缺乏有效抵押物

抵押物是银行传统信贷业务中降低风险的重要手段之一。然而，长尾客户群体普遍缺乏符合银行要求的有效抵押物。中小企业和小微企业的固定资产规模相对较小，且大多已用于抵押获取其他贷款；个体工商户和农户的资产主要以生产设备、存货和宅基地等为主，这些资产的价值评估难度较大，且流动性较差，难以作为有效的抵押物。

例如，某农户拥有一处农村宅基地和一些农业生产设备，希望以此作为抵押物向银行申请贷款扩大种植规模。但由于农村宅基地的产权流转存在一定限制，银行难以对其进行有效的抵押处置；农业生产设备的价值评估也较为复杂，且随着使用年限的增加，设备价值贬损较快，银行对其作为抵押物的接受程度较低。这使得农户在申请贷款时面临较大困难，同时也增加了银行的风险敞口。

（二）成本控制压力增大

1.人力成本上升

开展资产业务下沉，银行网点需要投入更多的人力进行客户拓展、业务审批和贷后管理工作。为了深入了解长尾客户群体的需求，网点需要增加营销人员深入社区、农村和小微企业聚集地进行宣传推广，这需要耗费大量的时间和精力。同时，由于长尾客户的业务规模较小、业务笔数较多，在贷款审批和贷后管理环节需要投入更多的人力进行细致的工作。

例如，某银行网点为了拓展农村市场，组建了专门的农村金融服务团队，定期深入各个村庄进行金融知识宣传和业务推广。团队成员需要与农户进行面对面的沟通，了解他们的生产经营情况和金融需求，帮助他们办理贷款申请手续。在贷款审批过程中，由于农户的资料相对不规范，需要工作人员花费更多的时间进行审核和整理。贷后管理方面，需要定期对农户的贷款使用情况和经营状况进行跟踪回访，确保贷款资金安全。这些工作都大大增加了网点的人力成本支出。

2.运营成本增加

长尾客户的业务特点决定了其运营成本相对较高。一方面，由于业务规模较小，单位业务的固定成本分摊较高。例如，在贷款发放过程中，无论贷款金额大小，都需要进行一系列的手续办理，包括合同签订、抵押登记等，这些固定成本对于小额贷款来说，占比相对较高。另一方面，为了满足长尾客户多样化的金融需求，银行网点需要不断创新金融产品和服务模式，这需要投入大量的研发成本和系统建设成本。

例如，某银行网点为了满足小微企业的供应链融资需求，开发了一套基于区块链技术的供应链金融系统。该系统的研发和建设投入了大量的资金和人力，同时在后期的运营维护中也需要持续投入成本。此外，为了提高业务办理效率和客户体验，网点还需要不断升级硬件设施，如建设智能化网点、配备先进的自助设备等，这些都进一步增加了运营成本。

3.风险成本上升

由于长尾客户群体的风险相对较高，银行网点在开展资产业务下沉时需要承担更高的风险成本。一旦出现不良贷款，银行需要进行催收、资产处置等工作，这将耗费大量的人力、物力和财力。同时，为了应对可能出现的风险，银行需要计提更多的风险准备金，这也增加了资金成本。

例如，某银行网点在向一家小微企业发放贷款后，由于该企业经营不善出现了还款困难。银行网点在催收过程中，需要安排专人与企业沟通协商，了解企业的实际情况，制订还款计划。如果催收无果，银行需要通过法律途径进行资产处置，这涉及律师费、诉讼费等一系列费用支出。此外，为了应对此类风险，银行需要在贷款发放时计提一定比例的风险准备金，这也降低了资金的使用效率。

（三）专业人才短缺

1.业务知识要求全面

资产业务下沉要求银行网点工作人员具备更加全面的业务知识。不仅要熟悉传统的信贷业务流程和风险评估方法，还要深入了解中小企业、小微企业和个体工商户的经营特点和金融需求。同时，不同行业的企业在经营模式、财务状况和风险特征等方面存在较大差异，工作人员需要具备跨行业的知识储备，能够为不同行业的客户提供专业的金融服务。

例如，在为一家科技型小微企业提供贷款服务时，工作人员需要了解该企业所处的科技行业发展趋势、技术创新特点以及知识产权价值评估方法等。同时，还要根据企业的研发周期、市场推广计划等制订合理的还款计划和金融服务方案。这对工作人员的业务知识水平提出了很高的要求。

2.金融科技应用能力不足

随着金融科技在普惠金融领域的广泛应用，银行网点工作人员需要具备一定的信息技术知识，能够运用大数据、人工智能、区块链等技术手段进行客户分析、风险评估和业务管理。然而，目前部分网点工作人员的金融科技应用能力相对不足，难以适应业务发展的需求。

例如，在利用大数据进行客户风险评估时，工作人员需要掌握数据挖掘、数据分析等技术，能够从海量的客户数据中提取有价值的信息，并运用合适的风险评估模型进行分析。但一些工作人员对这些技术的了解和掌握程度有限，无法充分发挥大数据在风险评估中的优势。

3.人才培养与引进困难

银行网点在专业人才培养和引进方面面临诸多困难。一方面，内部培养专业人才需要投入大量的时间和资源，且培养周期较长。在培养过程中，工作人员需要不断学习和实践，积累丰富的经验。但由于网点日常业务繁忙，工作人员往往缺乏足够的时间进行系统学习和培训。另一方面，外部引进专业人才也存在一定难度。具有丰富普惠金融业务经验和金融科技背景的专业人才相对稀缺，且这些人才往往更倾向于选择在金融机构总部或大型金融科技公司工作，银行网点在人才竞争中处于劣势。

第四节 基于网点竞争力提升资产业务下沉策略

从国家战略和实践探索来看，普惠业务下沉是一项长期性、战略性的系统工程，实施策略涵盖加强风险管控，完善评估与强化贷后管理；优化成本管理，提升效率与合理配置资源；加强人才培养与引进，建立激励机制；借助科技赋能，分析需求、推进线上化与提升风控，以保障业务稳健开展。

一、加强风险管控体系建设

（一）完善风险评估模型

一方面，利用大数据技术，整合客户多维度信息。除工商登记、税务、银行流水、信用记录、社交媒体数据外，还可纳入水电费缴纳、社保公积金缴存等信息。例如，与水电供应部门合作，获取企业或个人水电费缴纳的及时性数据，从侧面反映其经营稳定性或个人信用习惯。通过与住房公积金管理中心、社保部门对接，了解客户的就业稳定性和收入水平。以某电商小微企业为例，银行通过整合其在电商平台的交易流水、物流信息、客户评价数据，以及工商注册信息、税务申报数据等，构建出全面且精准的客户画像。经分析发现，该企业虽然成立时间较短，但在电商平台上的交易活跃度高、客户好评率高，且按时纳税，综合评估后认为其具有较高的发展潜力和还款能力，给予了相应的信贷支持。

另一方面，运用机器学习、深度学习等先进算法对整合后的数据进行深度挖掘。例如，采用随机森林算法，通过构建多个决策树对客户数据进行分类和预测，能有效处理数据中的噪声和缺失值，提高风险评估的准确性。同时，利用神经网络算法，模拟人脑神经元的工作方式，对客户的复杂行为模式和风险特征进行学习和识别。某银行利用深度学习算法对海量客户数据进行训练，建立了风险评估模型。该模型在实际应用中，能够准确识别出潜在风险客户，将不良贷款率降低了0.8%。此外，定期对模型进行回溯测试，根据市场变化和业务发展情况，及时调整模型参数，能确保其有效性和适应性。例如，在经济形势发生变化时，调整模型中宏观经济指标的权重，以更准确地反映风险状况。

（二）强化贷后管理

一方面，要利用信息技术手段，建立贷后实时监控系统，对贷款资金使用、客户经营和财务状况进行实时跟踪。例如，通过与企业的财务软件系统对接，实时获取企业的财务数据，包括资产负债表、利润表、现金流量表等，及时掌握企业的财务状况变化。借助物联网技术对抵押物进行实时监控，如给抵押的机器设备安装传感器，实时监测设备的运行状态、使用频率等信息，确保抵押物的价值稳定。某银行对一家制造业企业发放贷款后，通过实时监控系统发现该企业的应收账款回笼周期变长，库存积压增加，财务状况出现恶化迹象。银行及时与企业沟通，了解情况后，协助企业调整经营策略，并制定了相应的风险应对措施，有效避免了贷款风险的进一步扩大。

另一方面，要强化动态风险预警机制。可以设定一系列风险预警指标，如企业的资产负债率、流动比率、应收账款周转率等财务指标，以及行业动态、市场价格波动等外部指标。当指标达到预警阈值时，系统自动发出预警信号。例如，当某企业的资产负债率超过70%或所在行业出现重大政策调整可能影响企业经营时，系统能及时提醒银行网点工作人员。工作人员根据预警信息，及时对客户进行回访，了解具体情况，采取相应的风险防范措施。对于风险较高的客户，可要求其提前偿还部分贷款、追加担保措施或调整还款计划等。

此外，要加强风险处置能力，建立专业的风险处置团队，制定完善的风险处置流程。当出现不良贷款时，风险处置团队迅速介入，根据客户的具体情况，采取合适的处置方式。对于有还款意愿但暂时遇到困难的客户，可通过债务重组、展期等方式帮助其渡过难关；对于恶意逃避债务的客户，果断采取法律手段，维护银行的合法权益。例如，某银行在处理一笔不良贷款时，发现借款企业虽然经营陷入困境，但核心资产仍具有一定价值。风险处置团队与企业进行协商，制订了债务重组方案，将部分贷款转为股权，同时引入战略投资者对企业进行重组。经过一段时间的运营，企业经营状况逐渐好转，银行不仅收回了贷款，还获得了一定的投资收益。

二、优化成本管理

（一）提升运营效率

通过业务流程再造，对资产业务下沉相关的业务流程进行全面梳理和优化，消除烦琐、不必要的环节。例如，采用无纸化办公模式，实现贷款申请资料的线上提交、审核和存储，减少纸质文件的传递和处理时间。利用电子签名技术，简化合同签订流程，提高业务办理速度。某银行通过业务流程再造，将小微企业贷款的审批时间缩短，大大提高了客户满意度。同时，建立标准化的业务操作流程，明确各岗位的职责和工作标准，减少人为因素导致的操作失误和效率低下问题。

通过引入智能化的信贷审批系统、客户关系管理系统和风险管理系统等，实现业务处理的自动化和智能化。信贷审批系统可根据预设的规则和模型，自动对客户的贷款申请进行初步审核和风险评估，提高审批效率。客户关系管理系统能够对客户信息进行集中管理和分析，为精准营销和个性化服务提供支持。风险管理系统可实时监测风险状况，及时发出预警信号。例如，某银行利用智能化信贷审批系统，对小额贷款申请实现了秒批，极大地提高了业务处理效率，降低了运营成本。

（二）加强成本核算与分析

通过建立完善的成本核算体系，将成本核算细化到每一笔业务、每一个客户和每一个环节。例如，对于贷款业务，不仅要核算资金成本、运营成本，还要考虑风险成本、营销成本等。通过作业成本法，将各项成本按照业务流程中的作业环节进行分配，准确计算出每个环节的成本消耗。某银行通过精细化成本核算发现，在小微企业贷款业务中，贷后管理环节的成本占比较高。针对这一情况，银行优化了贷后管理流程，利用大数据进行批量监测等措施，有效降低了贷后管理成本。

通过定期对各项业务进行成本效益分析，评估业务的盈利能力和资源配置效率。根据分析结果，调整业务策略和资源配置方向。对于成本高、效益低的业务，进行优化或调整；对于具有发展潜力但当前成本较高的业务，采取针对性的成本控制措施，提高其盈利能力。例如，某银行在对个人消费贷款业务进行成本效益分析后发现部分低额度、高风险的贷款产品盈利能力较差。银行对这部分产品进行了优化，提高了贷款利率，同时加强了风险控制，使得该业务的整体效益得到了提升。

（三）开展集约化经营

可设立专门的普惠金融业务集中处理中心，将贷款审批、贷后管理、账务处理等业务环节进行集中处理。通过集中化的运作模式，实现资源的共享和优化配置，提高业务处理的专业化水平和效率。例如，某银行在区域中心城市设立了普惠金融业务集中处理中心，负责周边多个网点的贷款审批工作。中心配备了专业的审批人员和先进的技术设备，采用标准化的审批流程和风险评估模型，大大提高了审批效率和质量。同时，通过集中管理，降低了人力成本和运营成本。

通过搭建共享服务平台，整合人力、物力、技术等资源，为各网点提供统一的支持服务。例如，建立共享的客服中心，集中处理客户的咨询、投诉等问题；建设共享的培训中心，为员工提供统一的业务培训；打造共享技术平台，为各网点提供信息化支持。某银行通过共享服务平台建设，实现了资源的高效利用，降低了各网点的运营成本，实现了统一的服务标准和流程，提高了客户满意度。

三、加强人才培养与引进

（一）内部培训与提升

根据资产业务下沉的实际需求，制订系统的内部培训计划。培训课程涵盖普惠金融政策法规、信贷业务知识、风险管控技能、金融科技应用、行业分析等方面。针对不同岗位和业务水平的员工，设计定制化的培训内容。例如，对于新入职员工，重点开展基础业务知识和职业素养培训；对于客户经理，加强行业分析、客户营销和风险管理培训；对于风险管理人员，深化风险评估模型、风险预警和处置等方面的培训。通过线上线下相结合的方式，如网络课程、内部讲座、案例研讨、实地调研等，丰富培训形式，增强培训效果。

建立导师制培养机制，选拔经验丰富、业务能力强的员工担任导师，与新员工或业务能力有待提升的员工结成对子。导师通过言传身教，帮助徒弟在实际工作中学习业务知识、掌握工作技能、积累工作经验。定期对导师和徒弟进行考核评价，根据考核结果给予相应的激励和奖励，确保导师制的有效实施。例如，某银行的一位资深客户经理作为导师，带领一名新入职的客户经理开展工作。在导师的指导下，新客户经理在短短几个月内就熟悉了业务流程，掌握了客户营销技巧，成功拓展了多个优质客户。

推行岗位轮换制度，让员工在不同岗位之间进行轮换，拓宽员工的业务视野，培养复合型人才。通过岗位轮换，员工能够深入了解银行的各项业务，提高综合业务能力和协同工作能力。例如，让风险管理人员到信贷业务岗位进行轮岗，使其更好地了解贷款业务的实际操作和风险点；让客户经理到贷后管理岗位轮岗，增强其风险意识和贷后管理能力。某银行通过岗位轮换制度，培养了一批既懂业务又懂风险的复合型人才，为资产业务下沉提供了有力的人才支持。

（二）外部人才引进

制定精准的人才引进策略，明确所需人才的专业背景、工作经验和技能要求。重点引进具有丰富普惠金融业务经验、金融科技背景、行业分析能力的专业人才。通过参加专业人才招聘会、与高校和专业机构合作、利用网络招聘平台等多种渠道，广泛招聘优秀人才。例如，某银行在招聘时，明确要求应聘普惠金融业务岗位的人员具有3年以上相关工作经验，熟悉小微企业和个体工商户的金融需求，能够运用大数据等技术进行风险评估和客户管理。其通过精准招聘，吸引了一批高素质的专业人才加入。

建立具有竞争力的人才激励机制，吸引和留住外部人才。在薪酬待遇方面，提供具有市场竞争力的薪资和福利，同时制定绩效奖金、项目奖金等激励措施，根据员工的工作业绩给予相应的奖励。在职业发展方面，为人才提供广阔的发展空间和晋升机会，建立多元化的职业发展通道。

（三）建立激励机制

建立科学合理的绩效挂钩制度，将员工的绩效与普惠业务发展成果紧密结合。绩效指标包括客户拓展数量、贷款发放金额、贷款质量、客户满意度等方面。例如，对于客户经理，根据其成功拓展的小微企业客户数量和贷款发放金额给予相应的绩效奖励；对于风险管理人员，根据贷款的不良率和风险控制效果进行考核评价。通过绩效挂钩，充分调动员工的积极性和主动性，鼓励员工积极参与资产业务下沉工作。

除物质激励外，还可以建立荣誉激励机制，对在资产业务下沉工作中表现突出的团队和个人进行表彰和奖励。设立“普惠金融之星”“优秀团队奖”等荣誉称号，通过内部宣传、表彰大会等形式，对获奖团队和个人进行宣传和奖励，激发员工的荣誉感和责任感。例如，某银行每年举办一次普惠金融表彰大会，对在过去一年中对为资产业务下沉作出突出贡献的团队和个人进行表彰，在全行范围内营造了积极参与普惠金融业务的良好氛围。

四、科技赋能

（一）利用大数据分析客户需求

通过收集和整合客户的交易数据、行为数据、偏好数据等信息，构建精准的客户画像。例如，利用客户在银行的储蓄、理财、贷款等交易数据，分析客户的资金流动情况和金融需求；通过客户在网上银行、手机银行的操作行为数据，了解客户的使用习惯和偏好；借助社交媒体数据，挖掘客户的兴趣爱好和社交关系。基于客户画像，银行能够深入了解客户的个性化需求，为客户提供精准的金融产品推荐服务。例如，某银行通过分析客户画像发现，一位客户近期频繁进行股票交易，且资金量较大，同时对风险较为敏感。银行根据这一信息，向该客户推荐了一款与股票市场挂钩的低风险理财产品，客户对推荐产品非常满意。

运用大数据分析技术，建立客户需求预测模型。通过对历史数据的学习和分析，预测客户未来的金融需求趋势。例如，根据小微企业的销售季节性特点、行业发展趋势以及宏观经济环境等因素，预测企业在不同时期的融资需求。银行根据需求预测结果，提前做好资金准备和产品设计工作，提高服务的及时性和针对性。某银行利用需求预测模型，准确预测到某行业的小微企业在特定季节前会有大量的原材料采购资金需求，提前推出了针对性的贷款产品，并主动与企业联系，及时满足了企业的融资需求，赢得了企业的信任和好评。

（二）推进线上化服务

加强线上金融服务平台建设，整合手机银行、网上银行、微信银行等渠道，实现贷款申请、审批、发放、还款等业务环节的全流程线上化。优化线上平台的用户界面和操作流程，提高客户体验。例如，某银行的手机银行推出了“一键贷款”功能，客户只需在手机上填写简单的申请信息，上传相关资料，系统即可自动进行审核和审批，贷款资金最快可在几分钟内到账。这种便捷的线上服务模式，吸引了大量客户，尤其是年轻客户和长尾客户群体。

利用线上渠道开展精准营销和服务创新。通过社交媒体平台、网络广告等渠道，进行线上产品宣传和推广，提高产品的知名度和影响力。同时，开展线上客户服务，如在线客服、智能客服等，及时解答客户的疑问和问题。例如，某银行在微信公众号上开展了“普惠金融知识问答”活动，吸引了大量客户参与，既普及了普惠金融知识，又宣传了银行的产品和服务。此外，银行还利用智能客服，实现了7×24小时不间断服务，快速响应客户的咨询和需求，提高了客户满意度。

（三）应用人工智能技术提升风险管控水平

利用人工智能技术，建立智能风险预警系统。通过对客户的交易数据、行为数据、财务数据等进行实时监测和分析，及时发现潜在的风险点。例如，当系统发现客户的交易行为出现异常，短期内频繁大额转账、资金流向异常账户等，自动发出预警信号。智能风险预警系统能够快速、准确地识别风险，为银行提前采取风险防范措施提供支持。某银行的智能风险预警系统在运行过程中，及时发现了一笔异常交易，经核实，该交易涉及电信诈骗。银行迅速采取措施，冻结了相关账户，避免了客户的资金损失，同时也降低了银行的潜在风险。

运用人工智能算法，实现风险评估的自动化和智能化。传统的风险评估方式需要人工对客户的资料进行审核和分析，耗时较长且主观性较强。人工智能风险评估系统能够根据预设的模型和算法，自动对客户的风险进行评估，提高评估效率和准确性。例如，某银行利用人工智能风险评估系统，对贷款申请客户进行快速评估，评估结果与人工评估结果的一致性达到97%以上，大大缩短了贷款审批时间，提高了业务处理效率。

引入智能催收系统，利用语音识别、自然语言处理等技术，实现催收工作的自动化和智能化。智能催收系统能够根据客户的还款情况和逾期天数，自动生成个性化的催收方案，并通过电话、短信、邮件等方式进行催收。例如，对于逾期时间较短的客户，系统自动发送温馨提醒短信；对于逾期时间较长的客户，系统自动拨打催收电话，并进行语音沟通。智能催收系统的应用，提高了催收效率，降低了人力成本，同时也避免了人工催收过程中的一些不规范行为。

第十一章　银行网点重点零售客群服务策略研究

在数字化转型加速与金融市场竞争加剧的背景下，深入研究银行网点对重点零售客群的服务策略，对商业银行提升竞争力、满足客户多元化需求意义重大。本章聚焦于此，先剖析银发、代发、私银、商贸四类重点零售客群。从客群特征、与银行网点的关联、不同金融机构实践等方面展开，揭示不同客群的金融需求、行为特点及银行服务现状。针对不同客群，分别提出涵盖环境优化、产品创新、服务升级等多维度的服务思路与路径。本章旨在为商业银行网点提供全面且具针对性的策略，助力其在数字化时代精准服务各类零售客群，提升服务质量与效率，实现可持续发展，在金融市场中占据优势地位。

第一节　银发客群

在人口老龄化加速的大趋势下，银发客群在金融市场的地位举足轻重。其具有的特殊金融需求与行为特点，既给银行网点服务带来新挑战，也创造了新机遇。鉴于养老金融的核心内涵与长远发展战略，银行网点作为金融服务的关键基层单元，需深度剖析银发客群，积极汲取各类金融机构在养老金融实践中的成功经验，以此为依据精准定位自身发展方向，进而制定出切实可行且高效的服务策略，全方位提升服务品质与竞争力，推动养老金融服务在银行网点层面的高质量发展。

一、银发客群特征分析

（一）生理健康局限与风险偏好稳健

随着年龄增长，人们的身体机能衰退成为普遍现象。世界卫生组织的相关研究指出，约60%的65岁及以上老年人存在不同程度的视力障碍，这使得他们在阅读金融合同细则、查看电子银行界面信息时面临巨大困难。在银行业务办理现场，常能看到银发客户因视力不佳而需要工作人员协助解读文件内容。听力方面，约40%的同年龄段老年人有听力减退问题，这严重阻碍了他们通过电话银行或线上金融讲座获取金融资讯，导致信息获取渠道受限，进而影响金融决策效率。

从心理维度审视，长期的生活阅历塑造了老年人对金融稳定的强烈追求。一项针对500位银发投资者的调查结果显示，高达85%的受访者表示在选择金融产品时，首要考量因素是本金安全，其次才是收益。他们倾向于将资金存放于国有大型银行或知名金融机构，对高风险的新兴金融创新产品持谨慎态度。例如，在P2P网贷热潮时期，银发客群的参与度极低，仅占总参与人群的5%左右，远低于其他年龄段群体。尽管他们对新金融工具接受迟缓，但一旦与金融机构建立信任关系，其忠诚度便坚如磐石。某银行的长期跟踪数据表明，银发客户的平均流失率仅为10%，远低于整体客户平均流失率20%的水平，为金融机构提供了稳定的客户资源。

（二）金融素养提升与数字鸿沟受阻

在金融知识与经验的版图上，银发客群呈现出鲜明的两极分化态势。近年来，多数银发族在传统金融领域积累了扎实功底。央行的金融素养调查报告显示，约70%的银发客群能够熟练办理储蓄业务，对定期存款利率计算、存款期限选择等操作得心应手。比如，在一些中小城镇，老年储户能够精准计算不同银行、不同期限存款的利息收益差异，合理规划储蓄组合。

然而，当面对金融科技催生的新兴金融产品与服务时，他们却陷入了知识困境。互联网金融的迅速崛起，使电子银行、智能投顾、数字货币等创新产品如雨后春笋般涌现，但银发客群的适应步伐却相对滞后。相关数据表明，仅有30%的银发客群使用过手机银行进行转账汇款等基础操作，而对于线上理财购买、金融衍生品交易等复杂功能，使用率不足10%。在金融理财领域，尽管部分老年人对银行理财产品有一定兴趣，但对产品风险评级、收益计算方式缺乏深入理解，往往望而却步。例如，在某银行理财产品推广活动中，超过80%的银发客户选择了风险等级最低的产品，即便其收益并非最优，这充分凸显了他们在新兴金融知识方面的短板。

（三）消费行为务实与储蓄行为主导

消费与储蓄习惯是银发客群金融行为的核心驱动力。市场调研机构的数据显示，在日常消费中，银发客群在购买商品时对价格的敏感度高达75%，相较于其他年龄段消费者，其更倾向于选择性价比高的品牌和产品。在选择金融服务时，他们同样注重费用成本，如银行账户管理费、转账手续费等，对于费用较高的金融服务产品接受程度较低。

储蓄在银发客群的金融规划中占据着举足轻重的地位。统计数据表明，我国银发客群的储蓄率长期维持在40%以上，远高于其他年龄段群体。其储蓄动机主要聚焦于养老保障、医疗应急和子女财富传承。以养老为例，随着预期寿命延长和社会养老保障体系的逐步完善，银发客群仍需通过自身储蓄为晚年生活品质提供坚实支撑。在医疗方面，面对可能出现的高额医疗费用，储蓄成为银发客群应对风险的重要手段。据不完全统计，约60%的老年家庭医疗费用支出依赖个人储蓄。在子女传承方面，许多银发客群将毕生积蓄视为家族财富延续的重要保障，通过合理储蓄规划确保资产平稳传递给下一代，在家庭财富传承链条中发挥着关键节点作用，深刻影响着家庭金融资产的配置与流动。

二、银行网点与银发客群的深度关联

（一）到店频次高

随着年龄增长，银发客群在金融服务获取上更倾向于线下渠道。相关数据显示，银发客群到银行网点办理业务的月均频次达2~3次，显著高于其他年龄段客群。这主要归因于他们对传统金融服务方式的习惯，以及对线上金融操作的不熟悉。例如，在养老金领取、定期存款转存等基础业务上，许多老年人更信赖在银行网点现场办理，认为这样更直观、更安全。在一些社区银行网点，早上营业高峰时段，排队办理业务的客户中银发客群占比常超70%，他们会详细咨询利率变动、业务流程等问题，对银行工作人员的服务依赖度较高。

（二）贡献率大

从金融贡献角度看，银发客群是银行稳定资金的重要来源。他们储蓄倾向高，储蓄存款在银行整体存款结构中占比可观，部分银行该比例达35%~45%。以某国有大型银行的一个县域网点为例，其储蓄存款余额中，银发客群贡献了约40%，且这些存款期限较长，稳定性强，为银行提供了低成本、长期限的资金支持。同时，在理财业务方面，尽管银发客群对新兴理财产品接受度相对较低，但对传统稳健型理财产品的购买意愿较高，如定期理财产品、国债等，是此类产品的主要购买群体之一，为银行理财业务收入增长贡献了稳定力量，在理财业务收益中的贡献率约为30%。

（三）综合化强

在综合化便民服务方面，银行网点不断拓展服务内容。除基础金融服务外，还提供多样化便民服务。部分网点设置了便民休息区，配备饮水机、急救箱、老花镜等，满足老年人临时休息和应急需求；有的网点提供水电费代缴、公交卡充值等服务。在某一线城市的社区银行网点，增设了智能设备体验区，工作人员手把手教老年人使用手机银行、智能穿戴设备等，帮助他们跨越数字鸿沟。这些便民服务举措极大提升了银发客群对银行网点的满意度和忠诚度，相关调查结果显示，享受过综合化便民服务的银发客群中，对银行网点的满意度高达85%，推荐意愿也显著增强。

（四）场景丰富

为更好服务银发客群，银行网点积极推进社区嵌入式建设。通过在社区内或周边设立网点，缩短与银发客群的物理距离，提高服务便利性。例如，在一些成熟社区，银行网点与社区活动中心、菜市场相邻，方便老年人在日常出行时顺路办理金融业务。这种嵌入式布局不仅提升了业务办理效率，还促进了银行与社区的深度融合。银行网点常与社区联合举办金融知识讲座、健康义诊等活动，以社区为平台精准触达银发客群，提高他们对银行的认同感和信任度。某社区银行网点与社区合作开展了一系列金融防诈骗讲座，参与的银发居民达500余人次，活动后该网点在社区的知名度大幅提升，开户数量增长了20%。

三、不同类型金融机构的实践探索

（一）国有银行

1.网点设施改造，打造无障碍金融空间

中国工商银行某网点位于上海某老龄化社区周边，该网点无障碍通道的设计充分考虑了轮椅的回转半径，坡度严格控制在安全范围内，确保老年客户能够安全、便捷地进入网点；爱心座椅不仅数量充足且采用了符合人体工程学的设计，配备柔软的坐垫和靠背，为老年客户提供舒适的等候体验；老花镜和放大镜的配备细致入微，依据常见的视力衰退程度，准备了不同度数的老花镜，并在咨询台和业务办理区设置了可调节亮度和放大倍数的电子放大镜，方便老年客户查看复杂的金融文件和条款。网点布局优化后，业务办理区域按照业务类型进行了清晰划分，如储蓄业务区、理财业务区等，并设置了醒目的引导标识。经统计，该网点老年客户业务办理的平均等待时间缩短了25%，办理效率提高了30%，客户满意度从之前的75%跃升至92%。

2.金融产品定制贴合需求的稳健特征

中国农业银行针对银发客群推出的“安享岁月”养老理财产品，充分体现了精准定制的理念。在产品设计阶段，研发团队深入调研了大量老年客户的资金使用习惯和风险偏好。例如，对于有定期医疗支出需求的客户，设计了按季度付息的产品模式；对于倾向于长期资产保值增值的客户，推出了5年期的封闭型产品，预期年化收益率在4.2%~4.8%之间，且收益波动极小。该产品自上市以来，在全国范围内吸引了超过80万名银发客户认购，募集资金规模突破500亿元。对客户投资组合进行跟踪分析后发现，投资该产品后，老年客户的资产组合稳定性显著提升，在市场波动期间，资产损失率较以往降低了40%，为银发客群的养老资金提供了安全、稳定的增值渠道，巩固了中国农业银行在养老金融领域的市场地位。

（二）股份制银行

1.线上服务优化，跨越数字鸿沟的便捷通道

招商银行精心打造的手机银行老年版在提升银发客群线上服务体验方面成绩卓著。其界面设计不仅字体放大、图标简化，还采用了高对比度的色彩方案，便于老年客户识别。操作流程的简化更是直击痛点，转账功能实现了一键式操作，且提供了语音确认和短信提醒双重保障；查询功能支持语音搜索和智能分类，老年客户只需说出需求，即可快速获取账户信息。

语音导航涵盖了从登录到业务办理的全流程，支持多种方言识别，确保不同地域的老年客户都能顺畅使用。视频教程内容丰富且更新及时，根据老年客户的反馈不断优化。以广州某社区为例，该社区老年客户在使用手机银行老年版6个月后，线上业务办理频率从每月不足1次提升至4次，线上交易金额占比从10%增长至

40%，成功帮助老年客户融入数字金融时代，拓宽了金融服务的渠道和边界。

2.开展金融教育活动，筑牢防诈骗防线与提升金融素养

兴业银行举办的金融知识讲座在提高银发客群金融素养方面发挥了重要作用。其深圳分行组织的一次系列讲座中，邀请了金融监管部门专家、资深理财顾问和法律专业人士组成强大的讲师团队。讲座内容紧密结合当下热点金融诈骗案例，如以“养老项目非法集资”“虚拟货币陷阱”等典型案例为切入点，深入剖析诈骗分子的作案手法和防范要点。

讲解过程中，采用了情景再现、互动问答等形式，激发了老年客户的学习兴趣。讲座结束后进行了效果评估，参与讲座的1 000名老年客户中，有95%表示能够准确识别常见金融诈骗手段，对理财知识的理解和运用能力也有了显著提升。在后续的半年内，该地区兴业银行网点涉及老年客户的金融诈骗案件发生率降低了80%，保障了老年客户的财产安全，提升了银行在老年客户群体中的品牌形象和社会公信力。

（三）城商行

1.社区服务深化，融入社区生活的金融伙伴

北京银行与当地社区合作设立的金融服务站，已成为社区金融服务的核心枢纽。以北京某大型社区内的金融服务站为例，其除了提供常规的储蓄、转账、代收代付等基础业务外，还有专业金融顾问每周定期驻点，为老年客户提供一对一的个性化金融咨询，内容涵盖养老规划、理财产品选择、保险理赔等方面。

社区金融知识竞赛活动每次都吸引了数百名老年居民参与，竞赛题目涵盖金融基础知识、防诈骗技巧、最新金融政策等。老年才艺展示活动则丰富了社区文化生活，增进了邻里感情。通过这些活动，该社区内北京银行的客户存款余额在一年内增长了40%，新增老年客户开户数增长了60%，促进了银行与社区的深度融合，实现了金融服务与社区生活的良性互动，提升了银行在社区的知名度和美誉度。

2.专属服务团队，定制化服务的温暖传递

上海银行的银发客群专属服务团队以其专业、贴心的服务赢得了老年客户的高度赞誉。团队成员均经过严格的老年心理学、金融专业知识学习和沟通技巧培训。例如，在为一位退休医生进行资产规划时，服务团队首先对其家庭财务状况进行了全面梳理，包括房产、存款、保险等资产情况，以及每月的生活支出、医疗费用等。结合其希望在保障生活品质的同时实现资产稳健增值的需求，为其制订了包括定期存款、债券基金、长期护理保险在内的综合资产配置方案。

同时，在重要节日和客户生日，团队成员会带着精心准备的礼物上门慰问，同时了解客户对服务的满意度和新需求。通过这种精细化的服务模式，该团队服务的老年客户满意度始终保持在98%以上，客户流失率控制在3%以内，为银行培养了一批忠实的老年客户群体，显著提升了银行在银发客群中的市场竞争力和品牌忠诚度。

（四）农商行

1.农村金融服务拓展，打通农村养老金融服务“最后一公里”

江苏农商联合银行的“金融下乡”活动为农村银发客群带来了极大的便利与实惠。在一次针对偏远山区的大规模服务活动中，工作人员精心准备了先进的移动终端设备和齐全的业务办理材料，不辞辛劳地穿梭于各个村庄之间。在一个拥有800多名老年人的山区乡镇，经过为期一周的集中服务，成功激活社保卡700多张，使得大部分老人能够及时享受到社保福利。同时，工作人员深入了解老人们的实际需求，为200多位有资金需求的老人办理了小额贷款申请手续，切实解决了他们在农业生产资料购买、医疗费用支付等方面的燃眉之急。

工作人员在现场开展金融知识普及活动时，采用了生动形象的案例和通俗易懂的语言，向农村老年人详细讲解农业补贴、养老补贴等政策信息。例如，通过讲述隔壁村庄老人成功领取补贴改善生活的实例，让老人们更直观地理解政策内容。工作人员还通过现场问答、模拟申请等互动环节，确保政策知晓率达到95%以上。

活动结束后，该乡镇的农村金融服务覆盖率提升了35%，老年客户对该行的信任度和满意度大幅提升，为其在农村地区的业务拓展奠定了坚实基础，促进了农村金融服务的普惠性和均等化发展。

2.特色信贷产品，创新信贷支持农村养老事业

重庆农村商业银行推出的“养老贷”产品在农村地区发挥了重要作用，成为许多农村老人改善生活的有力支撑。在某县，一位68岁的老人一直居住在老旧房屋中，想翻修房屋以改善居住环境，但因子女经济条件有限，资金存在较大缺口。通过申请“养老贷”，老人经过银行详细的审核流程，综合考虑其土地承包经营权、家庭收入稳定性等因素后，成功获得了8万元的低息贷款，贷款期限为3年，年利率仅为3.8%。

银行在贷款发放后，还为老人提供了贴心的金融服务跟踪。定期回访老人的生活状况和还款能力，同时为老人提供一些简单的理财建议，帮助老人合理规划资金用途。自推出以来，“养老贷”产品在当地已累计发放贷款8 000余万元，帮助了1 000多位农村老年人改善生活质量，得到了当地政府和老年群体的高度认可与好评。不仅如此，该产品还带动了当地农村消费市场的发展，建材、家居等相关行业的销售额有了明显增长。该行的信贷产品体系拓展了农村金融服务的深度和广度，在助力农村养老事业发展方面发挥了积极且显著的作用，成为农村金融服务创新的成功典范，吸引了其他地区农商行纷纷学习借鉴，进一步推动了农村养老金融服务的发展与完善。

四、银行网点服务银发客群的思路与路径

银行网点在服务银发客群方面，需采取一系列综合且细致的策略，以打造无障碍、高效且充满人文关怀的金融服务环境。具体来看，需要从环境优化、流程简化、员工培训、产品创新、教育宣传到情感关怀等多方面综合施策，以科技赋能，以温情为本，共同构建适老化金融服务新生态。

（一）网点环境与设施优化

银行网点需全面升级无障碍设施，如增设自动门、防滑地板及扶手，确保轮椅通行无阻且安全。营业大厅内，设立专属休息区，配备符合人体工程学的舒适座椅、饮水机及应急药品箱，营造贴心关怀氛围。柜台设计采用可调节高度，增设低位服务窗口，便于坐轮椅或身高较矮的老年客户轻松互动。此外，应引入智能语音导航与视觉辅助系统，通过声音引导及屏幕文字放大，进一步提升服务便捷性。

（二）服务流程革新

优化业务流程，推行“一网通办”，减少纸质材料要求，利用电子文档上传、人脸识别等技术简化手续。设立银发服务专员，实施一对一陪伴式服务，从进门到业务办结全程引导，协助操作自助设备，缩短等待时间。引入弹性服务时段，如开设晨间或傍晚的老年专窗，提供上门收单、远程视频服务等，灵活满足老年客户需求。

（三）员工能力跃升

加强员工老年心理学及沟通技能培训，掌握情绪安抚、非言语沟通等技巧，以更加细腻、耐心的态度服务老年客户。定期组织养老金融、智能科技应用等专题培训，提升团队专业素养，确保能为老年客户提供精准的财务规划建议。同时，鼓励员工考取相关证书，增强服务权威性。

（四）金融产品与服务创新

深化养老金融产品线，推出定期存款自动续存、养老金稳健增值计划等，满足不同风险偏好的老年客户养老储备需求。结合大数据分析，为老年客户提供个性化资产配置建议，如结合生命周期理论的养老投资组合。同时，探索“金融+健康+养老”综合服务模式，如与医疗机构合作推出“健康保险+医疗服务”套餐，将金融服务融入生活。

（五）金融教育与防骗宣传

建立常态化的金融知识教育体系，利用网点多媒体展示、微信公众号推送等形式，普及防骗技巧、理财误区解析等内容。定期举办“智慧养老·金融安全”主题讲座，邀请法律专家、公安干警现场讲解，通过模拟诈骗场景，提高老年客户的识别与应对能力。同时，开发防骗小程序，提供即时预警服务，全方位守护老年客户财产安全。

（六）客户关系管理与情感连接

运用CRM系统，精细化管理银发客群信息，基于行为分析提供定制化服务方案，如节日专属理财产品、健康监测服务预约等。举办“银龄悦享”系列主题活动，如养生讲座、兴趣小组聚会。通过定期满意度调查，收集反馈意见，不断优化服务细节，确保银发客群感受到家一般的温暖与尊重。

第二节　代发工资客群

代发工资客群作为银行零售业务的基石，其重要性不容忽视。他们不仅为银行提供了稳定的资金来源，更是推动银行业务多元化、提升综合收益的重要力量。因此，银行应高度重视这一客户群体，通过精准的市场定位、优质的产品创新和服务提升，不断巩固和拓展这一市场，为银行的长期发展奠定坚实基础。

一、客群的重要性探讨

（一）银行体系的整体视角

从资金沉淀角度看，代发工资客群以其稳定的薪资收入，成为银行活期存款的重要来源。以一家中等规模的企业为例，假设其月工资发放总额为500万元，即便留存率仅维持在30%的保守水平，每月也能为银行带来150万元的低成本活期存款。这些资金不仅为银行提供了稳定的流动性支持，还极大地提高了银行的资金实力和抗风险能力。更重要的是，随着代发工资客群规模的不断扩大，这种资金沉淀效应将愈发显著，能为银行的长期发展奠定坚实基础。

从客户获取与拓展的角度看，代发工资客群不仅是银行资金的重要来源，更是银行交叉销售金融产品的优质潜在客户群体。通过代发业务这一桥梁，银行得以与这些客户建立起初步的联系，进而为其提供更加全面、多元化的金融服务。实践表明，成功营销代发工资客群办理信用卡的概率远高于普通客户。同时，这一群体在购买理财产品方面的意愿也更为强烈，相比普通客户，其购买可能性高出约30%。这一数据充分说明了代发工资客群在银行零售业务中的巨大潜力。

从推动零售业务多元化发展的角度看，借助代发工资客群，银行得以有效推动零售业务的多元化发展。通过精准的市场定位和产品策略，银行可以向这一客户群体推广包括信用卡、理财产品、个人贷款在内的多种零售产品，从而满足不同客户的个性化需求。这种多元化的产品组合不仅提升了客户对银行的产品持有种类和业务的黏性，还有力推动了银行综合收益的提升。

从市场竞争角度看，实践中，代发工资客群以其稳定的收入来源、较高的消费能力和较强的金融需求，已成为各大银行竞相争夺的优质客户资源。银行通过优化代发工资服务流程、提升客户服务体验、加强产品创新等措施，不断深化与这一客户群体的合作关系，进而实现零售业务的持续稳健发展。

（二）银行网点的竞争力视角

在银行网点的竞争力构建中，代发工资客群的重要性不言而喻，其不仅是银行零售业务的核心资源，更是提升网点综合竞争力的关键所在。以下深入剖析代发工资客群的重要性。

1.综合性金融产品渗透，提升客户综合贡献度

一方面，代发工资客群通常具有一定的消费能力和储蓄意识，是银行理财产品的重要潜在客户。向代发客群推广理财产品，银行网点不仅能够增加中间业务收入，还能够提升客户的资金利用率和满意度。同时，理财产品的渗透也有助于银行网点构建多元化的产品体系，满足不同客户的个性化需求，从而提升网点的综合竞争力。另一方面，代发工资客群由于具有稳定的收入来源和良好的信用记录，是信用卡以及相关消费类信贷产品营销的理想目标客户。通过向代发客群推广信用卡，银行网点不仅能够增加信用卡的发卡量，还能够提升信用卡的活跃度和使用率，从而拓宽收入来源，提升网点的盈利能力；通过向代发工资客群推广信用消费贷等金融产品，银行网点不仅能够满足客户的多样化金融需求，还能够提升网点的综合金融服务能力，增强网点的市场竞争力。

2.考核导向明显，提升网点业绩

代发工资客群作为银行网点的稳定资金来源，其数量和质量直接关系到网点的业绩考核。一方面，代发工资客群的活期存款留存率、理财产品购买率等指标是银行网点绩效考核的重要组成部分，直接影响网点的综合得分和排名。另一方面，代发工资客群的拓展和维护也是银行网点员工业绩考核的重要方面，可以激励员工积极提高服务质量，深化客户关系，从而推动网点整体业绩的提升。

3.日常服务的主要内容，增强客户黏性

代发工资客群是银行网点日常服务的主要对象之一。通过提供便捷、高效的薪资发放服务，银行网点能够赢得客户的信任和依赖。同时，针对代发工资客群，银行网点还可以提供包括账户查询、转账汇款、理财咨询等在内的多样化服务，满足客户的日常金融需求。通过不断优化服务流程，提升服务效率，银行网点能够进一步增强代发工资客群的黏性，为后续的金融产品营销打下坚实基础。

二、代发工资客群的主要金融特征

代发工资客群的金融特征复杂多样，既受到收入水平、支出习惯、金融知识掌

握程度等因素的影响，也受到人生阶段、家庭责任、个人偏好等个性化因素的驱动。银行需要深入了解代发工资客群的金融特征，提供个性化的金融产品和服务，以满足其多样化的金融需求。

（一）收入与支出特点

代发工资客群的收入相对稳定，但金额存在显著差异。从基层员工到管理层，月收入从几千元到数万元不等，这种差异直接影响了他们的金融需求和消费能力。在支出方面，他们呈现出周期性和计划性的特点。每月需支付的房租、水电费、房贷、子女教育费用等固定支出，在时间和金额上较为规律。特别是在每月中旬，房贷还款较为集中，这对他们的资金流动性管理和储蓄计划提出了较高要求。因此，银行需要为他们提供灵活的资金管理工具和储蓄方案，以满足其日常支出和紧急备用金的需求。

（二）金融知识与需求层次

部分代发工资客群具备基础金融知识。然而，对于复杂金融产品如基金定投、结构性理财产品等，他们的认知相对有限。这种金融知识的差异导致他们在金融需求上也呈现出多样化的特点。年轻员工可能更关注消费信贷、信用卡优惠活动等，以满足其购物、娱乐等消费需求；中年员工则倾向于子女教育金规划、养老储备等长期投资计划，以确保家庭未来的经济安全；而高收入管理层则对财富管理、资产配置有较高需求，希望通过合理的资产配置实现资产保值增值和合理避税。因此，银行需要针对不同层次的金融需求，提供个性化的金融产品和服务，以满足代发工资客群的多样化需求。

（三）银行服务的期望

代发工资客群对银行服务的期望主要体现在便捷性、高效性和安全性三个方面。他们希望银行能够提供快速办理工资到账查询、转账汇款等日常业务的服务，以节省时间和精力。在金融产品方面，他们希望获得个性化推荐和专业咨询服务，能够根据自身财务状况和人生阶段制定合适的金融规划。同时，他们对银行的安全性和信誉度高度关注，要求资金交易安全可靠，个人信息得到严格保护。因此，银行需要不断提升服务质量，优化业务流程，加强信息安全保障，以赢得代发工资客群的信任和满意。

（四）风险承受能力与投资偏好

代发工资客群的风险承受能力和投资偏好也存在显著差异。年轻员工可能更愿意承担较高的风险以追求更高的收益，而中年员工和高收入管理层则更注重资产的保值和稳定收益。这种风险承受能力和投资偏好的差异导致他们在金融产品选择上也呈现出多样化的特点。因此，银行需要根据代发工资客群的风险承受能力和投资偏好，提供不同风险等级和收益水平的金融产品，以满足其个性化的投资需求。

三、银行网点代发工资客群的服务痛点

银行业金融机构在服务代发工资客群的过程中面临着代发留存率低、金融需求满足度不足、客户黏性差以及数字化转型滞后等痛点。

（一）代发留存率低

代发留存率低是当前银行业金融机构面临的一大困境。一方面，互联网金融平台的兴起，特别是高收益理财产品和便捷支付渠道的推出，对代发工资客群产生了强烈吸引力。互联网货币基金的高收益率，使得客户在工资到账后迅速将资金转移至互联网平台。另一方面，银行自身产品和服务存在明显短板。部分银行理财产品门槛过高，将中低收入代发客户拒之门外。同时，一些银行服务模式单一，缺乏针对代发客群特点的差异化服务，难以满足客户多元化需求。这些因素共同作用，导致代发工资客群的资金留存意愿不强，留存率持续走低。

（二）客户黏性差

客户黏性差是银行业金融机构服务代发工资客群的另一大痛点。银行与代发工资客群的互动有限，仅在工资发放和偶尔的产品营销时与客户接触，缺乏常态化、深度的沟通机制。这种缺乏互动的情况导致客户对银行品牌忠诚度低，一旦其他银行或金融机构推出更优惠的产品或服务，客户容易流失。此外，银行服务渠道整合不足，线上线下服务未能有机结合，客户在不同渠道办理业务时体验差异大。这不仅影响了客户对银行的整体满意度和黏性，也制约了银行业务的拓展和效率提升。

（三）金融需求满足度不足

在满足代发客群金融需求方面，银行业金融机构存在明显短板。在产品设计上，银行未能充分考虑不同收入层次和年龄阶段客户的差异化需求。例如，针对年轻代发工资客户的小额消费信贷产品，额度有限且审批流程烦琐，难以满足其消费升级需求；对于中年客户关注的子女教育金储备产品，银行缺乏长期稳定且收益合理的专属方案。在服务提供上，专业理财顾问配备不足，导致客户无法获得及时、深入的金融咨询和资产规划服务。此外，银行在营销活动中往往忽视代发工资客群的特殊需求，未能提供具有针对性的产品和服务，进一步降低了客户满意度和忠诚度。

（四）数字化转型滞后

随着数字化转型的加速推进，银行业金融机构在技术创新和服务创新方面取得了显著进步。然而，在服务代发工资客群的过程中，部分银行仍面临数字化转型滞后的问题。一方面，银行在技术应用上未能充分考虑代发工资客群的特点和需求，导致技术产品与客户需求不匹配；另一方面，银行在服务创新上缺乏足够的投入和力度，未能针对代发客群推出具有竞争力的产品和服务。这种数字化转型滞后的现象不仅影响了银行与代发工资客群的互动效率和质量，也制约了银行业务的数字化转型进程。

四、不同类型金融机构的实践探索

（一）国有银行

国有银行凭借其庞大的网点和先进的科技系统优势，在服务代发工资客群方面不断推陈出新。中国工商银行不仅打造了专属的线上服务平台，还推出了“开薪福利社”等创新项目，旨在提升代发工资后5天内的资金留存，从而最终实现留存率的提升。

中国工商银行的线上服务平台集成了工资查询、明细分析、理财推荐等功能，并通过大数据分析客户消费习惯，提供个性化理财建议。例如，为有频繁网购支出的客户推荐互联网金融理财产品，为有房贷支出的客户推荐住房公积金贷款优惠政策和配套理财产品。“开薪福利社”项目通过提供丰富的福利和优惠活动，吸引代发工资客群在工资到账后的短期内将资金留在银行。例如，设置工资到账后一定期限内的专属理财产品购买优惠、积分兑换活动、信用卡消费满减等，以增强客户的资金留存意愿。

（二）股份制银行

股份制银行在服务代发工资客群方面，凭借其强大的金融科技实力，取得了显著的成效。比如，在手机银行App创新方面针对代发客户设置了专属界面，提供便捷的工资理财规划功能。客户可通过App一键设置工资自动理财计划，根据个人风险偏好和资金使用计划，将工资自动分配到不同的理财产品中，实现资金的智能管理。大数据精准营销方面，利用大数据精准定位代发工资客群的消费场景和金融需求，与各大商家合作推出专属优惠活动。同时，通过智能推荐系统，为客户提供个性化的金融产品和服务。信用卡和支付创新方面，推出具有竞争力的信用卡产品和支付解决方案，如与餐饮、购物、旅游等行业品牌联合开展信用卡消费满减、积分兑换等活动，吸引代发客户使用信用卡消费。

（三）城商行

城商行在服务代发工资客群方面注重社区化服务和综合金融服务方案的打造。比如，在社区网点开展金融知识讲座和理财咨询活动，邀请专业理财师为代发客户讲解金融知识和投资技巧。同时，客户经理定期走访代发企业和客户，了解他们的金融需求和实际困难。综合金融服务方案方面，推出综合金融服务方案，整合储蓄、理财、贷款、信用卡等产品，为代发客户提供一站式金融服务。数字化创新方面，利用数字化手段提升服务效率和质量。例如，通过线上预约、远程咨询等方式，为客户提供更加便捷的服务体验。

（四）农商行

农商行在服务农村代发工资客群方面，依托农村地区的地缘优势，深耕市场并提供特色金融产品。比如，线下服务深化方面，客户经理定期走访代发企业和农村客户，了解他们的金融需求和实际困难。在农忙季节，为有资金周转需求的农户提供小额信用贷款支持，并简化贷款手续。特色金融产品方面，推出惠农系列产品，包括针对农村土地流转的租金收益理财产品、农业生产资料采购贷款等，满足农村代发工资客群的特殊需求。数字化赋能方面，利用数字化手段提升服务效率和质量。例如，通过移动银行App、公众号等线上渠道，为客户提供便捷的金融服务和信息查询功能。同时，通过大数据分析客户行为和需求，为客户提供个性化的金融产品和服务推荐。

五、银行网点服务代发客群的思路与路径

银行网点在提升代发工资客群服务效能方面，需要不断优化产品与服务体系、提升客户体验与黏性、加强员工专业能力建设以及强化渠道整合与协同。同时，要充分利用数字化手段的创新实践，推动银行网点的数字化转型和升级。这有助于银行网点更好地满足代发工资客群的需求，提升服务质量和效率，实现业务的持续

增长。

（一）优化产品与服务体系

1.定制化金融产品设计

借助数字化手段，深入挖掘代发工资客群数据。利用大数据分析客户的消费模式、资金流向及长期财务趋势，为不同层次客户精准画像。对于低收入群体，开发智能储蓄产品，如根据客户收支规律自动留存小额资金，并在达到一定额度后自动转为收益稍高的定期存款。中等收入群体方面，利用金融科技构建动态基金组合模型，依据市场变化实时调整基金配置比例，并通过线上平台为客户提供24小时投资顾问咨询服务。针对高收入群体，运用区块链技术保障家族信托等高端业务的信息安全与透明度，同时结合人工智能算法为其全球资产配置提供方案建议，实现产品与需求的高度契合。

2.智能化一站式服务平台搭建

打造智能化一站式服务平台，要融入人工智能客服与智能引导功能。客户在平台查询工资信息时，智能客服可自动分析客户近期的财务状况，主动推送适合的理财产品或优惠贷款信息。在贷款申请流程中，利用光学字符识别技术快速识别上传的资料信息，通过大数据风控模型进行初步审核，大幅缩短审批时间。线上平台与线下网点系统深度对接后，客户在线预约线下服务，网点工作人员能提前获取客户需求信息，做好精准服务准备，确保线上线下服务流畅衔接，提升服务效率与客户体验。

（二）提升客户体验与黏性

1.个性化服务与精准营销

运用数据分析平台和机器学习算法，深度剖析代发工资客群行为数据。例如，通过分析客户在电商平台的消费记录、出行住宿习惯等，识别客户潜在金融需求。为经常旅游的客户推荐外币信用卡和旅游保险套餐；为关注健康养生的客户介绍医疗健康类理财产品或高端体检服务优惠信息。通过短信、手机银行推送等方式精准推送个性化内容，同时利用 A/B 测试不断优化推送策略，提高客户关注度与响应率，增强客户对银行的信任与依赖。

2.增值服务与互动活动

利用数字化技术创新增值服务形式。举办线上金融知识直播讲座，邀请专家实时解答客户疑问，讲座过程中设置互动环节，客户通过弹幕提问、参与投票等方式赢取积分奖励。开发线上亲子理财游戏，家长与孩子共同参与，在游戏中学习理财知识，完成任务可获得积分兑换金融教育课程或亲子活动门票。通过银行 App 建立客户社区，客户可在社区内分享理财经验、交流金融资讯，银行工作人员定期参与互动，增强客户归属感与黏性。

（三）强化渠道整合与协同

1.线上线下渠道融合

开发统一的客户服务管理系统，整合线上线下渠道客户数据与业务流程。客户在手机银行或网上银行发起业务申请后，系统自动推送至网点后台，并利用智能排程算法安排最合适的工作人员处理。处理过程中，客户可通过线上渠道实时查看进度与结果，如贷款审批环节的每一步进展都及时反馈给客户。同时，利用地理定位技术和线上预约功能，引导客户到距离最近、业务最匹配的线下网点办理复杂业务，实现线上线下渠道优势互补与协同服务。

2.拓展外部合作渠道

利用数字化平台深化与企业、社区、学校等机构的合作。与代发企业共建数字化企业金融服务平台，嵌入工资发放、福利管理、金融咨询等功能模块，员工可在企业内部平台直接办理金融业务。通过社区数字化服务平台开展金融知识线上竞赛、社区金融需求调研等活动，提高银行在社区的影响力与服务针对性。与学校合作开发金融素养在线教育课程，利用视频教学、互动游戏等形式培养学生金融意识，同时设置家长参与环节，吸引代发工资客群家长关注银行服务，拓宽银行服务渠道与客户群体。

（四）加强员工专业能力建设

1.金融知识与业务技能培训

搭建数字化学习平台，提供丰富的在线课程资源，包括最新金融产品解析、数字化营销技巧、智能理财规划工具使用等课程。课程设置互动环节，如在线问答、案例分析讨论区等，促进员工学习交流。利用虚拟现实（VR）或模拟交易软件进行实战演练，如模拟基金销售场景，员工在虚拟环境中与客户沟通并完成交易操作，系统根据员工表现给予评估与建议，提升员工在数字化金融服务场景下的专业素养和业务能力。

2.团队协作与服务意识培养

建立数字化协作平台，整合客户经理、理财顾问、柜员等多岗位工作流程与信息。通过平台实现客户信息实时共享、任务协同分配与进度跟踪。例如，当客户在线提交复杂金融需求后，系统自动分配任务给相关专业人员，并在平台上展示任务处理进度，确保团队成员高效协作。利用客户反馈数据分析员工服务表现，及时发现服务短板并进行针对性培训，强化员工以客户为中心的服务意识，将数字化服务质量指标纳入绩效考核体系，激励员工提升服务水平。

第三节　私银客群

随着居民收入的逐渐提高，高净值客群的数量逐年增多，这一趋势给银行的零售业务尤其是私人银行业务带来了前所未有的发展机遇。私银客群作为银行零售业务的高端细分领域，其重要性日益凸显，对银行的资产贡献、收益提升以及品牌建设等方面均产生了深远影响。银行网点作为银行与客户接触的最前沿，不仅承担着日常经营管理的职能，还在私银客群的获客、黏客以及深耕客户关系方面发挥着至关重要的作用。通过精准识别、持续跟踪以及一站式服务等手段，银行网点能够有效提升私银客群的满意度和忠诚度，推动银行零售业务的持续发展。

一、私银客群的重要性探讨

（一）基于银行业金融机构的整体视角

私银客户凭借雄厚的财富实力，为银行带来了大量的资金沉淀。数据显示，一位典型的私银客户其资产规模往往可达数百万甚至上千万元。这些资金在银行中的配置涵盖了储蓄、理财、信托、私人股权投资等多个领域，极大地充实了银行的资金池。这不仅为银行的信贷业务、投资业务等提供了充足的资金支持，还显著增强了银行的资金运作能力和抗风险能力。在当前金融市场波动加剧的背景下，私银客户的资金贡献对于银行稳定运营和持续发展具有不可替代的作用。

相较于普通零售业务，私银业务具有较高的利润率。私银产品和服务的附加值更高，银行可从中获取丰厚的手续费、管理费、投资收益分成等收入。以家族信托业务为例，银行根据信托资产规模收取一定比例的管理费，并随着信托资产的增值获得相应的业绩报酬。这种收益模式不仅显著提升了银行的盈利水平，还成为银行零售业务利润增长的关键驱动力。据统计，私银业务对银行整体利润的贡献率逐年上升，已成为银行盈利的重要组成部分。

优质的私银服务能够塑造银行的高端品牌形象。私银客群对金融服务品质和专业性要求极高，银行若能满足其需求，将在高净值客户群体中赢得良好的口碑和声誉。这不仅有助于吸引更多潜在私银客户，还能提升银行在普通零售客户心目中的品牌价值。通过提供卓越的私银服务，银行可以形成品牌建设的良性循环，进而促进整体业务的发展。例如，一些知名银行通过打造专业的私银团队和提供个性化的服务方案，成功吸引了大量高净值客户，并赢得了市场的广泛认可。

（二）基于网点竞争力提升的微观视角

银行网点是识别潜在私银客户的关键环节。网点工作人员通过观察客户的大额存款、复杂理财产品购买、跨境金融业务需求等行为，敏锐捕捉潜在私银客户的线索。例如，当客户频繁进行大额资金往来，且对收益和风险有较高要求时，这些行为往往预示着客户可能具有较高的财富水平和复杂的金融需求，从而成为私银客户的潜在对象。实践中，为了更高效地识别潜在私银客户，银行网点利用客户关系管理系统对客户信息进行记录和分析。通过对客户的交易行为、资产状况、风险偏好等多维度数据进行综合评估，网点能够对客户进行初步分层和筛选，为后续的精准营销奠定基础。

在识别出潜在私银客户后，银行网点要对其进行持续跟踪。网点工作人员定期与客户沟通，了解客户的资产变动情况、新的金融需求以及对市场的看法，必要时请上级行财富顾问或私银团队进行专业性支援。这种持续跟踪不仅有助于银行及时调整服务策略，为客户提供更符合其当前状况的金融产品和服务建议，还能够增强客户对银行的信任和依赖，促进客户关系的深化。例如，在市场行情发生重大变化时，银行网点能够及时向客户推送相关的市场分析报告和资产调整建议。这种及时、专业的服务不仅能够帮助客户规避风险、把握机遇，还能够提升客户对银行的满意度和忠诚度。调查数据显示，经过持续跟踪和精准服务，银行网点的私银客户留存率显著提升，客户满意度和忠诚度均有所提高。

服务达成后的一站式、综合性服务。银行网点作为私银服务的最终落地场所，负责协调银行内部资源，为客户提供一站式的私银服务。在服务达成过程中，网点工作人员与私银团队紧密合作，确保客户的财富管理方案、信托设立、投资产品购买等业务顺利办理。这种高效、便捷的服务体验不仅能够提升客户的满意度，还能够增强客户对银行的黏性。此外，银行网点还提供一系列泛金融服务，如高端客户专属的增值服务，包括但不限于艺术品鉴赏、高端医疗服务预约、子女教育规划咨询等。这些非金融服务的提供不仅满足了客户的多元化需求，还提升了客户的服务体验，进一步增强了客户对银行的黏性。相关统计资料显示，提供泛金融服务的银行网点私银客户的满意度和忠诚度均高于未提供此类服务的网点。

二、私银客群的金融特征

私银客群作为银行零售业务中的高端客户群体，其金融特征不仅体现在资产规模与结构上，还深刻影响着他们的风险偏好、投资目标以及金融服务需求层次。这些特征不仅反映了私银客群在金融市场上的重要地位，也为银行提供了针对性的服务策略。在未来的发展中，银行应继续深化对私银客群金融特征的理解，提供更加精准、高效、个性化的金融服务，以满足其日益多样化的金融需求。

（一）资产规模与结构

私银客群的资产规模庞大，普遍拥有可投资资产在1 000万元以上，部分超高净值客户的资产甚至超过1亿元。这些资产不仅来源于传统的现金、存款，还涉及股票、基金、债券、房地产、企业股权等多元化领域。这种多元化的资产配置策略旨在分散风险，追求资产的长期增值。

例如，一位从事制造业的私银客户，其资产可能包括家族企业的股权、多套房产、证券投资组合以及大量的银行理财产品。这些资产不仅反映了客户在不同领域的投资布局，也体现了其通过多元化投资来降低风险的策略。相关数据显示，私银客群的资产配置中，股票、基金等权益类资产占比普遍较高，而房地产、企业股权等实物资产也是其重要的投资方向。

（二）风险偏好与投资目标

私银客群的风险偏好因个人经历、财富来源、年龄等因素而异。年轻一代的私银客户，如科技行业的创业者，可能更具冒险精神，愿意在新兴产业如人工智能、区块链等领域进行风险投资，以追求较高的回报。这些客户通常对新兴技术有着浓厚的兴趣，并希望通过投资这些领域来实现资产的快速增值。

相比之下，年长的私银客户，尤其是通过传统实业积累财富的企业家，可能更倾向于稳健的投资策略。他们注重资产的保值和传承，对风险的容忍度相对较低。

这些客户通常偏好固定收益类产品和成熟行业的投资机会，以确保资产的稳定增值和传承。

（三）金融服务需求层次

在基础金融服务需求方面，私银客群要求高效便捷的账户管理、跨境金融服务、大额资金转账等功能。这些功能不仅满足了他们日常的资金管理需求，还为他们提供了跨境投资、国际贸易等方面的便利。例如，跨国企业主需要频繁进行跨境资金调拨和外汇交易，对银行的国际结算速度和汇率优惠较为关注。

在高端金融服务需求上，私银客群寻求个性化的财富管理方案、家族信托服务、税务筹划、慈善规划等。这些服务不仅满足了他们个性化的投资需求，还为他们提供了资产传承、税务优化等方面的专业建议。例如一些家族企业面临传承问题，需要银行提供专业的家族信托架构设计，确保企业股权和家族资产的平稳过渡，并实现合理的税务规划，降低传承成本。

（四）金融素养与决策能力

除了上述金融特征外，私银客群还普遍具有较高的金融素养和决策能力。他们通常对金融市场有深入了解，能够准确判断市场趋势和投资机会。同时，他们也注重专业咨询，经常与金融机构、投资顾问等保持密切联系，以获取最新的市场信息和投资建议。这种信息驱动和注重专业咨询的特点，使得私银客群在投资决策上更加理性和稳健，这也为银行营销队伍的专业能力提出了更高要求。他们不仅能够根据市场变化及时调整投资策略，还能够通过多元化的投资组合来降低风险，实现资产的长期增值。

三、私银客群的营销服务现状

私银客群作为银行业金融机构的高端客户群体，其服务需求复杂多样，对金融机构的专业能力、产品创新、信息整合等方面提出了极高要求。然而，当前银行业在服务私银客群时面临诸多痛点和难点，这些挑战不仅影响了服务质量，也制约了银行网点在获客、黏客和深耕客户关系方面的能力。

（一）专业人才短缺

私银业务对专业人才的要求极高，需要其具备深厚的金融知识、丰富的投资经验、敏锐的市场洞察力以及出色的沟通协调能力。然而，目前银行业普遍缺乏此类复合型人才。这不仅导致理财经理在面对复杂的私银产品和客户多样化需求时难以提供专业、精准的财富管理建议，也制约了银行在获客和黏客方面的能力。相关数据显示，国内私银客户经理的数量与私银客户数量的比例远低于国际先进水平，这直接导致了许多私银客户得不到充分的关注和个性化服务。此外，由于人才短缺，银行在培训和发展私银专业人才方面也存在较大压力，难以形成持续的人才梯队。

（二）产品创新不足

私银客群的需求日益多样化和个性化，但银行的产品创新速度相对滞后。现有的私银产品在一定程度上存在同质化现象，难以满足客户独特的投资目标和风险偏好。这不仅影响了客户满意度和忠诚度，也制约了银行在深耕客户关系方面的能力。以家族信托产品为例，多数银行提供的方案较为相似，缺乏差异化竞争优势。此外，对于一些新兴领域的投资产品，如与数字货币相关的金融产品，由于监管限制和风险考量，银行开发进展缓慢，无法及时响应客户对新投资机会的需求。这不仅导致了客户流失，也影响了银行在私银市场的竞争力。

（三）客户信息整合与深度分析困难

银行内部通常存在多个业务系统，客户信息分散在不同的数据库中，导致对私银客群的信息整合难度较大。这使得银行难以全面、准确地了解客户的资产状况、消费习惯、投资偏好等信息，从而无法为客户提供精准的个性化服务。这不仅影响了客户满意度，也制约了银行在黏客和深耕客户关系方面的能力。一项针对银行客户信息管理的调查显示，超过70%的银行表示在整合客户信息方面存在困难，导致无法形成完整的客户画像。这不仅使得银行在产品推荐和服务方案设计时缺乏针对性，也影响了银行在客户关系管理方面的效率和效果。

（四）获客渠道有限与客户关系管理不善

除了上述痛点外，银行业金融机构在服务私银客群时还面临获客渠道有限和客户关系管理不善的问题。一方面，由于私银客群的特殊性，传统的获客渠道如广告投放、网点推广等效果有限；另一方面，银行在客户关系管理方面缺乏系统性和持续性，导致客户流失率较高。相关数据显示，私银客户的流失率普遍高于普通客户，这主要是由于银行在客户关系管理方面缺乏有效的策略和手段。此外，由于获客渠道有限，银行在拓展私银客群方面也存在较大难度，难以形成稳定的客户基础。

四、国内代表性商业银行的实践探索

（一）中国工商银行

自2008年涉足私银业务以来，中国工商银行依循清晰的战略路径稳步推进。在探索思路上，将数字化转型置于关键地位，借助云计算、人工智能等前沿技术重塑业务模式核心架构，驱动私银业务从传统向智能升级；秉持个性化服务理念，深挖高净值客户复杂多样的需求，精准匹配资产配置方案；持续发力创新产品研发，优化服务流程架构，提升综合竞争力。截至2024年上半年，中国工商银行以29.6万户的客户数领先同业，私行AUM达到3.41万亿元，较年初增长了11.07%，位居国有大行之首。

中国工商银行的具体实践成果丰硕。中国工商银行创新构建企业家伙伴银行服务体系，整合全市场资源，提供涵盖分析、优选、配置、服务的一站式综合解决方案，如在某大型企业家族财富管理案例中，为其定制跨市场多资产组合，助力家族资产稳健增长与企业战略协同。慈善信托服务引入DAF模式，搭建信息对称桥梁，促进慈善资源高效对接。数字化转型进程中，通过“数据+技术”的双轮驱动，创新业务服务场景，实现私银客户生态精细化经营，客户线上活跃度与资产配置效率显著提升。

然而，中国工商银行在发展中也面临多重挑战。金融合规层面，中国工商银行虽已构建风险管理体系，但仍要受到监管部门的严格审视，凸显强化内部控制与风险防控的紧迫性。市场竞争方面，国内外对手不断涌入，竞争白热化，中国工商银行需持续创新差异化策略以稳固市场地位。面对高净值客户需求的快速迭代与分化，中国工商银行的产品和服务创新步伐亟待加快，如在新兴投资领域产品布局方面仍需深化拓展，以契合客户多元化偏好。

（二）招商银行

招商银行在私银业务领域成绩斐然，其探索思路紧密围绕客户需求。秉持客户为中心的理念，招商银行将提升客户体验贯穿业务全流程，着力打造精英管理团队，提升专业素养与服务能力。其聚焦创新产品研发，丰富产品线广度与深度。截至2024年6月，招商银行私人银行客户数量为15.84万户，较上年年末增长6.44%。

在组织架构上，招商银行创新采用“大零售制”与“总行直属机构制”结合模式。总行私人银行部引领战略方向，分行中心协同作战，支行精准执行，服务响应敏捷高效。客户管理构建“人家企社”体系，深度整合金融与非金融需求，分层定制专属服务。例如，针对科技新贵与传统企业家群体，分别设计契合其风险偏好与财富规划的方案，产品平台建设成效显著。截至2022年年底，通过与10家同业理财子公司及139家资管机构合作，其引入海量优质产品，“招财号”财富开放平台成为产品汇聚高地，满足了客户多元化投资需求。

招商银行同样面临严峻挑战。市场竞争加剧，新进入者不断冲击，市场份额争夺激烈，招商银行需强化品牌壁垒与服务差异化优势。高净值客户需求瞬息万变，从资产增值到跨境税务筹划等需求层出不穷，招商银行需加速进行产品创新迭代。

（三）平安银行

平安银行私人银行自2013年成立后迅速崛起，跻身行业前列。其整合“综合金融+医疗养老”资源，打造全方位金融服务闭环；聚焦全球资产配置，引入国际优质产品与服务；注重提升客户尊享体验，拓展非金融增值服务边界。截至2024年6月，平安银行私行客户AUM余额为19 448.79亿元，较上年年末增长1.5%；私行客户数为9.35万户，较上年年末增长3.7%。

全球配置方面，平安银行精心筛选顶尖机构与产品，塑造品牌优势，跨境金融服务便捷高效，助力客户全球资产布局优化，如为跨境投资客户提供实时汇率优惠与高效汇款通道。尊享权益维度，平安银行提供全流程医疗陪诊与定制慈善服务。家族传承体系完备，平安家族办公室协同家族信托、保险金信托，为家族财富传承筑牢法律与金融双重保障，成功服务众多家族企业实现平稳交接。

平安银行私银业务的发展也受到制约。相较于先发银行，平安银行起步晚，使得市场份额积累有限，品牌认知度尚需提升，需加快追赶步伐。平安银行人才短缺问题突出，如资深国际投资顾问、家族财富规划专家匮乏，限制了服务品质与业务创新能力提升，亟待加强人才引育与团队建设。

（四）宁波银行

在私人银行业务领域，宁波银行作为国内城商行中的佼佼者，近年来不断加大投入与创新力度，致力于为高净值客户提供全方位、个性化、高品质的金融服务。同时，宁波银行紧跟金融科技发展步伐，利用大数据、人工智能等先进技术推动数字化转型，实现服务的智能化与便捷化。此外，宁波银行不断探索私银产品与服务的新模式，推出多元化服务，以满足客户财富保值增值、家族传承等多元化需求。截至2024年6月，宁波银行私人银行客户达25 902户，较年初增加4 415户；私人银行客户金融总资产（AUM）为3 122亿元，较年初增加504亿元，户均总资产达1 205万元。

从实践来看，宁波银行建立了完善的私银客户管理体系，通过一对一专属客户经理制度，为客户提供全方位服务。同时，引入外部专家资源，提供专业的税务规划、法律咨询等服务。在科技平台应用方面，宁波银行开发了私银专属App，实现服务的线上化、便捷化，并通过大数据分析为客户提供个性化的资产配置建议。此外，宁波银行还积极拓展国际合作，为客户提供全球范围内的资产配置方案，并注重非金融服务的提供，如医疗健康、子女教育、高端旅游等，以增强客户黏性。

宁波银行在私银业务发展中，面临与中国工商银行、招商银行、平安银行等金融机构相似的挑战，包括市场竞争加剧、人才队伍建设、金融科技应用深化及法规政策适应等方面。为应对竞争，宁波银行需不断创新服务模式，提升服务质量，加强人才队伍建设，提升专业素养。尽管宁波银行已有金融科技积累，但仍需深化应用，提升智能化、自动化水平。此外，宁波银行需密切关注政策动态，确保合规运营，并积极适应政策变化，把握发展机遇。

五、银行网点服务私银客群的思路与路径

（一）专业人才培养与团队建设

银行应制订系统的私银业务培训计划，针对网点工作人员开展包括财富管理、投资分析、税务筹划、法律知识、客户沟通技巧等方面的培训课程。培训方式可以采用线上线下相结合方式，邀请行业专家举办讲座、案例分析研讨、模拟交易实战等，提升工作人员的专业素养和服务能力。例如，定期组织内部培训讲座，邀请知名经济学家讲解宏观经济形势和市场趋势，帮助工作人员更好地为客户提供投资建议。

积极引进具有丰富私银业务经验、国际金融背景、专业投资技能的高端人才，充实银行网点的私银服务团队。这些人才可以带来先进的服务理念和管理经验，提升团队的整体水平。同时，建立人才激励机制，提供具有竞争力的薪酬待遇和职业发展空间，吸引和留住优秀人才。例如，为高端人才提供股权激励计划，激励他们

为银行私银业务的发展贡献力量。

加强银行网点各岗位之间的协作与沟通，形成以客户为中心的服务团队。客户经理、理财顾问、风险管理人员、后台支持人员等应密切配合，共同为私银客户提供全方位的服务。建立定期的团队会议和客户案例分享机制，促进信息交流和经验共享，提高团队的协同服务效率。例如，每周召开团队会议，客户经理汇报客户需求和业务进展情况，理财顾问提供专业的金融产品建议，风险管理人员评估业务风险，共同制订服务方案。

（二）产品与服务创新

根据私银客群的资产规模、风险偏好、投资目标和人生规划等因素，定制个性化的金融产品和服务方案。利用金融科技手段，如大数据分析、人工智能算法等，对客户信息进行深度挖掘和分析，实现精准的产品推荐和服务匹配。例如，针对有子女教育规划需求的客户，设计专门的教育金信托产品，结合客户的资金状况和子女教育阶段，制订合理的投资计划和收益分配方案。

除了传统的金融服务外，银行网点应积极拓展泛金融服务领域，满足私银客户的非金融需求。例如，与高端医疗机构合作，为客户提供定制化的健康管理服务；与知名教育机构联合，举办子女教育规划讲座和留学咨询活动；与艺术机构合作，开展艺术品鉴赏和收藏投资讲座等。通过提供多元化的服务，提升客户的服务体验和生活品质，增强客户对银行的黏性。

引入数字化服务模式，如线上财富管理平台、智能客服、远程视频服务等，为私银客户提供便捷、高效的服务体验。客户可以通过线上平台随时随地查看资产状况、进行投资交易、获取金融资讯和咨询服务。同时，利用区块链技术提高金融交易的安全性和透明度，如在家族信托业务中，通过区块链记录信托资产的流转和管理过程，确保客户资产的安全和可追溯。

（三）客户关系管理与营销

建立统一的客户信息管理系统，整合银行内部各业务系统中的客户信息，包括存款、贷款、理财、信用卡等业务数据，以及客户的基本信息、消费习惯、投资偏好等非业务数据。利用大数据分析技术对客户信息进行深度挖掘和分析，绘制完整的客户画像，为客户关系管理和精准营销提供依据。例如，通过分析客户的消费行为和资产变动情况，预测客户的潜在金融需求，提前制订营销方案。

精准营销与个性化推荐。根据客户画像和市场动态，制定精准的营销策略，为私银客户提供个性化的产品推荐和服务方案。利用营销自动化工具，如电子邮件营销、短信推送、手机银行推送等，向客户及时传递符合其需求的金融产品和服务信息。同时，建立客户反馈机制，及时了解客户的意见和建议，不断优化营销方案和服务内容。例如，在市场推出新的投资产品时，根据客户的风险偏好和投资目标，筛选出潜在目标客户，通过手机银行推送产品信息和投资建议，并邀请客户参加线上或线下的产品说明会。

注重客户关系的维护和忠诚度的培养，通过提供优质的服务、举办高端客户活动、给予客户专属的优惠和福利等方式，增强客户对银行的信任和依赖。例如，定期举办私银客户专属的高端旅游活动、高尔夫球赛等，为客户提供交流和休闲的平台；在客户生日、重要节日等特殊时期，送上专属的祝福和礼品；为长期合作的客户提供利率优惠、手续费减免等福利，提高客户的满意度和忠诚度。

（四）数字化转型与科技应用

银行网点应加大对金融科技基础设施的投入，升级网络设备、服务器、数据存储设备等，确保系统的稳定性和安全性。同时，引入先进的金融技术，如云计算、大数据、人工智能、区块链等，为私银业务的发展提供技术支撑。例如，利用云计算技术实现业务系统的弹性扩展，提高系统的处理能力和响应速度；通过大数据技术构建客户风险评估模型和投资决策模型，提高风险管理和投资决策的科学性。

推动银行网点的线上线下服务融合，实现客户在不同渠道之间的无缝切换和协同服务。客户可以在线上平台预约线下服务，如财富管理咨询、产品购买等，线下网点工作人员提前做好准备，为客户提供高效的服务。同时，线上平台可以为线下服务提供数据支持和营销辅助，如通过线上客户行为分析，为线下工作人员提供客户需求洞察和营销建议。例如，客户在手机银行上浏览了某款理财产品后，线下客户经理可以根据系统提示，及时与客户沟通，了解客户的兴趣和需求，提供专业的产品介绍和投资建议。

利用人工智能和大数据技术，实现智能客服、智能投顾、智能风险预警等功能。智能客服可以24小时在线解答客户的常见问题，提高客户服务效率；智能投顾可以根据客户的风险偏好和投资目标，提供个性化的投资组合建议，帮助客户实现资产的科学配置；智能风险预警系统可以实时监测客户的投资风险和信用风险，及时发出预警信号，采取风险控制措施，保障客户资产的安全。例如，当私银客户的投资组合风险超出预设范围时，智能风险预警系统自动向客户经理和客户发送预警信息，客户经理及时与客户沟通，调整投资策略。

第四节　商贸客群

一、银行网点服务商贸客群的内在逻辑

在商业银行数字化转型的大背景下，银行网点服务商贸客群是基于双方需求和利益的深度融合，通过特色化服务和生态体系建设，能够更好地实现金融资源与商贸产业的有效对接，推动双方在数字经济时代实现高质量发展。

从商贸客群与银行网点服务的关系来看，二者相互依存、协同发展。根据商圈理论，商贸客群在特定商圈内聚集，形成规模经济与范围经济。银行网点设立于商圈之中，能为商贸客群提供诸如资金结算、融资贷款、财务管理等金融服务，满足其日常运营和发展的资金需求。这不仅方便了商贸客群，也为银行带来了业务机

会，促进银行资产、负债业务的增长。

特色化网点建设是银行精准服务商贸客群的关键举措。通过深入了解商贸客群的行业特点、经营模式和金融需求，能够打造具有针对性服务功能的特色网点。例如，在服装批发商圈设立的网点，可为商户提供适应其季节性资金周转特点的贷款产品，以及便捷的线上收付款服务，提高资金流转效率。这种特色化服务能够增强银行对商贸客群的吸引力和黏性。

银行网点服务客群的生态体系建设是从宏观的视角出发，整合各类资源，构建一个涵盖金融服务、行业资讯、供应链合作等多维度的生态系统。银行作为生态核心，不仅提供基础金融服务，还能通过与其他机构合作，为商贸客群搭建信息交流和业务合作的平台。比如，组织商圈内的商户开展行业研讨会，促进经验分享与合作；与物流企业合作，为商贸客群提供供应链金融服务，优化供应链流程。这一生态体系建设能让商贸客群获得全面支持，提升其经营稳定性和竞争力，同时也巩固了银行在商贸领域的市场地位，实现了银行与商贸客群的共生共赢。

二、商贸客群的需求特征

深入剖析商贸客群的需求特征，是银行优化服务、实现精准对接的关键。商贸客群的需求涵盖金融与非金融两个重要维度，且各自包含多个层面。

（一）金融需求

1.投融资需求

商贸活动的特性决定了其对资金的需求极为频繁且多样。从投资角度看，商贸企业在积累了一定资金后，期望通过合理投资实现资产增值。大型商贸企业资金充裕，会寻求更具规模和潜力的投资项目，如参与新兴产业的战略投资、投资商业地产等，以拓展业务版图和获取长期稳定收益。而中小商贸企业则倾向于风险适中、流动性较好的投资产品，如货币基金、短期银行理财产品等，在保证资金灵活性的同时实现一定程度的增值。在融资方面，商贸企业面临着不同场景下的资金需求。

例如，在采购旺季，为了囤货需要大量资金，需要银行提供短期的采购融资，如存货质押贷款，以货物作为抵押获取资金，满足商贸企业临时性的资金周转需求。对于一些计划拓展业务、开设新店铺或进行设备更新的商贸企业，则需要长期的固定资产融资支持，帮助其实现业务扩张。

2.支付结算需求

在商贸交易中，支付结算顺畅与否直接关系到企业的运营效率。随着线上交易的普及，商贸客群对支付方式的便捷性和多样性要求越来越高。一方面，企业需要支持多种主流支付渠道的聚合支付服务，涵盖微信支付、支付宝支付、银联支付等，以适应不同消费者的支付习惯，确保交易的顺利完成。另一方面，对于跨境商贸业务，支付结算的复杂性和风险显著增加。这不仅需要银行具备多币种结算能力，熟悉各国的外汇政策和支付清算系统，还要能够提供高效、安全的跨境支付解决方案，如快速到账、防范汇率风险等服务。此外，对于企业内部的资金管理，银行的账户管理服务至关重要，要能提供实时的账户信息查询、资金流水分析以及多账户统一管理功能，帮助企业更好地掌握资金动态，优化资金配置。

3.风险管理需求

风险管理是商贸客群的重要金融需求。市场风险方面，例如原材料价格波动、汇率变动等会对企业的成本和利润产生直接影响。从事进出口业务的商贸企业，在汇率波动较大时，可能面临汇兑损失，因此需要银行提供汇率风险管理工具，如远期结售汇、外汇期权等，帮助企业锁定汇率，降低汇率风险。信用风险也是商贸企业面临的一大挑战，在交易过程中，可能会遇到客户拖欠货款、违约等情况。银行可以通过提供信用评估服务，帮助企业了解交易对手的信用状况，同时还可开展应收账款保理业务，让企业将应收账款转让给银行，提前获得资金，转移信用风险，保障企业的资金流稳定。

（二）非金融需求

1.高品质生活服务需求

大型商贸客群往往具备较高的财富水平，不少商贸客群属于私银客群或潜力私银客群，他们对生活品质有着较高追求，在就医、子女教育和旅游等方面有着特殊需求。在就医方面，希望银行能提供优质的医疗资源对接服务，如协助预约知名专家号、安排高端体检、提供就医绿色通道等，解决看病难的问题。对于子女教育，他们关注优质教育资源，期望银行能提供教育咨询、名校入学推荐、留学规划等服务，为子女的未来发展助力。在旅游方面，需要个性化的高端旅游定制服务，包括私人导游、专属行程安排、高端酒店预订等，满足他们对独特旅游体验的追求。这些非金融服务不仅能提升他们的生活品质，还能体现银行对客户的关怀，增强客户与银行之间的黏性。

2.供应链协同需求

在当今的商业环境下，供应链协同对于商贸企业的发展至关重要。大型商贸企业作为供应链的核心环节，需要与上下游企业紧密合作，实现信息共享、物流畅通和资金高效流转。银行可以在其中发挥关键作用，通过金融科技手段搭建供应链协同平台。一方面，帮助企业实现供应链信息的数字化管理，实时掌握上下游企业的库存、订单、物流等信息，提高供应链的透明度和协同效率。另一方面，提供供应链金融服务，如为供应商提供应收账款融资服务，解决供应商资金周转问题，保障原材料的稳定供应；为经销商提供库存融资服务，帮助其扩大销售规模。此外，银行还可以通过区块链技术，确保供应链交易数据的真实性和不可篡改，增强供应链各方的信任，促进供应链的稳定发展。

3.行业资讯与市场拓展需求

商贸市场竞争激烈，行业资讯和市场拓展机会对于企业的生存和发展至关重要。商贸客群需要及时、准确的行业动态信息，包括市场趋势分析、政策法规解读、竞争对手情报等。银行可以利用自身的资源优势，定期举办行业研讨会、发布专业的市场研究报告，为商贸客群提供有价值的行业资讯。同时，银行还可以搭建市场拓展平台，组织商贸企业参加各类商业展会、商务交流活动，帮助企业拓展业务渠道，寻找潜在的合作伙伴和客户。例如，银行可以联合行业协会举办行业峰会，为企业提供展示产品和交流合作的机会，促进商贸企业之间的资源共享和互利共赢。

三、银行网点服务私银客群的现状

数字经济时代，商业银行的数字化转型不仅是生存之需，更是发展之要。银行网点作为传统金融服务的基石，对其转型路径的探索尤为关键，特别是在服务商贸客群方面。商贸客群作为经济活动的重要推手，其金融与非金融需求的复杂性与多样性对银行网点提出了更高要求。深入探讨银行网点在服务商贸客群时的现状，特别是面临的难点与堵点，有助于为银行网点的数字化转型提供实践指导与理论支撑。

（一）金融视角下的服务现状剖析

商贸客群的金融需求复杂多变，涵盖存贷款、支付结算、跨境金融、供应链融资、风险管理等多个领域。随着全球贸易环境的不确定性增加，商贸客群对于金融服务的灵活性、时效性与个性化要求日益提高。当前，银行网点虽在数字化转型上取得了一定进展，但仍存在融资服务困境、支付结算难题、风险管理局限等问题。

融资是商贸客群发展的关键支撑，但银行网点在这方面表现不佳。中小商贸企业常因规模小、财务不规范、抵押物不足，难以满足银行严格的风控要求，贷款申请常被拒。即使获批，额度也难以满足需求。例如，一家小型服装批发商在旺季来临前申请贷款用于补货，却因审批额度低，货物未能及时上架，损失大量订单。这反映出银行现有融资模式难以适应商贸企业快速周转的资金需求，亟待改进。

支付结算是商贸交易的基础环节，在这方面银行服务存在短板。线上支付虽普及，但各渠道整合不足，企业需对接多个支付平台，成本高且易出错。跨境支付问题更为突出，复杂的流程、高额手续费以及漫长的结算周期，给从事跨境业务的商贸企业带来沉重负担。以某跨境电商企业为例，一笔海外收款可能需要3~5个工作日到账，这段时间资金被占用，影响企业资金周转效率。

面对复杂多变的市场环境，商贸客群对风险管理服务需求强烈，但银行的服务难以匹配。从实践来看，商贸活动涉及跨境交易、信用评估、反洗钱等多个高风险环节。银行在风险识别、监控与应对上需更加精准高效，而现有风险管理系统与技术往往难以全面覆盖，导致合规风险增加。此外，在信用风险管理方面，银行与企业信息不对称，银行难以全面准确评估企业信用。比如，银行在评估一家新成立的商贸企业信用时，由于缺乏足够的交易数据，可能给出保守的信用评级，限制企业发展，同时企业也觉得委屈，认为自身信用潜力未得到充分认可。

（二）非金融视角下的服务现状剖析

商贸客群对服务体验的要求日益提升，不仅关注金融服务的便捷性与效率，还期望在咨询指导、商务合作、品牌展示等非金融领域获得更多支持。当前，银行网点在提升服务体验与增值服务创新方面虽有所尝试，但整体而言，服务碎片化、增值创新不足、人才短缺与技能不匹配等问题仍较为突出。

商贸客群期望获得一站式、无缝衔接的服务体验。许多银行网点与线上平台之间的服务衔接并不顺畅，信息孤岛、流程断裂、服务标准不统一等问题频发，导致客户在享受服务时感受到明显的割裂感。这种服务体验的碎片化，不仅让商贸客群在办理业务时倍感不便，降低了整体服务效率，更在无形中削弱了他们对银行的信任感和忠诚度。客户期望的是在各个服务触点都能获得一致、连贯且高质量的服务，而当前银行服务中的这些不足，无疑是对这一期待的严重背离，也是影响服务满意度的重要因素。

在日常经营活动中，商贸客群往往面临着法律咨询、税务筹划、市场分析、风险管理等多方面的挑战，因而期望银行能够提供更加全面、深入且个性化的增值服务。然而，现实情况却往往不尽如人意。尽管许多银行已经意识到增值服务的重要性，并在这一领域进行了初步尝试，如提供法律咨询、税务筹划等服务，但这些服务大多停留在表面，缺乏深度整合与个性化定制。银行往往只是简单地引入第三方服务商，或者提供一些基础性的咨询服务，而没有根据商贸客群的具体需求进行深度定制和优化。

许多银行网点员工普遍缺乏商贸领域的专业知识与实战经验，难以提供高质量的专业咨询与服务。这种人才短缺与技能不匹配的问题，不仅影响了客户信任度的建立，也制约了银行在商贸客群市场的竞争力，同时还限制了银行在商贸客群市场的拓展能力。实践中，由于缺乏具有商贸领域专业知识和实战经验的人才，银行在开发新产品、优化服务流程、提升服务质量等方面都会受到制约。这不仅会降低银行的运营效率和服务质量，还会削弱其在商贸客群市场的综合竞争优势。

四、案例分析

（一）中国工商银行“税务贷”赋能商贸客群

面对普惠金融的迫切需求，中国工商银行四川省分行携手国家税务总局四川省税务局，创新推出“税务贷”服务，旨在利用大数据技术破解小微企业融资难题。“税务贷”服务的推出，不仅丰富了网点的金融产品体系，还通过高效审批和精准营销，提升了网点服务商贸客群的能力，增强了网点在区域内的品牌影响力。“税务贷”产品的特征如下：

数据融合，打破壁垒。中国工商银行四川省分行通过大数据技术，与税务局银税平台直连，整合税务、财务等多维数据，构建风险监测模型，实现客户风险精准识别。这一举措打破了信息孤岛，为商贸客群提供了更为便捷的融资通道。

线上流程，高效审批。借助大数据技术，中国工商银行四川省分行将“税务贷”审批流程全面线上化，审批时效从7~10个工作日缩短至最快1个工作日，极大提升了服务效率，满足了商贸客群“短小频急”的融资需求。

精准营销，批量获客。中国工商银行四川省分行利用大数据分析，对商贸客群进行细分，实施精准营销策略。通过线上渠道批量推送个性化融资方案，有效提升了获客效率，增强了网点在商贸客群中的竞争力。

（二）中国民生银行打造商贸客群服务新生态

中国民生银行成都分行紧跟国家成渝双城经济圈发展战略，运用大数据、人工智能等技术，推进跨领域数据融合，打造数字化协同经营模式。通过数字化协同经营和场景化服务，中国民生银行成都分行的网点在成渝双城经济圈内的商贸客群市场中占据了领先地位，提升了在区域内的综合竞争力。其产品特征如下：

数据整合，共享资源。中国民生银行成都分行主动对接政府公共数据及市场公开数据，构建数据共享机制，为商贸客群提供更为全面的金融服务。

协同平台，高效营销。中国民生银行成都分行建立了“客户云—跨区域协同”数字化营销平台，实现跨区域、跨条线、跨团队的协同营销。通过该平台，网点能够实时共享客户信息，协同推进营销项目，提升营销效率。

场景化服务，提升体验。中国民生银行成都分行深入分析商贸客群需求，结合成渝双城经济圈特色，推出场景化金融服务方案，如供应链金融、跨境电商金融等，有效提升了商贸客群的金融服务体验。

（三）南京银行赋能商贸客群场景建设

南京银行作为城商行代表，积极探索数字化转型路径，以科技赋能商贸客群场景建设。通过数字化转型和场景化创新，南京银行的网点在商贸客群市场中形成了差异化竞争优势，提升了服务质量和客户满意度。其产品特征如下：

自动化流程，降低成本。南京银行利用自动化和AI技术优化内部流程，减少人工操作，降低运营成本。同时，通过云计算技术，实现IT基础设施的灵活扩展和高效运维。

数据驱动，精准营销。南京银行建立了数字化营销管理平台，通过大数据分析，对商贸客群进行精准画像，实施个性化营销策略。平台支持全渠道自动推广活动，实时跟踪营销效果，提升获客效率。

场景化创新，提升服务质量。南京银行深入商贸客群场景，推出移动银行、在线供应链金融等服务，实现业务流程线上化。同时，结合商贸客群需求，推出定制化金融产品，提升服务质量。

（四）常熟农商银行深耕商贸客群场景

常熟农商银行作为农商行代表，在数字化转型过程中，注重数据中台体系建设，以数据驱动业务创新。通过数据中台建设和场景化服务，常熟农商银行的网点在商贸客群市场中形成了独特的服务优势，提升了网点在区域内的品牌影响力和客户满意度。

数据中台，赋能业务。常熟农商银行打造了“飞燕数海”数据中台，整合全行数据资源，提供数据展示、使用和管理一站式服务。通过数据可视化，实时监控业务数据，为决策层提供数据支撑。

场景化服务，提升体验。常熟农商银行与供销社、商贸流通企业合作，在合作点位布放机具、提供销售窗口，为客户提供政务、商务等综合服务。同时，接入商品销售数据，进行销售趋势分析，优化金融服务方案。

个性化产品，满足多样化需求。常熟农商银行依托数据中台，对商贸客群进行深入分析，推出个性化金融产品和服务。例如，针对小微企业的信用贷款、针对商贸流通企业的供应链金融等，有效满足了商贸客群的多样化需求。

通过对中国工商银行、中国民生银行、南京银行和常熟农商银行的案例分析可以看出，银行网点数字化转型的路径主要包括数据整合与共享、建立协同经营营销平台、数据驱动营销、场景化创新等方面。这些措施不仅提升了银行的服务质量和效率，还实现了批量化获客和场景化营销。对于其他银行而言，这些经验具有可借鉴性和可复制性。银行网点应紧跟时代步伐，深入进行商贸客群场景建设，以科技赋能提升网点竞争力，实现可持续发展。

五、银行网点服务商贸客群的思路与路径

（一）引领场景建设，深化商贸客群渗透

在网点服务商贸客群的数字化转型过程中，上级行应发挥引领作用，根据商贸客群的特性和需求，设计并推广适应不同场景的金融服务方案。网点作为营销的前沿阵地，需深入理解商贸客群的日常运营和交易流程，与上级行紧密合作，将金融服务无缝嵌入商贸场景中。例如，上级行可开发适用于批发市场的供应链金融平台，网点则负责在市场中推广，帮助商户实现上下游融资的无缝对接，提升资金流转效率。这种上下联动的方式，既能确保服务方案的精准性和有效性，又能增强网点在商贸客群中的影响力和竞争力。

（二）提供技术支持，实现提质增效

网点在深入商贸客群场景建设的过程中，离不开上级行的技术支持。上级行应加大对网点数字化转型的技术投入，如提供智能设备、大数据分析平台、云计算服务等，帮助网点提升服务效率和质量。网点则可利用这些技术工具，对商贸客群进行精细化管理和个性化服务。例如，通过大数据分析，网点能够预测商贸客群的金融需求，提前准备服务方案，实现服务的主动性和预见性。同时，上级行还应加强对网点员工的科技培训，提升他们的数字化素养和操作技能，确保网点能够充分利用技术资源，实现提质增效。

（三）整合外部资源，实现批量化获客

为了更好地服务商贸客群，上级行应主动整合外部资源，如与政府部门、行业协会、产业园区等建立合作关系，为网点提供丰富的客源和营销机会。网点则需在上级行的指导下，积极参与这些合作活动，通过举办金融讲座、提供咨询服务等方式，加强与商贸客群的互动和联系。通过上级行的资源赋能，网点能够实现批量化

获客，扩大客户基础，提升市场份额。同时，这种合作模式也有助于提升网点的品牌形象和社会影响力，为后续的数字化转型奠定坚实基础。

（四）优化顶层设计，实现场景化营销

在数字化转型的背景下，上级行应不断优化顶层设计，为网点提供清晰的发展路径和战略指导。例如，上级行可制定商贸客群数字化转型的专项规划，明确服务目标、产品策略、营销渠道等关键要素。网点则需在上级行的指导下，结合商贸客群的实际需求，开展场景化营销活动。通过模拟商贸场景、展示金融服务效果等方式，让商贸客群直观感受到金融服务的便捷性和实用性。同时，网点还应加强与上级行的沟通反馈机制，及时反映市场需求和客户反馈意见，为上级行优化顶层设计提供数据支持和决策依据。通过这种上下联动的方式，网点能够更好地实现场景化营销，提升服务质量和客户满意度。

第十二章　银行网点的风险管理

在银行网点数字化转型的进程中，风险管理至关重要。它不仅保障业务稳健运营、增强客户信任，还能优化资源配置、提升创新能力。然而，转型也带来诸多风险挑战，信用风险源于数据与审批问题，舆情风险借网络迅速传播，操作风险来自制度、系统与外部因素，此外还有利率变动、法律合规、技术与数据安全等风险。本章将深入剖析这些风险的表现、影响，通过案例分析总结经验教训，并提出针对性管理策略，助力银行网点在数字化浪潮中有效防控风险、稳健发展。

第一节　风险管理的作用与类型

一、风险管理对于提升网点竞争力的核心作用

（一）保障业务稳健运营

有效的风险管理能够识别、评估和控制银行网点在数字化转型过程中面临的各种风险，确保业务的稳健运行。通过建立完善的风险预警机制，能及时发现潜在的风险隐患，并采取相应的措施进行防范和化解。例如，在信用风险方面，通过对客户信用数据的实时监测和分析，能提前发现客户的还款风险，及时调整信贷策略，降低违约损失。在舆情风险方面，加强对网络舆情的监测和分析，能及时回应客户关切的问题，化解负面舆情，避免对银行声誉造成严重损害。

（二）增强客户信任

在数字化时代，客户对银行的信任至关重要。风险管理能够保障客户的资金安全和信息安全，提高客户对银行的满意度和忠诚度。当客户知道银行具备完善的风险管理体系，能够有效保护他们的利益时，会更愿意选择该银行进行业务往来。例如，通过加强网络安全防护，防止客户信息泄露，客户会更加放心地使用银行的数字化产品和服务。而且，在面对风险事件时，银行能够迅速、有效地进行处理，也会增强客户对银行的信任。

（三）优化资源配置

合理的风险管理有助于银行网点优化资源配置，提高资源利用效率。通过对不同业务的风险评估，银行可以确定哪些业务具有较高的风险收益比，从而将资源集中投入到这些业务中。例如，在数字化产品研发方面，根据风险评估结果，优先研发风险可控、市场需求大的产品，避免资源浪费。同时，风险管理还可以帮助银行合理安排资金，确保在满足流动性需求的前提下，提高资金的盈利能力。

（四）提升创新能力

风险管理不是对业务创新的限制，而是为创新提供保障。在数字化转型过程中，银行网点需要不断推出新的产品和服务，以满足客户的需求。有效的风险管理可以帮助银行在创新过程中识别潜在的风险，并制定相应的风险应对措施，使创新能够在可控的范围内进行。例如，在推出新的数字化金融产品时，通过对市场风险、信用风险等进行评估，确保产品的设计和定价合理，能够为银行带来稳定的收益。这不仅有助于银行提升创新能力，还能够增强银行在市场竞争中的优势。

二、银行网点数字化转型中面临的主要风险

银行网点数字化转型面临信用、舆情、操作、技术及其他等风险。信用风险源

于数据质量与线上审批漏洞，舆情风险借网络迅速传播，操作风险来自员工与系统，技术风险涵盖故障与攻击，其他风险涉及市场波动与流动性问题。这些风险并非孤立，而是相互交织，共同影响银行网点转型。

（一）信用风险

随着数字化进程推进，银行网点的信用评估方式发生了巨大变化。大数据、人工智能等技术为信用评估提供了更多维度的数据支持，理论上能更精准地判断客户信用状况，但也带来了一系列问题。数据来源的广泛性和复杂性使得数据质量参差不齐，存在数据缺失、错误或被篡改的风险。例如，部分网络借贷平台获取的客户消费数据可能存在偏差，以此为依据进行信用评估，可能导致对客户还款能力的误判。

在业务逻辑上，数字化信贷业务往往依赖线上申请和自动审批流程。银行网点难以像传统业务那样与客户进行面对面深入沟通，无法直观判断客户的真实情况。一些不法分子利用线上漏洞，通过虚假身份信息申请贷款，增加了违约风险。而且，在数字化环境下，信用风险的传播速度更快、范围更广。一旦出现大规模违约事件，不仅会对银行的资产质量造成严重冲击，还可能引发系统性风险，影响整个金融体系的稳定。

（二）舆情风险

互联网和社交媒体的普及极大地改变了信息传播格局，银行网点面临的舆情风险也随之剧增。任何与银行网点相关的事件，无论是产品问题、服务纠纷还是内部管理问题，都可能在瞬间通过网络传播开来，引发广泛关注。

从业务逻辑角度看，数字化业务的透明度更高，客户对银行的期望也随之提升。一旦银行推出的数字化产品或服务未能达到客户预期，如智能投顾产品收益不佳，或者线上服务出现故障导致客户体验变差，客户很容易通过社交媒体、网络论坛等渠道表达不满。这些负面评价会迅速扩散，形成负面舆情，对银行的品牌形象造成极大损害。负面舆情不仅会影响现有客户的忠诚度，还会使潜在客户对银行望而却步，进而影响银行网点的业务拓展和市场份额。

（三）操作风险

数字化转型使银行网点的业务流程和操作方式发生了深刻变革，这也带来了新的操作风险。首先，员工对数字化系统的操作熟练度至关重要。新系统的功能繁多、操作复杂，员工如果没有经过充分培训，可能会出现操作失误，如在进行资金转账时输错账号、金额，或者在使用复杂的金融交易系统时误操作导致交易失败。

在业务逻辑方面，数字化业务的自动化和标准化程度较高，一旦某个环节的操作流程出现问题，可能会引发连锁反应。例如，在客户信息录入环节，如果员工因疏忽录入错误信息，可能导致后续的信用评估、产品推荐等一系列业务出现偏差。此外，数字化系统本身也可能存在漏洞和缺陷，如系统升级时出现兼容性问题，导致业务中断，这同样会给银行网点带来操作风险。

（四）其他风险

在银行网点数字化转型进程中，除了常见的主要风险，还面临着市场、流动性与技术等不容忽视的风险。金融市场波动的加剧，凸显了市场风险的影响。利率波动时，银行吸收存款成本与贷款收益的变化会导致利差波动，进而影响盈利能力，客户的投资与借贷行为也会随之改变，冲击银行的业务结构与收益；汇率波动则会使开展跨境业务的银行网点的外汇资产价值变动，增加业务不确定性，如外贸企业外汇贷款就可能因汇率波动引发信用风险和汇兑损失。

数字化业务的发展提升了金融效率，却也加大了银行网点的流动性风险。客户对金融产品选择的灵活性和资金流动速度的加快，使得市场不稳定因素出现时，客户可能集中赎回理财产品或提取存款。若银行网点流动性储备不足，便会陷入流动性危机，影响业务正常运营，这也对银行的流动性预测和资金调配能力提出了更高要求。

技术风险在数字化转型中贯穿始终。像服务器硬件老化、软件漏洞、电力故障等引发的系统故障问题，会使银行网点业务停滞，损害银行声誉；网络攻击则严重威胁业务连续性，黑客入侵可能窃取客户信息、篡改交易数据或破坏系统运行。目前技术更新换代迅速，银行网点若不能持续投入资金和人力进行技术升级维护，就会因技术落后而无法满足客户需求，在市场竞争中处于劣势。银行网点必须重视这些风险，积极应对，才能在数字化转型中稳健前行。

第二节　信用风险管理

一、信用风险在银行网点的表现

（一）贷款与信用卡业务的信用风险特征

在银行网点的日常运营中，贷款与信用卡业务是信用风险的高发领域。对于贷款业务，信用风险主要体现在借款人的违约可能性上。一方面，个人贷款客户可能因失业、重大疾病等不可预见的突发状况，导致收入锐减，无法按时足额偿还贷款本息。另一方面，企业贷款客户面临更为复杂的风险因素，如市场竞争加剧、原材料价格大幅波动、经营管理不善等，这些因素都可能导致企业盈利能力下降，偿债能力削弱。例如，某制造业企业因未能及时跟上行业技术升级步伐，产品滞销，资金链断裂，最终无法偿还银行贷款。

信用卡业务的信用风险则具有独特性。持卡人可能因过度消费、财务状况恶化等原因，无法按时还款。此外，信用卡套现行为也给银行带来了额外的风险。一些不法分子利用信用卡免息期和银行的信用额度，通过虚假交易进行套现，将资金用于高风险投资或其他非法用途，一旦投资失败或资金链断裂，就会导致无法偿还信用卡欠款，使银行面临损失。

（二）投资理财产品的信用风险评估

银行网点销售的投资理财产品同样包含信用风险。对于固定收益类理财产品，如债券型基金，信用风险主要来自发行主体的信用状况。若债券发行企业出现财务困境，如债务违约、资不抵债等情况，债券的价值将大幅下跌，投资者的收益将受到严重影响。银行在评估此类产品的信用风险时，需要对发行企业的财务报表进行深入分析，包括资产负债结构、盈利能力、现金流状况等，同时还要考虑企业的行业地位、市场竞争力以及宏观经济环境等因素。

对于权益类理财产品，如股票型基金，信用风险不仅与所投资企业的信用状况相关，还受到市场波动的影响。企业的经营业绩、治理结构、管理层能力等因素决定了其股票的内在价值，而市场的非理性波动可能导致股票价格偏离其内在价值，从而给投资者带来损失。银行在评估权益类理财产品的信用风险时，除了关注企业基本面外，还需要运用金融市场分析工具，对市场趋势进行预测和判断。

二、网点层面的信用风险管理框架

（一）客户信用评估体系与信用额度管理

银行网点建立科学合理的客户信用评估体系是有效管理信用风险的基础。该体系通常包括多个维度的评估指标，如客户的个人基本信息、收入状况、信用记录、资产负债情况等。对这些信息进行综合分析后，可运用信用评分模型对客户的信用状况进行量化评估。例如，一些银行采用FICO信用评分模型，根据客户的信用历史、还款能力、信用账户数量等因素计算出信用分数，分数越高表示客户的信用状况越好。

在信用额度管理方面，银行网点根据客户的信用评估结果，结合客户的收入水平、负债情况以及贷款用途等因素，合理确定信用额度。对于信用状况良好、收入稳定且负债较低的客户，银行可以给予较高的信用额度；而对于信用风险较高的客户，则相应降低信用额度，以控制风险敞口。同时，银行还会定期对客户的信用状况进行重新评估，根据客户的信用变化情况调整信用额度。

（二）风险预警与不良资产处置机制

风险预警机制是银行网点及时发现信用风险的重要手段。通过建立一系列的风险预警指标，如贷款逾期天数、客户还款能力变化、企业财务指标异常等，银行能够实时监测客户的信用状况，一旦发现风险预警信号，及时采取措施进行风险防范。例如，当客户的贷款逾期超过一定天数时，银行会通过短信、电话等方式提醒客户还款，并对客户的信用状况进行重新评估。

对于已经形成的不良资产，银行网点需要建立有效的处置机制。常见的处置方式包括催收、债务重组、资产拍卖等。催收是最基本的处置方式，银行通过电话催收、上门催收等手段，督促借款人还款。债务重组则是在借款人出现还款困难但仍有一定还款能力的情况下，银行与借款人协商调整贷款条款，如延长还款期限、降低利率、变更还款方式等，以帮助借款人渡过难关，同时降低银行的损失。当借款人无法通过催收和债务重组解决问题时，银行可以通过法律途径对抵押资产进行拍卖，以收回贷款本息。

三、数字化转型下的信用风险防控

（一）利用大数据与AI技术优化信用评级模型

随着数字化转型的深入推进，银行网点利用大数据与AI技术对信用评级模型进行优化，以提高信用风险评估的准确性和效率。大数据技术使得银行能够收集到广泛的客户信息，包括客户的消费行为、社交网络数据、互联网浏览记录等，这些非传统的信用数据为信用评估提供了新的视角。通过对海量数据的分析挖掘，银行可以全面了解客户的信用状况和行为特征，发现潜在的风险因素。

AI技术，特别是机器学习算法，在信用评级模型中发挥着重要作用。机器学习算法可以自动从大量数据中学习客户的信用模式和风险特征，构建更加精准的信用评级模型。例如，逻辑回归、决策树、随机森林等机器学习算法被广泛应用于信用评分模型的构建，这些算法能够根据客户的各种特征变量，准确预测客户的违约概率。与传统的信用评级模型相比，基于大数据和AI技术的信用评级模型具有更高的准确性和适应性，能够更好地应对复杂多变的信用风险。

（二）自动化监控与预警系统的应用

数字化转型为银行网点提供了强大的技术支持，使得自动化监控与预警系统得以广泛应用。这些系统通过实时连接银行的核心业务系统、客户信息系统以及外部数据来源，对客户的信用状况进行全方位、实时监控。一旦发现客户的信用状况出现异常变化，如还款能力下降、贷款逾期、财务指标恶化等，系统会自动发出预警信号，并及时通知相关人员进行处理。

自动化监控与预警系统的优势在于及时性和准确性。其能够在第一时间发现信用风险，为银行采取风险防范措施争取宝贵时间。同时，通过对大量数据的实时分析，系统能够准确地判断风险的严重程度和发展趋势，为风险决策提供科学依据。例如，一些银行的自动化监控与预警系统可以根据客户的风险状况，自动生成风险处置建议，如提前收回贷款、调整信用额度、加强催收力度等，大大提高了信用风险防控的效率和效果。

四、案例分析

（一）风险识别与早期干预的实践

1.某股份制银行对小微企业的风险防控

2018年，某股份制银行网点在对一家从事制造业的小微企业进行贷后管理时，通过大数据监测发现该企业在近3个月内水电费支出大幅下降，且原材料采购量也显著减少。银行网点立即安排客户经理实地走访，与企业负责人沟通后了解到，由于主要客户拖欠货款，企业资金周转困难，已暂停部分生产线。银行迅速与企业共同梳理应收账款明细，并为企业提供了短期的资金过桥服务，同时调整了贷款还款计划，将原本的按月等额本息还款调整为按季付息、到期还本，缓解了企业资金压力。经过半年的努力，企业成功收回大部分欠款，恢复正常生产经营，银行贷款也未出现逾期风险。

2.国有银行对个人经营性贷款的风险预警

2020年年初，某国有银行网点通过客户信用评估系统监测到一位从事餐饮行业的个人经营性贷款客户的还款能力出现明显下降。该客户的信用卡消费记录显示其日常消费大幅减少，且名下店铺的线上支付流水几乎停滞。银行客户经理主动联系客户，了解到客户收入来源中断。银行随即启动应急预案，为客户提供了贷款延期还款服务，并推荐了一些线上营销平台和优惠政策，帮助客户拓展线上业务。后来，客户店铺逐渐恢复营业，经营状况好转，避免了信用风险的发生。

（二）不良贷款回收策略的有效性评估

1.地方银行对不良贷款的债务重组与资产处置

2017年，某地方银行网点有一笔不良贷款涉及一家因市场竞争激烈、经营管理不善而陷入困境的纺织企业。银行在对企业资产进行清查后发现其拥有一块位于城市开发区的优质土地，但因债务纠纷被查封。银行与企业、法院及其他债权人积极沟通协商，通过债务重组，将企业的部分债务转化为股权，并协调相关部门解除土地查封。随后，银行与一家房地产开发企业达成合作意向，将土地转让给对方，所得款项优先用于偿还银行贷款。经过一系列操作，银行成功收回了80%的贷款本金及部分利息，有效降低了损失。同时，银行对此次债务重组和资产处置过程进行了详细复盘，总结出在与多方沟通协调过程中存在的信息传递不及时、决策流程较长等问题，为今后处理类似业务提供了改进方向。

2.商业银行对不良贷款的多元化回收策略

2019年，某商业银行网点面临一笔涉及一家科技企业的不良贷款。该企业因技术研发失败，产品无法推向市场，导致资金链断裂。银行在对企业资产进行评估后发现其拥有多项专利技术和部分优质设备。银行一方面通过法律途径对企业设备进行公开拍卖，另一方面积极与其他科技企业洽谈，寻求专利技术的转让机会。同时，银行与原借款人协商，要求其以个人名下的房产作为补充抵押物。经过努力，设备拍卖所得款项偿还了部分贷款，专利技术转让给一家大型企业获得了可观的转让费，进一步覆盖了贷款本息。此外，通过对个人房产的处置，最终银行成功收回了全部不良贷款。在此次不良贷款回收过程中，银行评估发现多元化回收策略虽然有效，但在专利技术转让过程中，由于对知识产权市场了解不够深入，导致转让周期较长。银行随后加强了对知识产权交易市场的研究和人才培养，以提升未来不良贷款回收的效率。

第三节　舆情风险管理

一、舆情风险对银行网点的影响

在数字经济时代，信息传播的速度和范围呈几何级数增长，银行网点作为商业银行面向客户的前沿阵地，舆情风险已成为其经营管理中不可忽视的重要因素。负面舆情一旦产生，就如同投入平静湖面的巨石，会引发一系列连锁反应，对银行网点的客户服务体验和品牌声誉造成深远影响。

（一）负面舆情对客户服务体验的直接冲击

1.客户信任度下降

客户在选择银行服务时，信任是基石。当负面舆情出现，如涉及银行网点服务态度恶劣、业务办理失误、违规操作等问题，客户会对银行的专业能力和服务质量产生怀疑。例如，网络上流传了某银行网点柜员与客户发生激烈争吵的视频，其他客户在选择该网点服务时，就会心存顾虑，担心自己也遭遇类似不愉快的经历，进而对银行的信任度大打折扣。这种信任的缺失，会直接影响客户与银行的业务往来意愿，可能导致客户减少业务量甚至转投其他银行。

2.服务需求满足受阻

负面舆情往往会引发客户的担忧和不满，进而导致客户对银行服务的需求发生变化。实践中，有些客户打算办理复杂程度高、综合贡献大的金融业务，可能会因为负面舆情而选择观望，或者将业务转移到他们认为更可靠的银行。同时，负面舆情也可能使银行网点的咨询量和投诉量激增，工作人员需要花费大量时间和精力去处理这些问题，从而无暇顾及正常的业务办理，导致服务效率下降，进一步影响了客户服务需求的满足。例如，若出现关于银行理财产品收益未达预期的负面舆情，大量客户会前来咨询和投诉，网点工作人员在应对这些问题时，可能无法及时为其他客户提供开户、贷款等服务，使客户的服务需求得不到及时满足。

3.客户体验变差

负面舆情会在多个方面影响客户的实际体验。从心理层面看，客户会因为负面舆情而产生焦虑和不安的情绪，在办理业务时可能会更加敏感和挑剔。从服务流程上看，负面舆情导致的银行内部调整和应对措施，可能会使原本顺畅的业务流程变得烦琐。比如，银行为了应对舆情，加强了某些业务的审核流程，这可能会延长客户的业务办理时间，降低客户的满意度。此外，负面舆情还可能导致银行网点的服务环境变差，工作人员因为应对舆情压力增大，服务态度可能不如以往热情周到，这些都会让客户体验变差。

（二）品牌声誉受损的长期后果

1.市场竞争力下降

品牌声誉是银行在市场竞争中的核心竞争力之一。负面舆情的传播会使银行网点的品牌形象受损，进而影响整个银行的市场竞争力。在激烈的金融市场竞争中，客户往往更倾向于选择声誉良好的银行。当银行网点的品牌声誉因负面舆情受到损害时，客户会逐渐流失到竞争对手那里。例如，若一家银行网点因违规操作被媒体曝光，其在当地市场的竞争力会明显下降，新客户获取难度增加，老客户流失率上升，市场份额也会随之减少。长期来看，这将对银行的盈利能力和可持续发展造成严重威胁。

2.业务拓展受限

品牌声誉受损会给银行网点的业务拓展带来诸多障碍。在开展新业务时，如推出新的金融产品或服务，客户由于对银行品牌的不信任，会对这些新业务持谨慎态度，甚至拒绝尝试。此外，在与其他金融机构或企业进行合作时，对方也会考虑银行的品牌声誉，负面舆情可能会使合作机会减少。比如，银行网点计划与当地企业开展联合金融服务项目，企业在得知该网点曾有过负面舆情后，可能会对合作产生疑虑，甚至放弃合作，这无疑会限制银行网点的业务拓展空间，阻碍其数字化转型的进程。

3.监管压力增大

品牌声誉受损往往会引起监管部门的关注。监管部门会对银行网点的经营行为进行更严格的审查和监管，要求银行加强风险管理和内部控制，确保其合规经营。这将增加银行网点的运营成本和管理压力，需要投入更多的人力、物力和财力来满足监管要求。同时，若银行网点不能有效应对负面舆情，改善品牌声誉，还可能面临监管部门的处罚，进一步损害银行的利益和形象。例如，监管部门可能会对存在严重负面舆情的银行网点进行罚款、责令整改等，这不仅会影响银行网点的正常运营，还会对其品牌声誉造成二次伤害。

二、网点舆情风险的应对机制

当前，银行网点面临着愈发复杂的舆论环境，舆情风险已成为银行风险管理体系中不容忽视的重要组成部分。一套科学、高效且完备的舆情风险处理流程，对于银行网点及时化解危机、维护良好声誉以及保障业务稳健开展至关重要。从实践来看，成立应急处置小组、风险研判、舆情处置和舆论管控与引导这四个环节相互依存、相互促进，共同构成了银行网点应对舆情风险的有效机制。银行网点舆情处理的四大关键环节如图12-1所示。

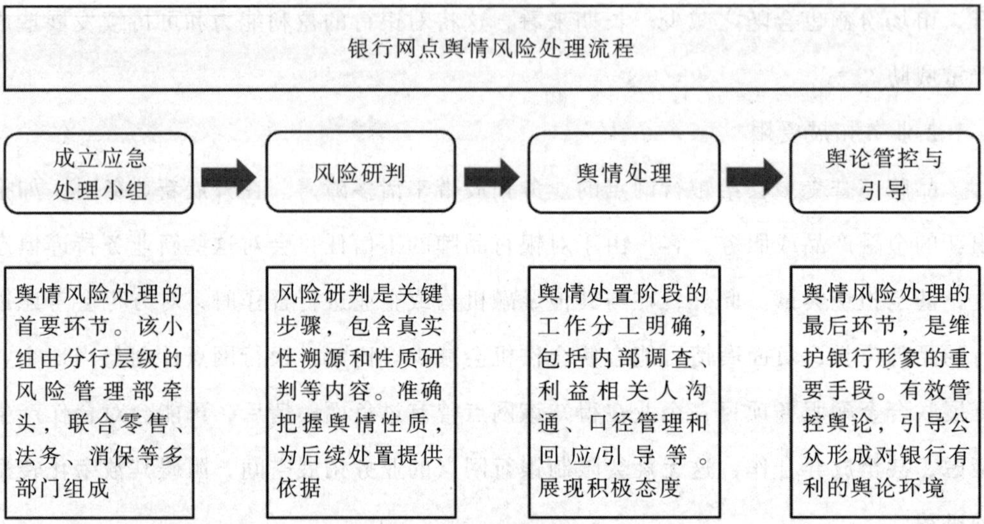

图12-1　银行网点舆情处理的四大关键环节

（一）成立应急处理小组

成立应急处理小组是银行网点舆情风险处理的首要且关键步骤。在实践中，该小组通常是由风险管理部或网点运营管理部作为牵头部门，这是因为其与网点的日常经营活动衔接最为紧密，能够更高效、更直接、更全面地统筹舆情处理工作。同时，联合某支行、普惠金融中心、零售业务部、公司业务部、法律合规部、消保工作小组等多个部门协同作战。各部门在小组中发挥着独特且不可或缺的作用。

应急处理小组的主要职责是对舆情事件展开全面、深入调查。回溯核实事件相关情况，不仅包括事件的起因、经过和结果，还涵盖事件涉及的人员、业务环节等诸多细节。同时，调查所涉各方责任，明确是银行内部管理问题、员工操作失误，还是外部因素导致。此外，查找所涉条线及部门在管理上存在的漏洞，以便在后续工作中加以改进和完善，从源头上降低舆情风险的发生概率。

（二）风险研判

风险研判是银行网点舆情风险处理流程中的核心环节，它为后续的处置工作提供了明确的方向和依据。这一环节主要包括真实性溯源和性质研判两个方面。

真实性溯源是确保舆情处理准确性的基础。银行需要通过多种渠道收集信息，与相关当事人进行核实，对比不同来源的信息，以确定舆情信息的真实性。只有在准确判断信息真实性的基础上，才能采取正确的应对措施，避免因误判而导致危机扩大。性质研判则是对舆情进行全面、深入分析，具体包括对传播内容中的敏感信息进行梳理、明确主要矛盾、评估传播热度和确定舆情等级。以确定舆情等级为例，根据各项指标的综合评估，将舆情划分为不同的等级，如一般、较大、重大和特别重大，以便银行根据舆情等级的高低合理调配资源，采取相应的应对措施。

（三）舆情处置

舆情处置阶段是将风险研判的结果转化为实际行动的重要环节，其工作内容涵盖多个方面，且各方面相互关联、相互影响。

工作分工是确保舆情处置高效有序进行的前提。首先，根据不同部门的职责和专长，合理分配工作任务，明确各部门在舆情处置中的具体职责和工作要求。从实践来看，内部调查是深入了解舆情事件真相的必要手段。通过对内部流程、操作记录、员工行为等方面的调查，查找银行内部是否存在管理不善、操作违规等问题。如果发现问题，及时采取措施进行整改，以消除公众的疑虑和不满。其次，利益相关人沟通是维护良好合作关系和公众形象的重要举措。要与客户、员工、合作伙伴、监管部门等利益相关人进行及时、有效沟通，了解他们的诉求和意见，向他们传达银行对舆情事件的重视和处理进展，争取他们的理解和支持。再次，口径管理是保证对外发声一致性和准确性的关键。在舆情处置过程中，银行需要制定统一的对外口径，确保所有对外发布的信息在内容和表述上保持一致。避免因信息不一致引发公众的困惑和质疑，进一步加剧舆情危机。最后，回应/引导是舆情处置的核心任务。应根据舆情的性质和发展态势，及时、诚恳地对外发布信息，回应公众关切的问题。同时，通过积极的舆论引导，传播正面信息，引导公众形成客观、理性的看法，逐步扭转不利的舆论局面。

（四）舆论管控与引导

舆论管控与引导是银行网点舆情风险处理的最后一道防线，也是维护银行良好形象的重要手段。对外声明是银行在舆情事件发生后向公众表达立场和态度的重要方式。声明应简洁明了、态度诚恳，及时回应公众关注的核心问题，表明银行对事件的重视和解决问题的决心。补充政策解读是帮助公众更好地理解银行政策和业务的有效途径。在舆情事件中，公众往往对银行的相关政策和业务存在误解。通过对政策的详细解读，能消除公众的误解，增强公众对银行的信任。

三、数字化转型在舆情风险管理中的应用

（一）部署智能舆情分析系统

1.实时监测与预警

智能舆情分析系统能够实时监测各类网络平台，包括社交媒体、新闻网站、金融论坛等，收集与银行网点相关的舆情信息。其运用自然语言处理、机器学习等先进技术，对海量信息进行快速筛选和分析，能够敏锐地捕捉到任何可能引发舆情风险的信号。例如，当有客户在社交媒体上发布对银行网点服务不满的言论时，系统能迅速识别并发出预警，使银行能够在第一时间了解情况，掌握舆情的发展态势。这种实时监测与预警功能，让银行从被动应对舆情转变为主动预防，大大缩短了反应时间，为后续的舆情处理争取了宝贵的先机。

2.精准分析舆情性质

智能舆情分析系统不仅能监测舆情信息，还能对舆情的性质进行精准分析。其

可以判断舆情是正面、负面还是中性的，以及负面舆情的严重程度。通过对舆情内容进行深入剖析，能明确舆情的焦点问题，如服务质量、产品缺陷、合规问题等。比如，当出现关于银行某款理财产品的负面舆情时，系统能够分析出是产品收益未达预期，还是宣传误导导致客户不满。这种精准的分析有助于银行准确把握舆情的核心，制定针对性强的应对策略，避免资源的浪费，提高舆情处理的效率和效果。

3.预测舆情发展趋势

借助大数据分析和模型预测技术，智能舆情分析系统能够对舆情的发展趋势进行预测。其可以根据以往的舆情案例和当前的舆情数据，分析舆情可能的传播路径、影响范围和演变方向。例如，预测某一负面舆情是否会在短期内迅速扩散，是否会引发连锁反应导致更多相关问题的曝光。银行根据这些预测结果，可以提前做好应对准备，如制订不同阶段的舆情应对方案，合理调配资源，增强应对的前瞻性和主动性，将舆情风险控制在萌芽状态或最小范围内。

（二）数字化手段增强透明度与沟通效率

1.信息公开与透明

数字化平台为银行网点提供了便捷的信息公开渠道。银行可以通过官方网站、手机银行App、社交媒体账号等平台，及时、准确地发布各类信息，包括业务政策、产品详情、服务流程、重大事件等。例如，在推出新的金融产品时，详细介绍产品的特点、收益、风险等信息，让客户能够全面了解产品，避免因信息不对称产生误解和质疑。同时，在面对舆情时，银行也可以通过这些平台及时公布事件的调查进展和处理结果，增强信息的透明度，向公众展示银行积极解决问题的态度和决心，赢得公众的信任，减少负面舆情的传播和发酵。

2.多元化沟通渠道

数字化手段丰富了银行与客户、公众的沟通渠道。除了传统的客服热线，银行还可以利用在线客服、社交媒体互动、直播等方式与客户进行实时沟通。客户可以随时随地通过这些渠道咨询问题、反馈意见，银行也能够及时回复和处理，提高客户的满意度。例如，银行在社交媒体上开展线上答疑活动，解答客户关于金融产品和服务的疑问，增强与客户的互动和黏性。此外，这些多元化的沟通渠道也有助于银行及时了解公众的需求和关注点，提前发现潜在的舆情风险，将问题解决在萌芽阶段。

3.快速响应与反馈

数字化沟通的即时性使得银行能够对舆情作出快速响应。当收到客户的投诉或舆情信息时，银行可以迅速启动处理流程，通过数字化系统将问题分配给相关部门和人员，确保问题得到及时解决。同时，银行可以通过数字化渠道实时向客户反馈问题处理情况，让客户感受到银行对问题的重视和积极处理的态度。例如，客户在手机银行App上投诉业务办理时间过长，银行客服人员能够立即受理，并将处理进度实时推送给客户，当问题解决后，还可以邀请客户对处理结果进行评价，进一步提升客户体验，有效化解舆情风险，维护银行的良好形象。

四、案例分析

（一）成功应对负面舆情的案例策略

某银行网点曾因服务问题引发一场负面舆情。一位老年客户前往网点办理养老金领取业务时，由于业务流程烦琐且工作人员解释不够清晰，客户长时间等待且未能成功办理业务，客户情绪激动并在网点内大声抱怨。这一场景被其他客户拍摄并上传至社交媒体，引发了网友对该银行服务效率和服务态度的广泛质疑，对该网点乃至整个银行的品牌形象造成了负面影响。

银行网点的应对策略如下：网点负责人在得知舆情后的第一时间便带领大堂经理赶到现场。负责人首先向客户诚恳致歉，耐心倾听客户的诉求，稳定客户的情绪。同时，安排大堂经理通过网点广播向其他客户解释情况，避免造成更大范围的恐慌。此外，网点工作人员迅速将这一情况汇报至上级分行，启动舆情应急预案。

分行迅速组建调查小组，利用网点的监控录像、业务办理系统记录等数字化手段，对该事件进行全面调查。调查后发现，问题主要出在业务流程未充分考虑老年客户群体的特殊性以及对工作人员的服务培训不足。在查明原因后，该银行通过官方微信公众号、当地主流媒体等渠道发布声明，详细说明事件的调查过程和处理结果，公开表示对涉事工作人员进行批评教育和业务培训，同时承诺优化业务流程，为老年客户提供更便捷的服务。

该银行针对此次事件，对网点的业务流程进行了全面优化。特别是针对养老金领取等高频业务，简化办理手续，设置专门的绿色通道和引导人员，方便老年客户办理业务。同时，加强员工的服务培训，提升员工的沟通能力和服务意识。通过这些措施，不仅解决了舆情危机，还为网点的发展奠定了良好的基础。

（二）失败应对负面情绪的案例反思

某股份制银行 A 网点就因一起理财产品风波在舆情应对上遭遇滑铁卢，为银行业敲响了警钟。事情经过大致如下：A 网点大力推广一款预期收益较高的理财产品，吸引了众多客户购买。然而，产品到期后，实际收益远低于预期，甚至出现了部分本金亏损的情况。购买该产品的客户们感到十分不满，纷纷来到网点要求给出解释和解决方案。

梳理其应对细节，反映出 A 网点针对舆情风险的处理流程存在环节不清、执行不严、行动不快等问题。具体表现如下：

当第一批客户前来投诉时，A 网点工作人员并未充分意识到问题的严重性，只是简单地安抚客户，称会向上级反映，却没有采取实质性的解决措施。在客户多次追问下，依旧没有给出明确答复。此时，部分愤怒的客户开始在社交媒体上吐槽该银行的理财产品，引发了其他投资者的关注和讨论，舆情逐渐发酵。但 A 网点在舆情初期没有建立有效的监测机制，未能及时捕捉到网络上的负面声音，错过了最佳的应对时机。

随着舆情热度不断攀升，A 网点才匆忙成立应对小组。但在与客户沟通时，工作人员未能站在客户角度理解他们的诉求，只是机械地强调产品合同中的风险条款，将责任归咎于市场波动，没有展现出解决问题的诚意。这种强硬的态度进一步激怒了客户，不仅没有平息舆情，反而使得矛盾更加激化。客户们组织起来，在网点门口拉起横幅抗议，吸引了大量路人围观，当地媒体也开始介入报道，舆情迅速恶化，对银行品牌形象造成了极大的冲击。

在舆情应对过程中，A 网点与上级分行之间缺乏有效的沟通协调机制，没有形成统一的对外口径。不同工作人员对客户和媒体的答复存在差异，导致信息混乱，让公众对银行的信任度降至冰点。一些不实信息也在网络上肆意传播，银行却无法及时澄清，进一步加剧了舆情危机。

此次舆情风险管理失败，让该银行在当地的品牌形象一落千丈。许多老客户对银行失去信任，纷纷转移资金，新客户拓展更是难上加难。周边其他网点的业务也受到牵连，储蓄、贷款等业务量大幅下滑。银行不得不花费大量的时间和精力进行危机公关，挽回声誉，但负面影响依然持续了很长时间。

这一案例深刻揭示了银行网点在舆情风险管理方面的重要性和紧迫性。首先，要建立健全舆情监测机制，及时发现潜在的舆情风险；其次，面对客户投诉，应秉持真诚负责的态度，积极沟通，主动解决问题；再次，在舆情应对过程中，要确保信息的一致性和准确性，避免因信息混乱而加剧危机；最后，银行内部各部门之间需加强协作，形成高效的舆情应对体系，共同维护银行的品牌形象和声誉。

第四节　操作风险管理

一、操作风险在银行网点的表现形式

在数字经济时代，银行网点操作风险呈现出复杂多样的表现形式，主要源于制度流程、信息系统以及外部因素这三个层面。银行网点在数字化转型过程中，必须高度重视操作风险的表现形式，并针对不同层次的风险类别，采取有效的防控措施，以保障银行的稳健运营和可持续发展。

（一）制度流程类操作风险

银行智能化转型需要完善的制度与流程作为保障，然而在转型过程中，制度流程方面的操作风险却对柜面业务发展形成制约。具体表现如下：新的业务模式可能缺乏清晰且细致的操作规范，导致员工在办理业务时无所适从，容易出现操作失误；制度执行不力，监督机制形同虚设，员工可能会为了追求业务量而违规操作，比如在客户身份核实环节走过场，这不仅可能引发合规风险，还可能导致客户资金安全受到威胁，损害银行的声誉。银行网点操作风险的主要来源如图12-2所示。

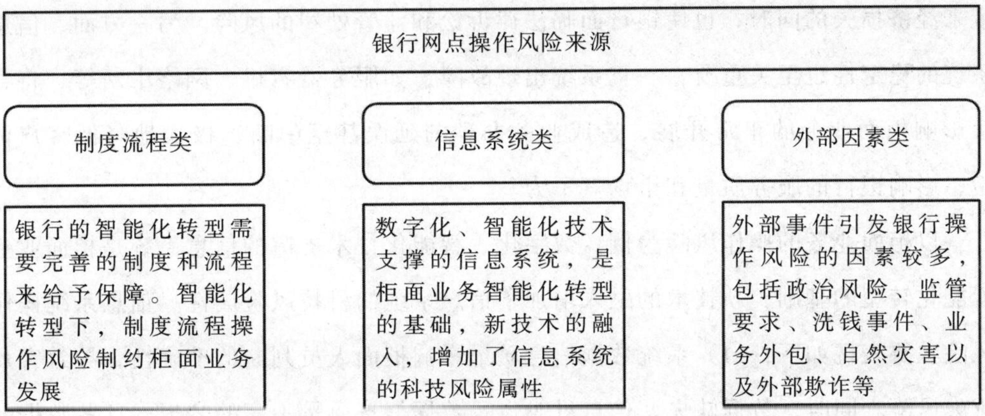

图12-2　银行网点操作风险的主要来源

智能化转型背景下，制度流程操作风险制约柜面业务发展，具体表现如下：（1）制度流程的制定跟不上智能转型业务发展，制度缺位引发操作风险。比如，银行原先制定的流程制度与新业务难以很好地进行契合，现有的制度流程缺陷也就显露出来。从实践来看，业务流程多、办理时间长、相互关联的环节需要单独办理，不仅耽搁了客户的时间，还降低了客户的满意度。（2）配套新系统新业务的流程设计烦琐，增加了操作风险。比如，集中对账大部分使用柜台对账的方式，其流程如下：对账中心集中打印账单、各网点前往对账中心领取账单、存款人前往柜台领取账单、存款人核对账单后交回回执单、网点收集对账单回执后交回对账中心上传系统。这一流程除了有繁重的对账任务，还要增加来回对账中心打印领取的时间成本，实际上延长了对账的时间与流程。一方面，这种方式潜藏了账务核对不符带来的风险；另一方面，给柜面人员带来巨大的工作压力，也促使代客保管的严重违规操作时有发生。

（二）信息系统类操作风险

信息系统类的操作风险同样不容忽视。数字化、智能化技术支撑的信息系统是柜面业务智能化转型的基础，但新技术的融入也增加了信息系统的科技风险属性。一方面，系统可能存在技术漏洞，容易受到黑客攻击，导致客户信息泄露，给客户带来经济损失的同时，也使银行面临法律诉讼和监管处罚的风险。另一方面，信息系统的稳定性也至关重要，一旦系统出现故障，如服务器宕机、网络中断等，将直接影响柜面业务的正常开展，造成业务办理的延误甚至中断，极大地降低客户体验，影响银行的服务质量和市场竞争力。

以柜面业务的操作风险为例，数字化、智能化技术支撑的信息系统是柜面业务智能化转型的基础，新技术的融入增加了信息系统的科技风险属性。信息系统操作风险主要表现如下：(1) 系统数据信息质量影响柜面人员判断的准确性，导致客户流失风险。同时，数据缺失、信息过时也是数据信息质量不高的表现，这些数据的使用给柜面人员带来了判断误差，很可能造成客户的流失。(2) 系统嵌入功能不完善，缺乏多类型科技手段和渠道辅助来降低操作风险。实践中，银行虽然配备了取款机、存取款一体机、补登折机、发卡机、自助回单机，但这些智能柜员机各自能办理的业务不多。而诸如挂失、定期、理财等业务，在柜面办理需准备的手续多、等待的时间久，是操作风险高发的业务类型。此外，在客户生物信息采集、协议签约时，没有系统界面充分提示，客户知情权没有得到行使，也会形成伦理风险。(3) 系统性能不稳定、网络安全漏洞，使得操作风险事件增多、涉及范围扩大。信息系统的不稳定，影响柜员工作效率，不利于操作风险管理。例如，某柜员在办理他省银行现金业务时，系统不稳定，响应中断后退出，造成单边账的业务差错。而后台中心网络中断对全辖业务的影响更是巨大。

（三）外部因素类操作风险

外部因素类引发的操作风险更是不可小觑，通常包括政治风险、监管要求、洗钱事件、业务外包、自然灾害以及外部欺诈等。其中，政治风险可能导致银行政策的调整和业务的受限，监管要求的变化若银行未能及时响应和适应，就可能面临违规风险。洗钱事件的发生会使银行陷入法律纠纷和声誉危机。业务外包虽然能在一定程度上降低成本和提高效率，但如果对外包商管理不善，外包商的失误或违规行为也会给银行带来风险。互联网的发展，给普通民众带来了便利的同时，也产生了电信网络诈骗行为，使得外部欺诈风险更加突出，银行若不能有效识别和防范，就会陷入风险之中。

二、网点层面的操作风险管理策略

在数字经济时代，银行网点面临着复杂多变的操作风险。为有效管控操作风险，需从内控体系与合规文化建设、员工培训与操作规范执行、网点运营一体化等关键方面入手，构建全面且精细的操作风险管理策略。

（一）内控体系与合规文化建设

健全的内控体系是防范操作风险的基石。在网点层面，应建立多层级的内部控制架构，明确各岗位的职责与权限，形成相互制约、相互监督的工作机制。例如，在资金交易业务中，柜员、复核人员和网点副职应各司其职，柜员员负责执行交易指令，复核员对交易细节进行核对，网点副职实时监控风险敞口，任何一个环节出现问题都能及时被发现和纠正。同时，网点应该在上级行的指导下制定详尽的内部控制制度，涵盖业务操作流程、风险评估标准、监督检查机制等内容，确保各项业务活动有章可循。

合规文化建设同样不可或缺。通过开展定期的合规培训、案例分析会等活动，向员工传递合规经营的理念和重要性，让合规意识深入人心。将合规表现纳入员工绩效考核体系，对合规操作的员工给予奖励，对违规行为进行严厉处罚，形成良好的合规氛围。比如，对于严格遵守反洗钱规定，成功识别并上报可疑交易的员工，给予表彰和物质奖励；对违规为客户开立账户的员工，进行严肃纪律处分。

（二）员工培训与操作规范执行

员工是银行网点业务操作的主体，其业务能力和操作规范程度直接影响操作风险。加强员工培训，提升其专业素养和风险意识至关重要。一方面，针对不同岗位的员工，设计个性化的培训课程。新入职员工重点进行基础业务知识和操作流程培训，使其快速熟悉工作环境和要求；业务骨干则接受更高级别的风险管理、金融创新等方面的培训，提升其综合能力。另一方面，定期组织员工参加操作风险案例研讨会，通过分析实际发生的风险事件，让员工深刻认识到操作失误的严重后果，提高风险防范意识。

在操作规范执行方面，制定标准化的操作手册，详细说明各项业务的操作步骤、注意事项和风险点。要求员工严格按照操作手册执行，杜绝随意简化或变通操作流程的行为。建立操作规范执行的监督机制，通过现场检查、录像抽查等方式，对员工的操作行为进行监督，及时发现并纠正违规操作行为。例如，在储蓄业务中，严格要求员工按照规定进行客户身份验证、现金收付和账务处理，确保每一笔业务都合规操作。

（三）网点运营一体化

网点运营一体化旨在打破部门之间的壁垒，实现资源的优化配置和业务流程的高效协同，从而降低操作风险。在数字化转型背景下，可以借助先进的信息技术，建立统一的网点运营管理平台，整合客户信息、业务数据和风险监控等功能，实现信息的实时共享和业务的集中处理。例如，客户在办理贷款业务时，其基本信息、信用记录等可以在运营管理平台上一站式获取，避免了因信息分散导致的重复录入和错误风险。

同时，优化网点内部的业务流程，减少不必要的环节和审批手续，提高业务办理效率。通过流程再造，实现业务的前后台分离，前台专注于客户服务和业务受理，后台负责业务审核和处理，各环节紧密衔接，提高运营效率的同时降低操作风险。此外，加强网点与上级分行、其他网点之间的沟通协作，实现资源共享和经验交流，共同应对操作风险挑战。例如，在遇到复杂业务问题或风险事件时，各网点可以通过视频会议等方式进行交流探讨，共同寻求解决方案。

三、数字化转型驱动操作风险的管理变革

网点操作风险一直是困扰银行稳健运营的重要因素，传统的操作模式下，人为操作失误、风险监控滞后等问题时有发生。而在数字经济时代，银行网点的数字化转型为操作风险控制带来了新的契机与变革，为操作风险防控提供了有力支持，极大地提升了银行网点的风险管理水平。

（一）自动化流程减少操作失误

在传统银行网点运营中，大量业务依赖人工操作，这不可避免地会引入操作失误风险。比如在储蓄业务中，人工录入客户信息、计算利息、处理账务等环节，稍有不慎就可能出现数据错误、金额差错等问题。而数字化转型带来的自动化流程，能够显著降低这类风险。通过建立一体化的业务处理系统，将业务流程进行标准化和自动化设置，客户信息在系统中一次录入即可在多个相关业务环节共享，减少了重复录入可能导致的错误。以贷款审批流程为例，自动化系统可以根据预设的规则和模型，快速准确地对客户的信用状况、还款能力等进行评估，避免了人工审批过程中可能因主观判断、信息掌握不全面等因素导致的失误。同时，自动化流程还能提高业务处理效率，原本需要人工花费大量时间处理的业务，现在通过系统自动运行，不仅缩短了业务办理周期，还减少了因业务积压和处理时间过长带来的操作风险。

（二）实时监控与智能审计技术的应用

传统的操作风险监控往往存在滞后性，难以在风险发生的第一时间进行有效干预。而数字化转型引入的实时监控与智能审计技术改变了这一局面。利用大数据、人工智能等技术，银行网点能够对业务操作进行全方位、实时的监控。在交易过程中，系统可以实时监测每一笔资金流动、每一个业务操作步骤，一旦发现异常交易行为，如短期内资金频繁大额进出、不符合常规业务逻辑的操作等，立即发出预警信号。智能审计技术则能对海量的业务数据进行深度分析，通过建立风险评估模型，主动识别潜在的操作风险点。例如，智能审计系统可以对银行网点的财务报表、业务台账等进行自动审计，快速发现账目不符、违规操作等问题，相比传统的人工审计，大大提高了审计效率和准确性。而且，这些实时监控和智能审计的结果能够及时反馈给相关管理部门和工作人员，便于他们迅速采取措施进行风险处置，将风险损失控制在最小范围内。

总之，银行网点的数字化转型在操作风险控制方面发挥着关键作用。通过自动化流程减少操作失误以及实时监控与智能审计技术的应用，不仅提升了操作风险防控的效率和效果，还为银行网点的数字化转型和可持续发展奠定了坚实的基础。随着数字技术的不断发展和创新，银行网点应进一步深化数字化转型，充分利用新技术，持续完善操作风险控制体系，以更好地应对复杂多变的市场环境和日益增长的风险挑战。

四、案例分析

（一）操作风险防控的正面案例

招商银行一直积极投身数字化转型，其某网点在这一进程中表现突出。在零售业务方面，该网点引入智能化客户服务系统和自动化业务处理流程。以往，客户办理信用卡申请、个人贷款等业务时，需填写大量纸质表格，工作人员手动录入信息，不仅效率低下，还容易出现人为错误。现在，客户通过线上渠道提交申请，系统自动抓取关键信息，利用大数据和人工智能技术进行初步审核，快速评估客户信用状况，减少了操作失误。

在风险监控上，网点借助实时监控与智能审计技术，建立起全方位的风险防控体系。系统实时监测客户交易行为，一旦发现异常，如短期内频繁的大额转账、异地登录异常等，会立即触发预警机制。智能审计系统则定期对业务数据进行深度分析，挖掘潜在风险点。例如，在一次审计中，智能系统发现某时间段内部分理财产品的销售数据异常，经进一步调查，发现是个别员工为完成业绩指标，违规操作。由于发现及时，银行迅速采取措施，避免了更大的损失。数字化转型后，该网点操作风险事件发生率显著降低，业务办理效率大幅提升，客户满意度也明显提高。

（二）操作风险防控的反面案例

某小型城商行 B 网点在数字化转型方面步伐缓慢，仍依赖传统的业务操作模式。在对公业务中，账户管理、资金结算等流程烦琐，人工操作环节众多。一次，工作人员在处理一笔企业客户的大额转账业务时，由于手工填写转账信息失误，将收款账号填错，导致资金误转。更糟糕的是，网点缺乏有效的实时监控机制，未能及时发现这一错误。直到客户发现资金未到账并投诉，才引起银行注意。

在风险控制方面，B 网点没有引入智能审计技术，内部审计主要依靠人工抽查，难以全面覆盖业务风险点。一次内部审计中，由于人工疏忽，未能发现部分员工违规挪用客户资金的问题，直到客户察觉账户资金异常，这起违规事件才被发现。这不仅给客户造成了巨大损失，也使银行面临严重的法律风险和声誉危机。由于缺乏数字化手段支持，B 网点在应对操作风险时显得力不从心，业务发展受到严重阻碍，客户流失严重。

第五节　其他风险

一、利率风险

(一) 资产负债错配风险

银行网点的资产和负债在期限、利率等方面存在差异。当利率发生波动时，若资产和负债的利率敏感性不匹配，就会产生风险。例如，若银行网点吸收了大量短期存款，却发放了长期固定利率贷款，当市场利率上升时，银行支付给存款客户的利息增加，但贷款利息收入却保持不变，这就导致利差缩小，盈利能力下降。相反，若市场利率下降，银行贷款资产价值可能降低，而负债成本却居高不下，同样影响经营效益。

(二) 客户行为变化风险

利率变动会影响客户的金融行为。当利率上升时，客户更倾向于储蓄，贷款需求减少，这可能导致银行网点贷款业务量下滑，信贷收入减少。而利率下降时，储蓄存款吸引力降低，客户可能将资金投向其他收益更高的金融产品，如股票、基金等，导致银行网点存款流失。

(三) 投资业务风险

银行网点的投资组合也会受到利率波动影响。债券价格与市场利率为反向变动关系，当利率上升时，债券价格下跌，银行持有的债券资产价值缩水，若此时银行需要出售债券以满足流动性需求，就会遭受损失。此外，利率变动还可能影响其他投资产品的收益，如一些与利率挂钩的结构性理财产品，这会影响银行网点的投资收益和客户满意度。

二、法律和合规风险

（一）业务合规调整压力

随着金融监管环境日益严格，新法律法规不断出台。例如，关于反洗钱、消费者权益保护、数据隐私等方面的法规更新后，要求银行网点对业务流程和操作规范进行全面调整。在反洗钱方面，新法律法规可能要求更严格的客户身份识别程序和交易监测标准，银行网点需要投入更多人力、物力来确保合规，否则将面临巨额罚款和声誉损失。

（二）合同合法性风险

新法律法规可能对银行网点与客户签订的合同条款产生影响。若合同条款不符合新法律法规要求，可能导致合同无效或部分无效，引发法律纠纷。例如，在金融产品销售合同中，对风险提示的表述若不符合新法律法规的要求，当客户因投资亏损提起诉讼时，银行可能处于不利地位。

（三）监管审查风险

监管部门对银行网点的合规审查更加频繁和严格。银行网点需要持续满足新法律法规设定的监管指标和要求，如资本充足率、流动性覆盖率等。若不能及时适应新法律法规，在监管审查中被发现存在问题，银行网点可能面临限制业务开展、责令整改等处罚，严重影响正常经营。

三、技术风险与数据安全管理

（一）数据泄露风险

在数字化转型过程中，银行网点收集和存储了大量客户数据，包括个人身份信息、账户信息、交易记录等。这些数据一旦被泄露，将给客户带来严重的经济损失，同时损害银行的声誉。黑客攻击、内部人员违规操作等都可能导致数据泄露。例如，黑客通过网络攻击入侵银行系统，窃取客户信息用于诈骗等非法活动，银行不仅要承担法律责任，还会失去客户信任。

（二）数据存储与管理风险

随着数据量的不断增长，如何安全、有效地存储和管理数据成为挑战。数据存储系统可能出现硬件故障、软件漏洞等问题，导致数据丢失或损坏。此外，不同业务系统之间的数据整合和共享也存在风险，若数据标准不一致、接口不兼容，可能导致数据传输错误，影响业务决策和风险评估的准确性。

（三）新技术应用风险

银行网点在数字化转型中引入云计算、人工智能等新技术，虽然提升了效率，但也带来了新的风险。在云计算环境下，数据存储在第三方云服务提供商的服务器上，银行对数据的控制权和安全性存在一定担忧。人工智能算法可能存在偏差或被恶意利用，导致风险评估错误或客户信息被滥用。

第十三章　网点综合竞争力评价体系构建与测度

网点综合竞争力评价体系是银行业提升服务质量、优化资源配置的关键。本章首先深入探讨如何科学构建这一体系，通过全面性原则、激励性原则等设计思路，结合商圈理论与综合评价理论，为网点竞争力提供坚实的理论基础；其次，系统揭示评价指标的选取与权重设定，展示如何测度网点的综合竞争力；最后，研究发现这一体系不仅能精准定位网点的优势与不足，更能激发网点创新活力，推动银行业向更高水平发展。

第一节　构建评价体系的意义

在数字经济的浪潮中，商业银行网点的战略转型与竞争力提升成为行业发展的必然趋势。构建并测度网点综合竞争力评价体系，对于精准指导网点的定位与布局、客群与产品、服务与创新、人员与考核和减负与赋能，实现战略与功能的双重优化，具有深远的战略意义与实践价值。

从网点功能看，网点提供的金融服务不再局限于金融业务本身，而应该体现泛金融化的服务特征，从而更高效、更全面、更精准地匹配市场需求。一方面，银行网点的传统功能正逐渐向多元化、综合化转型。传统的银行网点主要提供存款、取款、转账、贷款、理财等基本金融服务，但在泛金融导向下，服务内容大大扩展，还可能涵盖保险、基金、资产管理、信托、外汇、期货期权、消费金融、互联网金融产品等，甚至是与非金融领域如电信、电子商务、教育、医疗等行业结合的创新金融解决方案。另一方面，在技术驱动和跨界融合的背景下，银行网点作为全行金融服务战略的营销阵地，是新一代信息技术与金融业务深度融合的重要实践阵地，与此同时，随着银行业金融机构与其他金融机构、其他行业的深度融合，由此形成综合化服务生态体系，这种跨界融合能够创造新的业务增长点，拓宽服务边界，进一步助推网点的功能定位走向综合化、专业化。因此，通过评价体系，银行可以清晰地了解各网点在服务功能上的优势与不足，精准定位服务内容，优化资源配置，确保每个网点都能在所属区域内扮演恰当的角色，有效对接市场需求，提高服务的针对性和有效性。

从网点战略看，银行网点是商业银行战略落地的重要支撑，其战略定位既需要与全行战略保持高度一致，同时还需要按照“一点一策”的战略布局来深耕网点周边商圈资源，实现对网点周边区域金融服务的同业领先。网点的战略定位决定了网点长远发展方向，是银行网点转型的蓝图。在数字经济时代，网点的战略定位应该立足阵地服务和外拓营销并重的服务导向，依托新一代信息技术的应用来推动网点运营效能提升，在夯实网点阵地服务根基的同时，通过线上线下融合拓展服务边界并构建差异化的竞争优势。通过综合竞争力评价体系，银行可以评估网点战略定位的实施效果，如数字化转型进度、市场响应速度、创新能力等，为战略调整提供数据支持，确保网点转型战略与总体发展目标一致，有效配置资源，避免盲目投资和同质化竞争。

从服务定位看，网点是商业银行获客、黏客和深耕客户关系的重要窗口，因此，客户体验与满意度的提升是网点保持持续性竞争优势、实现可持续发展的重要前提。优质的服务不仅能增强客户黏性，还能通过口碑传播吸引更多潜在客户。因此，通过持续优化服务体验，银行网点能够在众多竞争者中树立良好的品牌形象，提升市场竞争力。在数字化转型背景下，如何利用智能设备、大数据分析等技术提升服务效率与个性化水平，成为网点服务水平的重要考量。因此，构建评价体系，通过对服务态度、专业能力、响应速度、个性化服务等方面的量化评估，能够帮助银行识别服务短板，推动服务流程优化和服务创新。

从竞争导向看，在同质化严重的银行服务市场中，明确的竞争定位是网点脱颖而出的关键。评价体系能够帮助银行识别自身在特定区域或细分市场的独特优势，如特定客户群体的深度服务、特色产品创新、高效的业务处理能力等。通过对比分析，银行可以明确自身相对于竞争对手的优势与劣势，制定针对性的竞争策略，如通过精细化管理提升运营效率，或是通过定制化服务满足特定客户需求，从而在激烈的市场竞争中巩固并扩大市场份额。

从过程管理看，构建综合竞争力评价体系并进行有效测度，不仅能够为银行提供科学的决策依据，指导网点转型与优化，而且能够促进银行内部进行持续改进。通过定期评估与反馈，银行能够动态调整战略方向，优化资源配置，提升服务品质，最终实现网点综合竞争力的全面提升。此外，评价体系的建立还能够增强员工的责任感与归属感，通过明确的目标导向，激励员工积极参与网点转型和创新活动，共同推动银行在数字经济时代实现高质量发展。

综上所述，构建并测度网点综合竞争力评价体系，是商业银行在新时代背景下实现战略转型、提升服务品质、强化市场竞争力的重要工具。其不仅关乎单个网点的生存与发展，更是银行整体战略规划与市场布局的关键支撑，对于推动银行业务模式创新、服务效能提升以及可持续发展具有深远的意义。

第二节　构建评价体系的基本原则

构建网点综合竞争力评价体系要在评价指标具有全面性和可比性的基础上，立足客观性和动态性来提高评价指标体系对网点综合竞争力评价的适配水平，并最终助力网点健康、可持续发展。

（一）全面性原则

全面性原则要求在构建网点竞争力评价体系时，兼顾多个维度和层面，确保评价内容覆盖网点运营的所有关键领域。这不仅包括传统的财务业绩、市场份额等硬实力指标，也应涵盖客户服务、创新能力、品牌形象等软实力因素。在数字经济时代，网点的线上服务能力、数字产品创新、客户体验优化等成为评价体系的重要组成部分。例如，评价体系应考量网点的数字化程度，如智能设备普及率、移动银行使用情况等。总之，全面性原则有助于揭示网点竞争力的全貌，避免片面追求单一指标而忽视其他重要方面。

（二）可比性原则

可比性原则旨在确保不同网点之间以及同一网点不同时期的评价结果具有可比性，为比较分析和趋势追踪提供基础。实现可比性需要建立一套统一的评价标准和度量单位，无论是在指标定义、数据采集方法还是评价模型上都要保持一致。例如，对于客户满意度的评价，应采用相同的问卷模板和评分标准，保证数据的横向和纵向可比。此外，对于定量指标，应设立合理的基准值和比较对象，如行业平均水平、历史最好成绩等，以便准确评估网点的表现。可比性原则有助于识别网点间的竞争优势与劣势，推动学习交流，促进整个银行系统的共同进步。

（三）客观性原则

客观性原则是网点综合竞争力评价的核心基础，强调评价过程与结果应基于事实数据而非主观判断，以确保评价的公正性与可靠性。在数字经济背景下，银行网点的数据采集与分析能力得到极大提升，为实现客观评价提供了可能。首先，评价体系应明确量化指标，如通过交易量、客户满意度得分、风险指标等硬数据来直接反映网点运营状况。其次，采用标准化的数据收集和处理流程，减少人为因素干扰，确保数据的真实性和准确性。最后，评价过程中应公开透明，接受多方监督，确保评价标准和过程的公正无偏，为决策提供坚实的数据支持。

（四）动态性原则

动态性原则强调评价体系应具备灵活性和适应性，能够随外部环境变化和内部策略调整而适时更新，确保评价结果始终反映网点在当前市场环境下的真实竞争力。在快速发展的数字经济环境中，新技术、新业务模式层出不穷，客户偏好也在不断演变，因此，评价指标和权重需定期审视和调整。动态性原则要求评价工作保持前瞻性，关注未来趋势，如区块链、开放银行等新兴技术对银行业的影响，以及绿色金融、社会责任等新趋势对网点竞争力的重塑。通过定期回顾和修订评价体系，确保其能够引导网点及时调整战略，把握发展机遇。

（五）激励性原则

激励性原则是指评价体系的设计应能激发网点的积极性和创造性，通过正向反馈机制促进网点持续改进和发展。这意味着评价不仅要发现问题和不足，更要明确指出改进方向，为网点提供成长路径。通过将评价结果与奖惩制度、资源配置、晋升机会等挂钩，可以有效激励网点主动寻求优化和创新。例如，对于在服务创新、风险管理等方面表现突出的网点，给予物质奖励或更多的资源倾斜；而对于评价较低的网点，则提供针对性的辅导和支持，帮助其改进。激励性原则促使网点将评价视为自我提升的机会，形成良性竞争氛围，推动整个银行系统发展。

第三节 构建评价体系的理论基础

（一）商圈理论

商圈理论是商业地理学和市场营销学中的一个重要概念，主要用于分析商业活动的空间分布规律及其与地理位置、消费者行为、市场结构之间的关系。由于商圈理论强调地理位置、目标客群、周边业态等因素对商业活动的影响，同样适用于理解银行网点的竞争力提升策略。从实践逻辑看，一方面，商圈资源不仅影响网点的客户基础、业务量，还直接关系到网点的市场竞争力和长期发展战略；另一方面，银行网点的定位与布局是实现客群和产品之间动态平衡、推动网点综合竞争力提升的重要前提，因此商圈理论是银行网点竞争力提升的理论基础之一。事实上，将网点竞争力与商圈理论相结合，其核心逻辑在于认识到银行网点不仅仅是孤立的金融服务提供点，也是嵌入特定商业生态和社会经济环境中的关键节点。

将商圈理论应用到网点综合竞争力评价，需要从商圈定位与客户匹配、片区开发能力与资源整合、同业竞争与差异化策略和动态适应与持续优化四个方面来深化认识。具体来看，在商圈定位与客户匹配方面，实践中分行、支行和网点需要建立“上情下达，下情上传，横向沟通，纵向交流”的工作机制，深刻剖析不同网点周边商圈特征，包括但不限于人口结构、消费水平、行业分布等，这有助于确定目标客户群体及其金融服务需求，从而提升自上而下的资源配置效能。与此同时，银行网点作为服务商圈的主阵地，需要在上级行的指导下明晰网点的客群定位，比如清晰界定其主要服务的客户类型（如小微企业、高净值个人、年轻消费者等），并据此定制产品与服务，实现精准营销。在片区开发能力与资源整合方面，银行网点应积极与其他商业实体（如零售商店、企业、公共服务机构）建立合作关系，共享客户资源，形成协同效应，同时通过与街道、社会建立合作关系，提升网点在商圈内的知名度和好感度，构建良好的社区关系网，为网点带来稳定的客户流和潜在的业务机会。在同业竞争与差异化策略方面，银行网点需分析竞争对手的服务模式、产品组合及客户基础，识别自身的相对优势和不足，并基于分析结果，在上级行统筹管理的前提下进行升级、优化服务特色和产品创新，比如提供更加便捷的数字服务、定制化理财产品或特色增值服务。在动态适应与持续优化方面，由于商圈环境随时间而变化，如新兴业态的兴起、消费者偏好的转移等，客观上要求银行网点保持高度敏感性，及时调整策略以适应这些变化，同时利用大数据分析技术来精准刻画商圈内客户行为模式，并持续监测网点的运营表现，为优化服务布局、调整产品结构提供数据支持。

综上所述，提升网点综合竞争力，需要强化网点在特定商圈内的资源开发与整合能力，通过精准定位、协同合作、差异化竞争和动态调整策略，确保在同业内保持领先地位。这一过程不仅是对物理网点的优化，更是网点服务模式、产品创新与客户体验的全面升级。

（二）综合评价理论

综合评价理论是一个多学科交叉的研究领域，其核心在于通过系统的思维和方法，对复杂问题进行综合评价分析。该理论强调从多个角度、多个层面选取评价指标，构建评价指标体系，并运用数学模型将多个评价指标值综合为一个整体性的评价值。在评价过程中，需要确定各评价指标的权重，以反映其对于评价目标的重要性。综合评价理论广泛应用于各个领域，如企业管理、教育评估、环境评价等，为决策者提供了全面、客观、科学的评价依据。通过综合评价，可以更加准确地了解评价对象的整体状况，为制定改进策略和发展规划提供有力支持。将综合评价理论引入网点综合竞争力评价，主要基于以下四点思考：

第一，强调评价对象是一个系统，具有整体性和层次性。在网点综合竞争力评价中，同样需要将网点视为一个整体系统，从多个维度和层面进行综合评价。这包括网点的客户基础、业务规模、效益水平、服务水平和风控能力等各个方面，这些方面相互关联、相互影响，共同构成了网点的综合竞争力。第二，综合评价理论要求根据评价目的和评价对象的特点，科学合理地选取评价指标，并构建评价指标体系。在网点综合竞争力评价中，评价指标的选取至关重要。结合综合评价理论需要从多个角度选取能够全面反映网点综合竞争力的指标，如效益类、规模类、服务类、风险类等，这些指标不仅要具有代表性，还要能够相互补充，共同构成一个完整、科学的评价体系。第三，综合评价理论强调评价权重的重要性，即不同评价指标对于评价目标的重要性不同，因此应赋予不同的权重。在网点综合竞争力评价中，同样需要运用综合评价理论中的权重确定方法，如层次分析法等，对各项评价指标进行权重赋值。通过科学合理的权重分配，可以确保评价结果的客观性和准确性。综合评价理论强调评价结果的解释性和应用性。第四，在网点综合竞争力评价中，评价结果不仅是对网点当前综合竞争力的客观反映，更是指导网点未来改进和提升的重要依据。通过对评价结果的深入分析，可以找出网点的优势和不足，进而制定有针对性的改进措施和发展战略，推动网点综合竞争力的不断提升。

（三）政策评估理论

政策评估理论是公共政策领域中的重要组成部分，旨在通过科学的方法对政策的制定、执行和效果进行全面、系统的评价。尽管这一理论的主要应用场景是公共政策，但是从理论的特征看，该理论强调以事实为依据，运用多种评估方法和标准对政策进行客观、公正的评价，这与微观视角下的银行网点综合竞争力评价具有内在的一致性。从评价过程的科学性来看，政策评估的内容通常包括政策目标的合理性、政策措施的有效性、政策执行的情况以及政策产生的实际效果等方面。通过政策评估，可以及时发现政策存在的问题和不足，为政策的调整和优化提供科学依据，这对银行网点确定竞争力目标、实施竞争力提升措施以及做好相应的过程管理具有重要的指导意义。从目标导向的相似性来看，政策评估理论强调政策目标的明确性和针对性，而网点综合竞争力评价同样以明确的目标为导向。两者都关注评价对象（政策或网点）是否达到了既定的目标，并通过系统的评价手段来检验目标的实现情况。这种目标导向的相似性使得两者在评价过程中能够相互借鉴，共同推动评价工作的深入开展。因此，网点综合竞争力评价与政策评估理论在评价过程、目标导向等方面存在紧密的融合点，通过借鉴政策评估理论的思想和方法，可以进一步完善网点综合竞争力评价体系，提升评价的科学性和有效性，为网点的持续健康发展提供有力支持。

第四节　构建评价体系

在当前金融服务的竞争格局中，对网点竞争力的综合评价不仅是战略决策的基石，更是驱动业务增长与优化的关键。然而，当前实践多聚焦于一级分行、二级分行（一级支行）的管理层级，这种自上而下的视角往往忽略了网点作为服务前沿阵地的独特性与重要性，从而限制了评价体系对网点自身竞争力精准把脉的能力。这一局限性尤为显著，因为它未能充分捕捉到网点在地理位置、客户体验、设备设施现代化程度以及员工专业素养等方面的细微差异与优势，而这些恰恰是构成网点核心竞争力的不可或缺的要素。因此，构建一套立足基层网点视角的竞争力综合评价指标体系显得尤为重要且迫切。

（一）指标选取

1.协同类指标

协同类指标是指在网点经营管理中，用于衡量协同工作效果的关键参数或标准。这类指标往往是立足于网点客群的结构特征，凸显银行网点在获客、活客和深耕客户关系层面的工作效能。实践中，由于轻型化网点的业务类型主要聚焦传统的零售储蓄类业务（对公业务以推荐为主）且数量占比相对较少，下面以旗舰型网点和综合性网点为例来构建网点综合竞争力提升的协同类指标。

有效户指标包括零售和对公两个维度，实践中通常是指非零余额客户数占比。当前及未来的较长时间，网点仍然是银行获客的主渠道，是银行经营和营销的主阵地。有效客户数的占比高低对银行网点竞争力提升的重要性体现在多个方面：一是业绩层面，有效户是银行收入的重要来源。他们不仅带来存款、贷款等基础业务收入，还可能通过购买理财产品、基金、保险等增加银行的中间业务收入，有效户的增加意味着银行业务规模的扩大，有助于提升银行的市场占有率和竞争力；二是客户忠诚度方面，有效户对银行的产品和服务有较高的认可度和忠诚度，更有可能成为长期客户，为银行带来稳定的收入来源，通过深入了解有效户的需求，银行可以进一步推广其他产品和服务，实现交叉销售，提升客户价值；三是优化客户结构方面，有效户往往具有提升为中高端客户的潜质，他们的增加有助于优化银行的客户结构，提升高质量客户占比，同时随着有效户的增加，银行可以更加专注于服务高质量客户，推动业务向高端化、智能化、综合化方向发展。此外，在促进金融创新和服务升级方面，有效户的需求是银行金融创新的重要驱动力。通过深入了解和分析有效户的需求变化，银行可以不断创新产品和服务，满足客户的多元化需求。

中高端指标包括零售和对公两个维度，实践中通常是指金融资产≥20万元的个人客户数占比；法人金融资产≥5万元的法人客户占比。如果说有效客户是银行网点的基础客户群，那么对公或零售的中高端客户便是银行网点需要深耕的重点客群。这类客群的占比对银行网点的重要性不言而喻，他们不仅是银行收入的重要来源，也是推动银行业务发展、提升品牌形象和增强市场竞争力的关键因素。比如，从优化客群结构、提升客户质量来看，中高端客户通常具有较高的社会地位和影响力，他们的选择和推荐对潜在客户的决策具有重要影响。因此，拥有较高中高端客户占比的银行网点更容易赢得市场的认可和信赖。与此同时，从市场竞争看，中高端客户是银行之间竞争的焦点。银行通过提供优质的服务和产品、加强客户关系管理等方式来争夺这部分客户资源。因此，拥有较高中高端客户占比的银行网点在市场竞争中更具优势，能够更好地抵御外部竞争压力，保持业务稳定发展。

2.结果类指标

银行网点不仅是金融产品与服务的直接展示窗口，更是连接银行与客户之间的重要桥梁。存款、贷款及中间业务收入（简称“中收”）作为考核银行网点经营绩效的核心结果性指标，直接反映了网点的市场竞争力、服务效能及盈利能力。

存款类指标包括零售和对公两个维度，主要包括时点存款和日均存款两大类。时点存款指的是在某一特定时间点上（如月末、季末、年末等考核日）银行网点的存款余额。它反映的是某一瞬间银行网点的资金规模，容易受到临时性资金流动的影响，如企业资金集中划转、季节性资金变动等。日均存款则是指某一时期内（如一个月、一个季度、一年）银行网点存款余额的平均值。它更能真实反映银行网点存款的常态化和稳定性水平，是衡量银行网点经营管理能力和客户忠诚度的重要指标。相较而言，日均存款作为银行网点考核的重要指标之一，其考核权重应更重。这有助于引导银行网点注重长期经营和客户关系维护，提升服务质量和效率，实现可持续的业绩增长。

贷款类指标包括零售和对公两个维度，主要包括个贷（含推荐）、信用卡、信用分期等零售类信贷和数字普惠等对公贷款。在银行网点竞争力评价考核中，贷款类指标占据着举足轻重的地位，其不仅反映了网点的业务规模和盈利能力，还体现了网点在信贷市场的竞争力和服务能力。从零售业务看，以个贷（含推荐）为例，个人贷款业务是银行稳定收入来源的重要组成部分，其安全性相对较高，逾期率较低，有助于银行构建长期稳定的客户关系。同时，个贷业务还能带动其他零售银行业务的发展，如存款、理财、保险等，形成业务联动效应。因此，将个贷业务纳入网点竞争力评价考核，可以激励网点积极拓展优质个人客户，提升服务质量和效率，满足个人客户多样化的金融需求。此外，通过推荐机制，还能促进网点之间的业务合作与资源共享。从数字普惠信贷来看，资产业务下沉是商业银行深入推进服务实体经济战略的关键举措，而网点正是承接资产业务的重要战略支撑。数字普惠对公贷款利用金融科技手段，降低了小微企业等长尾客户的融资门槛和成本，拓宽了银行的信贷服务范围。这有助于银行拓展新的业务领域和增长点，提升整体竞争力。通过考核对公贷款业务，还能激励网点积极拓展优质企业客户，提升服务质量和水平，满足企业客户的多样化金融需求。

中收类指标种类繁多，涉及代理、结算、托管、咨询等多个领域，其发展水平直接反映了银行的服务能力、创新能力和市场竞争力。银行中间业务收入作为银行收入结构中的重要组成部分，其重要性不言而喻。从指标重要性看，中间业务收入是银行除利差收入外的另一大收入来源，它有助于银行实现收入的多元化，降低对存贷款利差的依赖，提高整体盈利能力和抗风险能力；在增强服务黏性方面，中间业务的金融服务能够增强与客户的互动和联系，这有助于提升客户满意度和忠诚度，进而促进其他业务的发展；从评价合理性看，中间业务收入作为银行经营活动的直接结果，能够客观、准确地反映网点的经营绩效和盈利能力，因此将其作为考核指标，有助于银行对网点的经营状况进行量化评估。一方面，可以引导网点在拓展传统存贷款业务的同时，重视并大力发展中间业务，促进银行业务的均衡发展和全面升级；另一方面，通过设立中间业务收入考核指标，可以激发网点员工拓展中间业务的积极性和创造力，推动网点不断创新服务模式、提升服务质量，以更好地满足客户需求。

3.满意度评价

在网点竞争力评价体系中，将员工满意度和客户服务满意度纳入评价体系是至关重要的，这一举措不仅体现了以人为本的管理理念，也直接关联到企业的长期发展与市场竞争力。从员工层面看，员工的满意度能够提升工作积极性与效率，高满意度的员工往往更加热爱自己的工作，表现出更高的工作热情和积极性，从而提高工作效率和创造力。当员工感到被尊重、价值得到认可时，他们更愿意投入时间和精力去提升工作质量和效率。同时需要注意的是，员工满意度是影响员工留存率的关键因素之一。高满意度能够降低员工的离职意愿，减少因人员流动带来的招聘、培训等成本，维护团队的稳定性和连续性。从客户层面看，满意的金融服务能够增强客户忠诚度、促进产品和服务创新、降低营销成本、提升市场份额。事实上，客户反馈是产品与服务创新的重要来源。通过收集并分析客户的满意度数据，企业可以了解客户的需求和期望，从而有针对性地改进产品或服务，满足市场变化。

实践中，满意度的评价标准，具体包括两个方面：一是员工满意度，即分行、支行层级设计员工满意度问卷，分层抽样向全行网点员工随机发放，并根据问卷答案得分计算网点员工满意度；二是客户服务满意度，即考核期内，对客户通过全渠道服务评价（包含微信等全渠道线上评价）、网点柜面评价器系统收集的网点服务即时评价情况予以考核，数据由评价调查系统提取。

4.内控案防水平

在竞争激烈的市场环境中，网点的内控案防能力是其核心竞争力的重要组成部分。根据网点是否发生案件风险、洗钱风险、涉敏风险等内控案防事件来测度网点的内控案防水平，能够更全面地评估网点的运营状况和风险防控能力，从而更准确、更完整地反映综合竞争力水平。一方面，内控案防是银行网点运营中不可或缺的一环，直接关系到网点的资金安全、业务合规性和声誉风险。通过定性评价网点的内控案防工作，可以及时发现并纠正存在的问题，降低潜在风险。另一方面，将内控案防等定性指标纳入扣分项，可以引导网点加强内部管理，规范操作流程，提高业务处理的合规性和准确性，这有助于提升网点的整体管理水平，增强客户信任度。

实践中，网点案件风险是指《银行保险机构操作风险管理办法》中规定的业内案件。如果网点未发生业内案件则不扣分；网点发生业内案件的，根据“业内案件笔数扣分+涉案金额扣分”进行合并计算。客户身份识别及高风险管控是指通过类似于KYC监督模块发现营业网点发生的与客户身份识别及高风险管控相关的反洗钱风险问题。网点涉敏风险是指网点违反涉敏相关规定，造成涉敏信息泄密等重大风险事件，出现重大涉密风险事件、监管部门专办的涉敏投诉事件，以及相关涉敏事件处理不当，被各类媒体广泛转载或不实报道造成严重舆情危机，会严重损害银行声誉。

（二）评价体系构建

根据服务主导逻辑思想，协同类指标侧重于操作性资源要素，关注通过与客户互动来实现价值共创，这是网点综合竞争力提升的核心驱动因素，本部分主要关注零售类、对公类客户管理下的有效客户数和相应的中高端客户数。结果类指标侧重于网点经营视角下的外在表现，关注网点在存、贷、中三项核心指标的结果性呈现。基础类指标侧重于网点的服务满意度和内控案防管理水平，前者是银行网点践行以客户为中心的基本服务理念的重要体现，因此是衡量银行网点服务质量的一个重要指标，后者包括但不限于风险识别、风险评估、风险控制和风险监测等环节，体现的是银行网点践行风控强基理念，不断提升内部控制和风险防控的能力。为最大限度避免主观因素的扰动，所有指标均采用量化指标，基于此构建银行网点综合竞争力评价模型，如图13-1所示。

多种类别的评价指标组成了银行网点综合竞争力评价体系，其是通过特定环境下识别网点持续性竞争优势的内在因素进行评价的综合指标体系。以往文献有关银行综合竞争力评价指标设计主要有两方面特点：一是侧重于显性指标的评价；二是从盈利性、安全性和流动性出发，侧重于商业银行整体竞争力的评价。实践中，银行网点作为商业银行经营管理体系的最基层利润中心，其功能定位的核心仍然在于获客、黏客和深耕客户关系，立足满意度水平和内控案防质量的基础性工作。

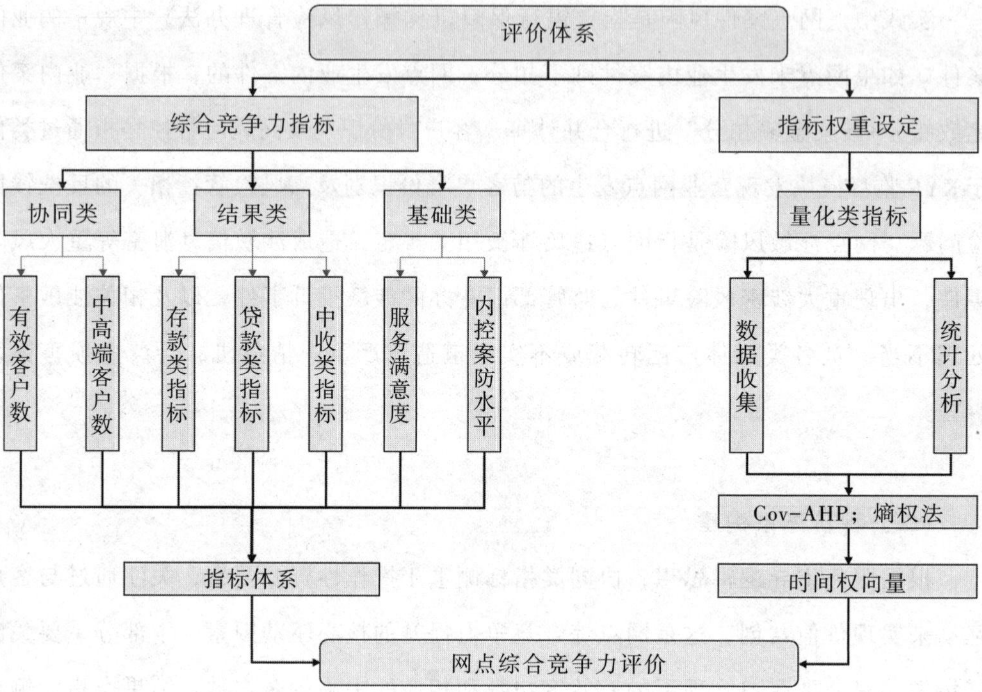

图 13-1　银行网点综合竞争力评价体系

（三）评价方法与权重设定

1.Cov-AHP 法和熵权法

目前，用来评估综合竞争力的方法主要有层次分析法、主成分分析法、模糊综合评价法、数据包络分析法、熵权法等。不同方法的优缺点各异：层次分析法结构明显，比较适用于具有明确数值指标的评价体系；主成分分析法属于统计分析范畴，主要适用于主要指标和次要指标有明显区分的指标体系；模糊综合评价法可以实现主观评价和客观评价相结合，处理复杂环境的指标评价，但主观随意性较大，且无法解决指标间的评价重复问题；数据包络分析法能够避免传统专家打分赋权的主观性，但应用范围相对较小；熵权法的优点在于理论丰富，但是其在对于带有主观性的评价上较为弱势。

网点的综合竞争力是网点资源间互动整合的重要体现，是各类资源和能力的动态集成，很难用精准的数值表示（李成林，2020），所设计的评价指标体系也是多层次的，存在评价主体对某些因素认识模糊和主观的判断。在研究过程中，可综合运用各种方法，将改进后的层次分析法——Cov-AHP法和熵权法相结合。

2.指标权重设定

本部分采用综合集成赋权的思路将Cov-AHP法与熵权法有机地结合起来，采用较为平和的“加法”集成原理得到最终的权重评价方案。Cov-AHP法不仅较好地解决了人为确定标度这一弊端，还进一步提高了AHP的可操作性。熵权法精度较高，客观性更强，其与Cov-AHP法结合可以使得权重的评价结果更具有说服力。

（1）Cov-AHP评估法赋权

Cov-AHP法以体现各要素本质特征的定量指标所形成的协方差矩阵为依据，经过数学计算和检验，可以得到某层的下级层对其各个定量指标的相对重要性的权重。具体步骤如下：

第一步，明确问题并建立分析层次结构。

第二步，根据指标确定协方差矩阵，如表13-1所示。

表13-1　**协方差矩阵M**

元素	x_1	x_2	…	x_i	…	x_j	…	x_n
x_1	C_{11}	C_{12}	…	C_{1i}	…	C_{1j}	…	C_{1n}
x_2	C_{21}	C_{22}	…	C_{2i}	…	C_{2j}	…	C_{2n}
…	…	…	…	…	…	…	…	…
x_i	C_{i1}	C_{i2}	…	C_{ii}	…	C_{ij}	…	C_{in}
…	…	…	…	…	…	…	…	…
x_n	C_{n1}	C_{n2}	…	C_{ni}	…	C_{nj}	…	C_{nn}

其中，c_{ij}为第i行与第j列的协方差，且$c_{ij}=c_{ji}$。

第三步，构造判断矩阵。首先，计算相对协方差矩阵，通过各列的协方差c_{ij}除

以协方差 c_{jj}，对角线上的协方差变为1，如表13-2所示。其次，构造判断矩阵，对于 a_{ij}，通过 $b_{ij}=\frac{a_{ij}}{\sqrt{a_{ij}\times a_{ji}}}$ 进行变换；对于 a_{ji}，则通过 b_{ij} 的倒数进行变换，构造出判断矩阵B，如表13-3所示。

第四步，计算各要素权重。

第五步，一致性检验判断矩阵。

表13-2 相对协方差矩阵M1

元素	x_1	x_2	…	x_i	…	x_j	…	x_n
x_1	1	a_{12}	…	a_{1i}	…	a_{1j}	…	a_{1n}
x_2	a_{21}	1	…	a_{2i}	…	a_{2j}	…	a_{2n}
…	…	…	…	…	…	…	…	…
x_i	a_{i1}	a_{i2}	…	1	…	a_{ji}	…	a_{in}
…	…	…	…	…	…	…	…	…
x_n	a_{n1}	a_{n2}	…	a_{ni}	…	a_{nj}	…	1

表13-3 判断矩阵B

元素	x_1	x_2	…	x_i	…	x_j	…	x_n
x_1	1	b_{12}	…	b_{1i}	…	b_{1j}	…	b_{1n}
x_2	b_{21}	1	…	b_{2i}	…	b_{2j}	…	b_{2n}
…	…	…	…	…	…	…	…	…
x_i	b_{i1}	b_{i2}	…	1	…	b_{ji}	…	b_{in}
…	…	…	…	…	…	…	…	…
x_n	b_{n1}	b_{n2}	…	b_{ni}	…	b_{nj}	…	1

最后，计算随机一致性比率CR值。如果 $CR<0.1$，则认为判断矩阵满足一致性要求，即判断矩阵的一致性是可以接受的。如果 $CR\geqslant 0.1$，则需要对判断矩阵进行修改，以提高其一致性。如果 $CR=0$，则表示判断矩阵完全一致，这是理想

情况。

（2）熵权法赋权

熵权法是一种利用决策矩的信息计算权重的客观判断方法。设立多属性决策矩阵如下：

$$M=\begin{matrix} A_1 \\ A_2 \\ \vdots \\ A_{n-1} \\ A_n \end{matrix}\begin{bmatrix} x_{11} & x_{12} & \cdots & x_{1n-1} & x_{1n} \\ x_{21} & x_{22} & \cdots & x_{2n-1} & x_{2n} \\ \vdots & \vdots & \ddots & \vdots & \vdots \\ x_{n-11} & x_{n-12} & \cdots & x_{n-1n-1} & x_{n-1n} \\ x_{n1} & x_{n2} & \cdots & x_{nn-1} & x_{nn} \end{bmatrix} \tag{13-1}$$

其中，A_i为j属性下的第i个方案，设S为熵，C为常数，P_j为j个信息出现的概率，共有n个信息，则利用熵信息的概念确定权重，如公式13-2所示。A_i的贡献度由$P_{ij}=\frac{x_{ij}}{\sum_{i=1}^{m}x_{ij}}$表示；$m$个方案对属性$j$的贡献总量如公式13-3所示。基于此，定义各方案的P_{ij}的一致性程度为$d_j=1-E_j$，$W_j=\frac{d_j}{\sum_{j=1}^{n}d_j}$则各代表属性权重。

$$S=-C\sum_{j=1}^{n}P_j\ln(P_j) \tag{13-2}$$

$$E_j=-K\sum_{i=1}^{m}P_{ij}\ln\left(P_{ij}\right),\ K=\frac{1}{\ln(m)} \tag{13-3}$$

（3）加法集成赋权法赋权

在得到Cov-AHP法和熵权法确定的权重后，采用加法集成赋权将两者权重进行综合集成。设u_j、v_j是分别基于Cov-AHP法和熵权法的指标x_j的权重系数，则综合集成的权重如公式13-4所示：

$$W_j=k_1u_j+k_2v_j,\ j=1,\ 2,\ 3,\ \cdots,\ m \tag{13-4}$$

式中的k_1、k_2是满足条件的待定常数，由此求得：

$$y_i=\sum_{j=1}^{m}w_jx_{ij}=\sum_{j=1}^{m}\left(k_1u_j+k_2v_j\right)x_{ij},\ i=1,\ 2,\ 3,\ \cdots,\ n \tag{13-5}$$

当y_i取得最大值时，得到k_1和k_2的值。

（4）确定时间权向量

网点综合竞争力评价的数据是反映动态变化的面板数据，为了得到合理的综合评分结果，必须确定好时间权向量，其表示不同时间维度下对各变量的重视程度，首先定义时间权向量的熵S'和时间度为γ（p为时间权向量w的个数）：

$$\begin{cases} S' = -\sum_{k=1}^{\rho} w_k lnw_k \\ \gamma = \sum_{k=1}^{\rho} \frac{p-k}{p-1} w_k \end{cases} \tag{13-6}$$

从表13-4可以看出，γ值定义在0~1之间，趋近于0，表示更注重近期数据；趋近于1，表示更注重远期数据。当ρ=0.5时，则表示对于不同时间段无特殊偏好，平等对待。

表13-4　　　　　　　　　　**标度参考表**

γ值	含义
0.1	更注重近期数据
0.3	更注重近期数据
0.5	所用时期数据平等
0.7	更注重远期数据
0.9	更注重远期数据
0.2，0.4，0.6，0.8	前后两者的中间程度

确定w_k的过程描述为非线性规划问题：

$$\left.\begin{aligned} & max\left(-\sum_{k=1}^{\rho} w_k lnw_k\right) \\ & s.t.\gamma = \sum_{k=1}^{\rho} \frac{p-k}{p-1} w_k \\ & \sum_{k=1}^{\rho} w_k = 1 \\ & k = 1,\ 2,\ 3,\ \cdots,\ p \end{aligned}\right\} \tag{13-7}$$

当ρ取特定值时，根据公式可解出时间权向量w'。

第五节　网点综合竞争力测度

（一）样本选择及数据处理

1.样本选择

本节将根据重要性原则和数据可获取原则，主要选择某国有银行（以下简称A银行）在新一线省会城市（以下简称C城市）主城区及卫星城区的270家银行网点进行综合竞争力评价。考虑到引入时间权向量，综合考虑银行网点的资源相似度、市场成熟度、组织架构等因素，样本选择以成立满5年且未纳入撤并指标的银行网点作为参评对象，合计254家。

样本选择的理由主要有两点：

一是改革开放以来，C城市的金融中心地位不断提高，1993年和2010年先后被国务院定位为西南地区金融中心和西部地区重要的金融中心。2022年，C城市将全面建成国家西部金融中心。随着C城市在国内外的经济地位提高，金融作为经济发展的血液，在支持地方经济发展的过程中具有不可替代的关键性作用。

二是从重要性来看，A银行在网点转型方面的成果一直以来都是行业学习的标杆，其2014年开启的网点智能化转型，更是引领了行业的转型潮流。因此，研究A银行在网点转型以及网点综合竞争力培育方面的成果，对全行业来讲，具有较强的代表性。从数据获取性来看，银行网点数据属于商业银行的小数据、微观数据和非公开数据，非A银行系统内从业人员极难获取真实的研究数据，作者基于在A银行系统工作10余年，且在不同银行网点从事管理岗位职务6年的管理经验，能较好地弥补这一缺点，这也进一步体现出数据的真实性。在大数据环境下，数据安全已成为一个重要的研究领域。为确保数据的安全性，本部分研究的相关数据均已经过处理和脱密，以确保不会泄露任何敏感信息或侵犯个人隐私，同时保证研究结论的准确性和可靠性。

2.数据处理

在确定评价样本后，以2020年商业银行加速推进非接触式金融服务为节点，对254家网点在2018—2022年的28项细项指标和相关数据进行无量纲化和正向化处理。

首先，无量纲化处理评价指标。在评价体系中不同的指标的数据单位或分布情况存在差异，为消除不可公度性，本次评价需要统一指标单位，即无量纲化处理。

$$R_i = \frac{X_i - X_{min}}{X_{max} - X_{min}} \tag{13-8}$$

其次，逆向指标的正向化处理。评价指标中涉及网点内控案防水平，这项指标不仅包括二级分行（一级支行）对网点的内控评价得分，还应该包括网点人均违规积分等网点特色化风控指标。由于人均违规积分等指标对于银行来说在数值上越低越好，因此属于逆向指标，对其进行正向化处理。

$$R_i = 1 - \frac{X_i - X_{min}}{X_{max} - X_{min}} \tag{13-9}$$

最后，得到综合得分。经过数据预处理后，得到各项指标分值并加权汇总得到最终综合得分。

（二）综合竞争力测度

1.测度思路

通过协同类、结果类、基础类各指标得到银行网点动态的综合竞争力指标。根据公式13-4得到集成法指标权重，且第1年无纲量化和正向化后样本矩阵为M_1，共有r个观测样本（r=254）。

其中：$\alpha_1{}^T = \left(w_{j1.1},\ w_{j1.2},\ \dots,\ w_{j1.28}\right)$，令第1年集成法指标权重为：

$$M_1 = \begin{pmatrix} n_{1.1} & n_{1.2} & \cdots & n_{1.r} \\ n_{2.1} & \ddots & & \vdots \\ \vdots & & \ddots & \\ n_{18.1} & \cdots & \cdots & n_{28.r} \end{pmatrix}$$

则第1年综合竞争力为$\alpha_1{}^T \cdot M_1 = \left(S_{1.1}, S_{1.2}, \cdots, S_{1.r}\right) = \beta_1^T$；同理，求得第2年至第$k$年综合竞争力为$L = \left(\beta_1, \beta_2, \cdots, \beta_k\right)$，用时间加权算子$T = \left(t_1, t_2, \cdots, t_k\right)^T$表示，其中，$k$为年份数（本书中$k$=5），可知$r$个观测的动态综合竞争力为$R = L \cdot T$。

2. 测度权重

为了解协同类、结果类和基础类的权重，首先基于公式13-4得到2018—2022年的集成法指标权重，如表13-5所示。

表13-5　**集成法指标权重**

一级指标	二级指标	二级指标细项	集成法 w_j				
			2018年	2019年	2020年	2021年	2022年
有效客户	零售类	数量	4.88%	4.18%	3.93%	3.56%	4.09%
		增速	3.94%	4.31%	3.21%	5.81%	5.65%
		占比	2.67%	4.57%	4.89%	8.14%	7.31%
	对公类	数量	4.21%	3.11%	4.35%	3.09%	3.45%
		增速	2.33%	3.31%	3.37%	3.83%	2.10%
		占比	2.40%	4.98%	4.27%	7.63%	6.60%
中高端客户	零售类	数量	5.33%	4.73%	4.43%	2.66%	2.74%
		增速	6.30%	4.42%	4.12%	2.89%	3.30%
		占比	4.85%	4.58%	4.09%	2.61%	2.94%
	对公类	数量	6.05%	4.89%	4.36%	3.40%	3.39%
		增速	3.30%	3.34%	2.29%	4.60%	3.07%
		占比	4.53%	4.32%	4.35%	4.07%	5.87%
存款	零售类	时点规模	5.84%	4.23%	4.43%	3.82%	3.52%
		时点增速	1.46%	2.48%	2.93%	2.49%	3.71%
		日均规模	4.23%	4.62%	4.81%	3.12%	2.22%
		日均增速	5.28%	5.99%	4.94%	3.70%	2.89%
	对公类	时点规模	2.20%	3.43%	5.17%	5.19%	5.52%
		时点增速	1.42%	4.85%	4.14%	4.04%	5.02%
		日均规模	1.55%	1.05%	1.44%	1.72%	1.51%

续表

一级指标	二级指标	二级指标细项	集成法 w_j				
			2018年	2019年	2020年	2021年	2022年
存款	对公类	日均增速	2.04%	2.55%	2.86%	3.07%	2.49%
贷款	数字普惠	规模	1.60%	1.09%	1.52%	2.03%	3.21%
		增速	3.48%	3.73%	3.69%	3.30%	2.00%
中收	中间业务收入	规模	5.92%	4.25%	4.01%	2.65%	3.20%
		增速	4.27%	3.22%	3.50%	3.40%	4.67%
服务质量	满意度水平	员工满意度	2.55%	1.69%	1.80%	2.00%	2.42%
		客户满意度	3.54%	3.02%	3.40%	3.76%	3.09%
风险管理水平	内控案防质量	内控案防得分	2.78%	2.04%	2.44%	1.87%	1.72%
		网点人均违规积分	1.05%	1.02%	1.26%	1.55%	2.30%

备注：数据已脱密处理。

在此基础上进行时间赋权后加总得到动态综合指标权重，如表13-6所示。

表13-6 **动态综合指标权重**

一级指标	二级指标	二级指标细项	时间赋权（年）					动态综合指标权重 W_b
			2018	2019	2020	2021	2022	
有效客户	零售类	数量	0.63%	0.99%	1.01%	1.55%	1.65%	5.83%
		增速	0.25%	0.31%	0.79%	0.91%	0.90%	3.16%
		占比	0.06%	0.12%	0.15%	0.34%	0.43%	1.10%
	对公类	数量	0.55%	0.47%	0.68%	0.71%	0.81%	3.22%
		增速	0.08%	0.15%	0.37%	0.62%	0.75%	1.97%
		占比	0.03%	0.26%	0.31%	0.78%	1.12%	2.50%
中高端客户	零售类	数量	0.85%	1.66%	1.52%	1.87%	1.59%	7.49%
		增速	0.31%	0.48%	0.57%	0.65%	0.76%	2.77%
		占比	0.06%	0.08%	0.24%	0.30%	0.48%	1.16%

续表

一级指标	二级指标	二级指标细项	时间赋权（年）					动态综合指标权重 W_b
			2018	2019	2020	2021	2022	
中高端客户	对公类	数量	0.54%	0.77%	0.94%	1.33%	1.75%	5.33%
		增速	0.03%	0.05%	0.11%	0.43%	1.56%	2.18%
		占比	0.01%	0.02%	0.14%	0.21%	0.33%	0.71%
存款	零售类	时点规模	0.02%	0.03%	0.06%	0.05%	0.05%	0.21%
		时点增速	0.31%	0.51%	1.01%	1.05%	1.73%	4.61%
		日均规模	0.41%	0.46%	1.01%	1.09%	2.41%	5.38%
		日均增速	0.33%	0.53%	0.96%	1.40%	2.42%	5.64%
	对公类	时点规模	0.05%	0.11%	0.39%	0.88%	1.52%	2.95%
		时点增速	0.04%	0.05%	0.15%	0.36%	0.47%	1.07%
		日均规模	0.24%	0.49%	0.76%	1.00%	1.06%	3.55%
		日均增速	0.44%	0.82%	0.76%	0.80%	2.08%	4.90%
贷款	数字普惠	规模	0.02%	0.05%	0.33%	0.52%	0.74%	1.66%
		增速	0.33%	0.53%	0.56%	1.14%	1.64%	4.20%
中收	中间业务收入	规模	1.25%	1.74%	0.99%	1.16%	2.90%	8.04%
		增速	0.01%	0.02%	0.07%	0.26%	0.69%	1.05%
服务质量	满意度水平	员工满意度	0.44%	0.82%	0.76%	0.80%	3.80%	6.62%
		客户满意度	0.24%	0.54%	0.63%	0.07%	1.67%	3.15%
风险管理水平	内控案防质量	内控案防得分	0.33%	0.53%	0.96%	1.40%	3.61%	6.83%
		网点人均违规积分	0.02%	0.07%	0.11%	0.64%	1.88%	2.72%

备注：数据已脱密处理。

对应的时间权向量是 $W'=(0.0788, 0.1266, 0.1634, 0.2232, 0.4080)^T$，即2018—2022年的时间权重占比分别为7.88%、12.66%、16.34%、22.32%和40.80%。一级指标动态综合权重如表13–7所示：

表13-7　　一级指标动态综合权重

协同类（37.42%）				结果类（43.26%）				基础类（19.32%）		
有效客户（17.78%）		中高端客户（19.64%）		存款（23.31%）		贷款	中收	服务水平	风险管理	
零售	对公	零售	对公	零售	对公	普惠		服务满意度	内控案防能力	
10.09%	7.69%	11.42%	8.22%	11.84%	11.47%	10.86%	9.09%	9.77%	9.55%	

备注：数据已脱密处理。

3. 综合竞争力得分

经测算，各银行网点的分值分布情况具备正态分布的特征，分值见表13-8：

表13-8　　商业银行基层网点综合竞争力得分情况

区间（分）	40~50	50~60	60~70	70~80	80~90	最高分	最低分	均值
支行数（家）	14	58	91	69	22	89.21	41.63	67.39

从表13-8可以看出，网点总体发展均衡，竞争力相当。最高分为89.21分，最低分为41.63分，极值间有一定差距，多数银行综合评分集中在60~70分之间。

对比70及分以上的银行网点和50分及以下的银行网点，可以深入分析各项指标对网点竞争力的影响程度，进而揭示出网点间的竞争优势与劣势所在。

70分及以上的网点往往在中高端客户占比、存款和贷款规模、客户满意度以及内控案防水平等方面表现出色。这些网点通常拥有较为完善的客户管理体系，能够精准识别并深度挖掘中高端客户的价值，通过提供个性化的金融服务和产品，有效增强客户黏性，进而提升网点的市场竞争力。同时，这些网点在存贷款业务上表现出较强的吸存能力和放贷实力，为网点带来了稳定的收入来源。此外，良好的客户满意度和严格的内控案防管理也是这些网点保持竞争力的重要因素。相比之下，50分及以下的网点则在这些方面存在明显短板。例如，中高端客户占比不足，导致网点收入结构单一，缺乏稳定的利润增长点；存款和贷款规模较小，反映出网点在市场上的影响力和吸引力有限；客户满意度不高，可能源于服务质量、产品创新能力等方面的不足；内控案防水平较低，增加了网点的运营风险和合规成本。

综上所述，各项指标对于网点竞争力的影响程度不容忽视。70分及以上的网点在客户管理、业务规模、服务质量和风险管理等方面均表现出色，为网点赢得了市场竞争优势。而50分及以下的网点则需要针对自身短板进行改进和提升，通过优化客户结构、扩大业务规模、提升服务质量和加强风险管理等措施，不断增强自身的核心竞争力。

第六节　结论与启示

在数字经济背景下，银行网点的综合竞争力成为决定其市场地位与未来发展的关键因素。通过对网点综合竞争力评价体系的构建与测度，不仅能够全面、客观地了解各网点的运营状况，还能为网点的转型升级与持续发展提供科学指导。以下是对网点综合竞争力评价体系研究的重要结论与启示，旨在为银行业的发展提供参考和借鉴。

（一）评价体系的科学性与实用性并重

网点综合竞争力评价体系的构建，首先要确保评价指标的科学性和全面性。通过引入商圈理论等理论基础，结合有效客户、中高端客户占比、贷款类指标以及中间业务收入等关键要素，能够准确反映网点的市场竞争力。同时，评价体系的实用性也是不可或缺的，要确保评价体系易于操作、便于理解，能够真正指导网点的日常运营和转型升级。

（二）动态调整与持续优化是关键

在快速发展的数字经济环境中，新技术、新业务模式层出不穷，客户偏好也在不断演变。因此，网点综合竞争力评价体系需要保持前瞻性，关注未来趋势，如区块链、开放银行等新兴技术对银行业的影响，以及绿色金融、社会责任等新趋势对网点竞争力的重塑。通过定期回顾和修订评价体系，确保能够引导网点及时调整战略，把握发展机遇。

（三）强化员工责任感与归属感，激发创新活力

评价体系的建立不仅是对网点运营状况的全面审视，更是对员工工作成果的肯定与激励。通过明确的目标导向和科学的评价机制，能够增强员工的责任感与归属感，激发他们积极参与网点转型工作。这种创新活力的激发，将为网点的持续发展和银行业务的全面升级提供强大动力。

（四）推动网点转型升级，实现高质量发展

网点综合竞争力评价体系的最终目的是推动网点的转型升级和高质量发展。通过深入分析和比较各网点的综合竞争力得分，能够明确各网点的优势和不足，进而制定针对性的转型升级策略。例如，对于客户基础薄弱的网点，可以加强市场营销和客户服务；对于业务结构单一的网点，可以拓展新业务领域和增加收入来源。通过不断优化网点布局和业务结构，能够提升网点服务品质和竞争力，实现银行业的高质量发展。

（五）启示与展望

网点综合竞争力评价体系的研究和实践探索为银行业的发展带来了诸多启示。首先，要深刻认识到评价体系在网点转型升级和持续发展中的重要性，将其作为提升网点竞争力的重要手段。其次，要不断优化评价体系和方法，提高评价的准确性和可信度，确保评价结果的客观性和公正性。同时，还要注重培养网点的创新能力和服务意识，推动网点向智能化、个性化、定制化方向转型升级。

在未来的发展中，银行业应继续深化对网点综合竞争力的研究和实践探索。一

方面，要结合新技术、新业务模式的发展趋势，不断更新和完善评价体系；另一方面，要积极借鉴国内外先进经验，加强与国际同行的交流与合作，共同推动网点综合竞争力的提升。通过不断努力，为银行业的高质量发展贡献力量，为客户提供更加优质、便捷的金融服务。

参考文献

[1] VARGO S L, LUSCH R F.Evolving to a new dominant logic for marketing [J]. Journal of Marketing, 2004, 68 (1): 1-17.

[2] PRAHALAD C K, HAMEL G.The core competence of the corporation [J]. Harvard Business Review, 1990, 68 (3): 79-91.

[3] DAY G S.The capabilities of market-driven organizations [J]. Journal of Marketing, 1994, 58 (4): 37-52.

[4] SRIVASTAVA R K, SHERVANI T A, FAHEY L.Market-based assets and shareholder value: A framework for analysis [J]. Journal of Marketing, 2001, 65 (1): 2-18.

[5] CONSTANTIN J D, LUSCH R F.Understanding resource management in service firms [J]. Journal of Service Research, 1994, 7 (1): 6-23.

[6] MOGLIO S, SPOHRER J, KWAN J.Service science: a foundation for the future of innovation [J]. IBM Systems Journal, 2008, 47 (1): 5-13.

[7] SPOHRER J, MAGLIO P P, BAILEY K, et al.Steps toward a science of service systems [J]. Computer, 2007, 40 (1): 71-77.

[8] VARGO S L, LUSCH R F, AKAKA M A.Service dominant logic: continuing the evolution [J]. Journal of the Academy of Marketing Science, 2010, 38 (1): 1-10.

[9] LUSCH R F, NAMBISAN S.Service innovation: a service-dominant logic perspective [J].

MIS Quarterly，2015，39（1）：155-176.

[10] `MCCOLL-KENNEDY J R，VARGO S L，LUSCH R F.Health care customer value cocreation practice styles [J]. Journal of Service Research，2015，18（4）：370-389.

[11] WILLIAMSON O E. The new institutional economics：taking stock，looking ahead [J]. Journal of Economic Literature，2000，38（3）：595-613.

[12] GREWAL D，LEVY M，KUMAR V.Customer value，customer satisfaction，and behavioral intentions：the role of value drivers [J]. Journal of Retailing，2017，93（1）：56-67.

[13] ALVAREZ S A，BARNEY J B，ANDERSON P. Forming and exploiting opportunities：the implications of discovery and creation processes for entrepreneurial and organizational research [J]. Organization Science，2005，16（2）：180-191.

[14] FOSS N J，FOSS K，HENNART J F. Strategic resources and competitive advantage：an integrated framework [J]. Strategic Entrepreneurship Journal，2007，1（1）：3-23.

[15] ALVAREZ S A，BARNEY J B.How entrepreneurial firms create and capture value：a model of rent creation and appropriation [J]. Entrepreneurship Theory and Practice，2001，25（3）：49-64.

[16] SHANE S，VENKATARAMAN S.The promise of entrepreneurship as a field of research [J]. Academy of Management Review，2000，25（1）：217-226.

[17] TEECE D J，PISANO G，SHUEN A. Dynamic capabilities and strategic management [J]. Strategic Management Journal，1997，18（7）：509-533.

[18] PETER J P，OLSON J C. Consumer behavior and marketing strategy [M]. New York：McGraw-Hill, 2015.

[19] RIGBY D.The future of shopping [J]. Harvard Business Review，2011，89（12）：64-73.

[20] BURDIN T.Omnichannel retailing：the future of retailing [J]. Journal of Retailing，2013，89（2）：182-185.

[21] BARNEY J B. Looking inside for competitive advantage [J]. Academy of Management Executive，1995，9（4）：49-61.

[22] CHRISTENSEN C M.The innovator's dilemma：when new technologies cause great firms to fail [J]. Harvard Business Review，1997，75（2）：67-76.

[23] CHRISTENSEN C M, RAYNOR M E. The innovatorr's solution: creating and sustaining successful growth [J]. Harvard Business Review, 2003, 81 (5): 40-51.

[24] CHRISTENSEN C M, OVERDORF M. Meeting the challenge of disruptive change [J]. Harvard Business Review, 2000, 78 (2): 66-76.

[25] CHRISTENSEN C M, BOWER J L. Disruptive innovation: theory and practice [J]. Harvard Business Review, 2016, 94 (12): 44-53.

[26] CHRISTENSEN C M, EYRING H J. The innovatorr's DNA: mastering the five skills of disruptive innovators [J]. Harvard Business Review, 2001, 89 (12): 60-68.

[27] CHRISTENSEN C M, ANTHONY S D. Seeing whatr's next: using the theories of innovation to predict industry change [J]. Harvard Business Review, 2003, 81 (11): 54-61.

[28] 张爱萍，王晨光. 价值主张：企业战略转型的新视角 [J]. 管理世界，2018 (1): 188-189.

[29] 王德鲁，李维安. 动态能力理论研究述评 [J]. 管理评论，2009，21 (12): 86-93.

[30] 肖坦. 企业资源整合能力研究 [J]. 经济管理，2009 (10): 99-104.

[31] 曹晓峰. 企业资源整合能力及其影响因素研究 [J]. 科技进步与对策，2013，20 (12): 153-155.

[32] 余顺坤，王巧莲. 企业资源整合能力及其影响因素研究 [J]. 科技进步与对策，2013，30 (24): 153-155.

[33] 阮平南，李飞. 新零售时代企业资源整合能力及其影响因素研究 [J]. 商业经济研究，2017 (24): 5-7.

[34] 李飞. 企业资源整合能力及其影响因素研究 [J]. 科技进步与对策，2013，30 (12): 153-155.

[35] 饶扬德. 企业资源整合过程与能力分析 [J]. 工业技术经济，2006 (9): 72-74.

[36] 党兴华，刘景东. 技术异质性及技术强度对突变创新的影响研究——基于资源整合能力的调节作用 [J]. 科学学研究，2013，31 (1): 131-140.

[37] 马鸿佳. 创业环境，资源整合能力与过程对新创企业绩效的影响研究 [D]. 长春，吉林大学，2008.

[38] 郭小金. 解读企业核心竞争力的源泉——基于资源，能力，环境整合视角 [J]. 理论月

刊，2010（5）：4.

[39] 蔡宁，吴结兵．企业集群的竞争优势：资源的结构性整合［J］．中国工业经济，2002（7）：6.

[40] 杜慕群．资源、能力、外部环境、战略与竞争优势的整合研究［J］．管理世界，2003（10）.

[41] 李建红．新冠肺炎疫情对商业银行运营管理的影响与展望［J］．金融发展研究，2020（4）.

[42] 中国工商银行金融科技部．构建全球金融市场业务综合管理体系［J］．中国金融，2019（4）：19-20.

[43] 万亚明．基于大数据分析的商业银行运营风险管理研究［J］．农村金融研究，2017（9）：42-45.

[44] 周鹏博．建立支付行业风险评估机制［J］．中国金融，2015（17）：83-85.

[45] 贾学奇，胡棋智，姜勇．关于将“大数据”技术引入银行运营风险管控的思考［J］．农村金融研究，2015（1）：41-45.

[46] 左运光．商业银行现金全额清分工作存在的问题及对策：东莞视角［J］．南方金融，2013（12）：110-111.

[47] 朱宏．自组织协同：商业银行运营管理体系构建之改进［J］．金融理论与实践，2012（6）：62-66.

[48] 中国工商银行江西省分行课题组，叶定金，朱小健．商业银行业务运营风险的分级与分类管理［J］．金融论坛，2011，16（1）：64-69.

[49] 潘新民．中部地区股份制商业银行核心风险防控与运营管理［J］．中州学刊，2008（6）：88-90.

[50] 孟祥林．养老保险高效运营：不完全资本市场下的策略分析［J］．金融与经济，2008（5）：20-24.

[51] 刘永明．论现代商业银行发展与管理的对称性运营［J］．武汉金融，2007（2）：63-64.

[52] 中国工商银行上海市分行资金营运部课题组．企业年金管理模式研究［J］．金融论坛，2005（8）：28-34；62.

[53] 华佳慧．如何提高银行资产运营质量［J］．江苏商论，2003（6）：79-80.

[54] 刘端. 资产管理公司运营的约束分析 [J]. 山西财经大学学报，2001（3）：70-73.

[55] 傅晨，李辉. 资产管理公司运营中的主要问题与治理对策 [J]. 经济体制改革，2000（4）：35-38.

[56] 娄芳. 谈俄罗斯金融改革中的银行体系 [J]. 东欧中亚研究，1999（2）：36-43.

[57] 何振，苏静. 数字金融与银行机构体系：现状、冲击与重塑 [J]. 西南金融，2024（12）：27-40.

[58] 黄艳，敖建，张大用. 商业银行网点操作风险管理系统之构建 [J]. 财会月刊，2011（26）：55-56.

[59] 黄艳，敖建，张大用. 商业银行网点操作风险分析与策略研究 [J]. 武汉金融，2011（7）：48-50.

[60] 陈福良. 从实践中探索农行精细化管理的有效途径 [J]. 经济问题探索，2010（5）：137-140.

[61] 蓝波. 邮储银行分设后存在问题及对策初探——以广东梅州为视角 [J]. 南方金融，2008（4）：64-65.

[62] 李瑾. 商业银行基层网点的竞争力评价体系及发展转型研究 [J]. 金融监管研究，2018（6）：62-75.

[63] 余日波. 基于综合竞争力视角下商业银行网点综合化建设研究 [J]. 上海金融，2014（9）：104-107.

[64] 黄俊平. 加快网点转型经营切实提升综合竞争实力 [J]. 南方金融，2011（11）：93-96.

[65] 徐晖. 关于提升银行网点竞争力的思考 [J]. 金融与经济，2011（5）：94-95.

[66] 周颖辉，彭建刚. 论中国邮政储蓄银行的核心竞争力 [J]. 软科学，2010，24（9）：57-61.

[67] 杨华. 商业银行营业网点竞争力影响因素研究 [J]. 金融理论与实践，2010（7）：116-120.

[68] 胡婕. 我国商业银行服务渠道竞争力与网点转型研究——来自中国工商银行某基层行贵宾理财中心建设的实践 [J]. 金融论坛，2009，14（8）：74-80.

[69] 胥小彪. 关于建设基层精品网点的思考 [J]. 新金融，2008（10）：45-48.

[70] 谢少雄，李鉴清，刘飞舟. 商业银行网点核心竞争力研究 [J]. 金融论坛，2008，13

(8)：27-32.

[71] 纪福星. 国有商业银行“新网点主义”核心竞争力分析 [J]. 金融论坛，2004 (11)：16-20；62.

[72] 马辉. 提高营销管理水平增强农业银行竞争力 [J]. 农业经济，2004 (8)：56-57.

[73] 王元林，刘春华. 国内商业银行分支机构综合竞争力研究 [J]. 武汉金融，2003 (12)：15-16.

[74] 叶艳秋. 量本利分析与银行网点评价 [J]. 农村金融研究，2002 (3)：23-25.

[75] 中国农业银行2024年春季“习近平新时代中国特色社会主义思想”专题进修班第5课题组，许小勇，周弋云，等. 聚焦“四化”提升网点对公营销服务能力 [J]. 农银学刊，2024 (6)：63-66.

[76] 狄敏. 智能机器人加速银行网点智慧转型 [J]. 中国金融，2024 (7)：72-73.

[77] 罗欣，何小钢，况雅琴. “数”竞天择：数字革命与银行业结构转型 [J]. 山西财经大学学报，2023，45 (9)：64-77.

[78] 娄飞鹏. 商业银行网点发展与转型态势 [J]. 银行家，2022 (6)：11-13.

[79] 林静，张俊. 中小商业银行网点转型之路 [J]. 银行家，2022 (6)：14-16；6.

[80] 邓宇. 商业银行网点特色化转型 [J]. 银行家，2022 (6)：17-20.

[81] 罗煜，崔书言，旷纯. 数字化与商业银行经营转型　基于传统业务结构变迁视角 [J]. 国际金融研究，2022 (5)：34-44.

[82] 娄飞鹏. 商业银行网点变化的事实特征与趋势研判——兼论金融科技时代商业银行网点问题 [J]. 西南金融，2021 (9)：28-39.

[83] 陈享光，王艺宣. 科技金融赋能数字经济高质量发展的机制与路径研究 [J]. 当代经济研究，2025 (2)：109-122.

[84] 左仁静. 商业银行场景金融建设：现状、问题与对策 [J]. 新金融，2024 (9)：49-55.

[85] 吴文洋，蒋海，唐绅峰. 银行数字化、风险偏好与贷款配置——来自中国银行业的微观证据 [J]. 系统工程理论与实践，2025，45 (1)：54-72.

[86] 宋亭璇. 城市商业银行数字化转型对创业活跃度的影响——基于信贷配置效率的中介效应 [J]. 武汉金融，2024 (7)：46-54.

[87] 王襲，刘大志. 数字经济政策能否助推中小银行高质量发展——基于“轻量化”转型视

角［J］. 金融与经济，2024（5）：24-34.

［88］ 佘楷文，申宇，赵绍阳. 大数据对银行信贷行为的影响——来自数字社会信用平台的证据［J］. 经济研究，2024，59（3）：147-165.

［89］ 李子豪，王倩倩. 数字经济发展能否改善地区银行业风险？——基于城市商业银行的考察［J］. 财经论丛，2023（12）：47-57.

［90］ 武春桃. 数字经济对城市商业银行风险承担的影响［J］. 经济经纬，2023，40（6）：149-160.

［91］ 彭钢. 基于生态视角的商业银行数字化转型评价［J］. 投资研究，2023，42（11）：4-13.

［92］ 王龑. 省域数字经济发展与城市商业银行零售业务转型［J］. 当代经济管理，2024，46（1）：84-96.

［93］ 刘晓寒，高嘉璘. 数字经济对银行风险的影响机制研究［J］. 统计与决策，2023，39（20）：147-151.

［94］ 凌颖杰. 数字经济浪潮下的银行零售业务转型［J］. 中国金融，2023（16）：42-44.

［95］ 吴京，李连梦. 加速商业银行数字化转型［J］. 中国金融，2023（15）：51-52.

［96］ 李燕燕，杨延玲. 数字经济与我国金融周期波动［J］. 财经科学，2023（7）：1-13.

［97］ 张月. 数字经济下的银证合作［J］. 中国金融，2023（10）：56-58.

［98］ 交通银行发展研究部课题组，方卫星，唐建伟. 商业银行全力支持实体经济疫后复苏——2023年商业银行运行展望报告［J］. 新金融，2023（3）：15-21；34.

［99］ 黄威栋，张伟，王硕. 金融供给侧改革下金融资源错配缓解对银行信贷的影响——兼论数字经济发展的调节效应［J］. 管理现代化，2023，43（1）：47-53.

［100］ 王伟玲. 加快数字人民币有序发展的难点和着力点［J］. 经济纵横，2023（2）：122-128.

［101］ 秦愿，卢华玮. 商业银行数字化转型正当时［J］. 中国金融，2023（3）：55-56.

［102］ 刘晓欣，桑乾坤. 数字金融与实体经济的关系——马克思主义政治经济学的视角［J］. 上海经济研究，2025（2）：30-38.

［103］ 张健华，沈俊伟. 数字金融创造价值的五方面要点［J］. 新金融，2024（8）：12-13.

［104］ 杨竑. 筑牢金融数字化转型根基［J］. 中国金融，2023（18）：45-46.

[105] 孙灵燕. 数字金融对传统金融业的变革性影响与转型路径 [J]. 东岳论丛, 2023, 44 (3): 141-148; 192.

[106] 刘波, 洪兴建. 中国产业数字化程度的测算与分析 [J]. 统计研究, 2022, 39 (10): 3-18.

[107] 数字化金融创新: 服务实体经济和产业振兴——2022中国金融创新论坛发言实录 [J]. 银行家, 2022 (9): 34-52.

[108] 罗熹. 在数字化转型中筑牢金融安全防线 [J]. 中国党政干部论坛, 2022 (8): 46-49.

[109] 时大红, 蒋伏心. 我国企业数字化转型如何促进居民消费升级? [J]. 产业经济研究, 2022 (4): 87-100.

[110] 张忠宇. 金融业数字化转型: 江苏案例 [J]. 地方财政研究, 2022 (5): 95-102.

[111] 钱斌. 新形势下商业银行数字化转型的探索与思考 [J]. 新金融, 2021 (10): 4-7.

[112] 银行数字化转型: 路径与策略——2021中国金融创新论坛发言实录 [J]. 银行家, 2021 (10): 40-56.

[113] 陈文辉. 金融产业数字化转型的几点思考 [J]. 中国金融, 2020 (22): 9-10.

[114] 曹慧平, 丁怡帆. 金融供给改善与企业劳动力投资效率: 商业银行网点分布的证据 [J]. 广东财经大学学报, 2024, 39 (1): 54-69.

[115] 龙志能, 李万利. 商业银行网点扩张能否助力实体经济"脱虚向实"——基于企业层面银行网点空间分布视角 [J]. 外国经济与管理, 2024, 46 (8): 69-85.

[116] 张超林, 杨竹清. 银行业竞争对小微企业的普惠效应研究——基于金融地理结构的微观证据 [J]. 金融经济学研究, 2023, 38 (5): 21-39.

[117] 王昊. 商业银行物理网点智能化转型及其效果——基于上市银行面板数据的研究 [J]. 金融论坛, 2022, 27 (8): 63-70.

[118] 王俊. 银行结构性竞争、空间溢出与实体经济增长 [J]. 学习与实践, 2022 (6): 61-68.

[119] 罗煜, 崔书言, 旷纯. 数字化与商业银行经营转型——基于传统业务结构变迁视角 [J]. 国际金融研究, 2022 (5): 34-44.

[120] 张伟俊, 袁凯彬, 李万利. 商业银行网点扩张如何影响企业创新: 理论与经验证据 [J]. 世界经济, 2021, 44 (6): 204-228.

[121] 郑婉庆. 基层商业银行反洗钱工作现状、问题及对策 [J]. 新金融, 2020 (7): 37-42.

[122] 武毅, 郑玲玲. 国有股份商业银行空间布局模式与影响因素研究——以长春市中心城区为例 [J]. 管理现代化, 2020, 40 (2): 12-15.

[123] 姚晓明, 杨白冰, 朱晟君. 中国商业银行网点空间演化路径——基于上市与非上市银行的比较分析 [J]. 经济地理, 2019, 39 (5): 155-162.

[124] 邹静, 邓晓军. 地理要素对旅游城市商业银行空间分布的影响——以桂林市区为例 [J]. 经济经纬, 2019, 36 (3): 17-24.

[125] 车冰清, 朱传耿, 李敏. 江苏省银行网点分布格局及其影响因素研究 [J]. 地理科学, 2017, 37 (12): 1867-1874.

[126] 郑双怡, 冯琼, 郑智维. 商业银行网点选址的熵权法 [J]. 学习与实践, 2017 (12): 75-81.

[127] 贾琳琳, 张志斌, 魏娟, 等. 兰州市银行业的空间分布特征及其影响因素 [J]. 干旱区资源与环境, 2017, 31 (12): 71-78.

[128] 苏冬蔚, 陈纯纯, 许振国, 等. 商业银行社会网络与微型金融可持续发展 [J]. 经济研究, 2017, 52 (0): 140-155.

[129] 王硕, 张春霞. 新常态下国有商业银行战略转型及创新重点分析 [J]. 现代管理科学, 2015 (10): 37-39.

[130] 中国工商银行江苏省分行课题组, 黄纪宪, 顾柳柳, 等. 商业银行网点利润增长的影响因素 [J]. 金融论坛, 2015, 20 (9): 69-80.

[131] 程林, 王法辉, 修春亮. 城市银行网点及其与人口-经济活动关系的空间分析——以长春市中心城区为例 [J]. 人文地理, 2015, 30 (4): 72-78.

[132] 余日波. 基于综合竞争力视角下商业银行网点综合化建设研究 [J]. 上海金融, 2014, (9): 104-107.

[133] 汤健. 国有商业银行固定资产内部管理浅析 [J]. 财务与会计, 2014 (3): 55-56.

[134] 李智山, 黄光庆, 陈凤桂, 等. 中国全国性股份制商业银行地理分布特征研究 [J]. 经济地理, 2014, 34 (2): 19-27.

[135] 田秀兰, 刘珍. 基层银行消费投诉两面观 [J]. 中国金融, 2013 (24): 94.

[136] 李金. 大型商业银行网点规范化服务研究 [J]. 经济体制改革, 2013 (5): 171-174.

[137] 陈伟. 商业银行网点设置研究——基于Hotelling模型 [J]. 云南社会科学，2013（5）：73-77.

[138] 傅巧灵，赵睿. 电子渠道迅速发展对商业银行网点建设的影响——以北京为例 [J]. 经济研究参考，2013（29）：65-69.

[139] 高俊光，林颖，刘炜莉. 基于PRCA模型的商业银行客户满意度评价实证研究 [J]. 金融理论与实践，2013（3）：35-40.

[140] 贺灿飞，刘浩. 银行业改革与国有商业银行网点空间布局——以中国工商银行和中国银行为例 [J]. 地理研究，2013，32（1）：111-122.

[141] 张强，陶江，吴敏. 中国商业银行网点布局绩效研究——基于主要商业银行的比较 [J]. 金融研究，2012（5）：123-135.

[142] 杨松梅. "银行支持实体经济"学术研讨会综述 [J]. 金融论坛，2012，17（5）：77-80.

[143] 陶江，胡荣尚. 商业银行网点布局问题分析与优化策略 [J]. 金融论坛，2012，17（5）：32-37.

[144] 张立新，丁建新. 商业银行网点布局实证研究——以衡水市为例 [J]. 经济与管理，2012，26（3）：65-68；81.

[145] 陈华. 基于新网点主义的商业银行网点转型思考 [J]. 金融理论与实践，2012（2）：38-40.

[146] 陈中新. 中国商业银行零售网点转型探析 [J]. 河北学刊，2011，31（2）：177-180.

[147] 李希中. 商业银行营业网点建设中的问题 [J]. 中国金融，2010（13）：89.

[148] 陈福良. 从实践中探索农行精细化管理的有效途径 [J]. 经济问题探索，2010（5）：137-140.

[149] 张建国. 勇做银行改革发展的先行者 [J]. 中国金融，2009（19）：53-55.

[150] 胡婕. 我国商业银行服务渠道竞争力与网点转型研究——来自中国工商银行某基层行贵宾理财中心建设的实践 [J]. 金融论坛，2009，14（8）：74-80.

[151] 刘凯. 农村支付服务环境存在的问题亟待解决——以安阳市为例 [J]. 中国金融，2009，（14）：82-83.

[152] 代星军. 对国内商业银行网点转型的几点思考 [J]. 东岳论丛，2009，30（5）：173-175.

[153] 陆岷峰，任亚军，周慧琦．关于商业银行网点功能转型的思考［J］．上海金融，2009（4）：89-91；37.

[154] 李义奇．提升银行营业网点服务功能和商业价值的思考［J］．投资研究，2008（10）：18-22.

[155] 殷鹏飞．探索转型时期商业银行网点等级管理思路［J］．上海金融，2008（9）：85；90-92.

[156] 谢少雄，李鉴清，刘飞舟．商业银行网点核心竞争力研究［J］．金融论坛，2008，13（8）：27-32.

[157] 郑军．商业银行个人客户对服务渠道的偏好［J］．金融论坛，2007（8）：29-35.

[158] 王哲刚．商业银行机构管理体系的选择和构建［J］．国际金融研究，2005（11）：73-77.

[159] 纪福星．国有商业银行“新网点主义”核心竞争力分析［J］．金融论坛，2004（11）：16-20；62.

[160] 柳宗伟，毛蕴诗．基于GIS与神经网络的商业银行网点选址方法研究［J］．商业经济与管理，2004（9）：55-59.

[161] 中国工商银行宁波分行课题组．构建网络时代商业银行营业网点柜面服务新模式［J］．金融论坛，2004（6）：45-50；63.

[162] 胡月晓，申红．我国金融机构的组织规模、空间分布与效率改进［J］．金融论坛，2004（1）：25-30；62.

[163] 陈祖基，陈萍，宗丽伟，等．组建股份制邮政银行——邮政金融体制改革的可行之策［J］．上海金融，2003（11）：25-26.

[164] 孙波．我国商业银行营销渠道的选择［J］．中央财经大学学报，2003（9）：35-37.

[165] 张卫东．从经营网点结构看西部金融组织经营发展战略调整［J］．金融论坛，2003（2）：50-55.